国家社科基金重大项目阶段性成果
（项目编号：11&ZD171）

大数据时代农村公共危机防控：信息化绩效

周晓迅 贺林波 著

U0832209

北京理工大学出版社
BEIJING INSTITUTE OF TECHNOLOGY PRESS

版权专有 侵权必究

图书在版编目（CIP）数据

大数据时代农村公共危机防控. 信息化绩效/周晓迅，贺林波著. —北京：北京理工大学出版社，2016. 3

ISBN 978-7-5682-1681-4

Ⅰ. ①大… Ⅱ. ①周… ②贺… Ⅲ. ①农村－突发事件－公共管理－信息化－经济绩效－中国 Ⅳ. ①D63-39

中国版本图书馆CIP数据核字(2016)第046044号

出版发行 / 北京理工大学出版社有限责任公司
社　　址 / 北京市海淀区中关村南大街5号
邮　　编 / 100081
电　　话 / （010）68914775（总编室）
　　　　　82562903（教材售后服务热线）
　　　　　68948351（其他图书服务热线）
网　　址 / http://www.bitpress.com.cn
经　　销 / 全国各地新华书店
印　　刷 / 北京紫瑞利印刷有限公司
开　　本 / 710毫米×1000毫米 1/16
印　　张 / 12.5
字　　数 / 249千字
版　　次 / 2016年3月第1版　2016年3月第1次印刷
定　　价 / 45.00元

责任编辑 / 钟　博
文案编辑 / 钟　博
责任校对 / 周瑞红
责任印制 / 边心超

图书出现印装质量问题，请拨打售后服务热线，本社负责调换

总　序

洪涝灾害、地震、泥石流等自然灾难；突发动物疫情、人畜共患流行病等公共卫生突发事件；突发工矿灾难等事故灾难；土地、拆迁等引发的群体性事件等各种公共危机事件在农村频频发生，在农村区域，公共危机已由“非常态化的偶发”转变成了“常态化的频发”事件。加强农村公共危机防控已成为农村社会建设的重要方面。现代信息技术的快速发展，为农村公共危机防控提供了新的、可资运用的有效工具。在农村公共危机防控中，由于危机产生的原因复杂，种类繁多，公共危机信息呈现出海量、多源、异构等特点，传统的分析与处理方法显得力不从心，信息技术发展的新趋势——大数据技术则能为解决信息化时代公共危机防控提供最新的技术支持。在大数据时代来临之际，大力推进农村公共危机防控信息化建设，既是加强农村信息化建设的新方向，也是促进公共危机防控科学化的必然要求。

总体来说，我国农村信息化水平不高，信息技术应用是农村公共危机防控领域的一大短板，在大数据技术在各行各业和社会各领域大放异彩的情况下，如何推进农村公共危机防控信息化建设呢？这是我和我的团队近些年来一直思考的问题和努力的方向之一。由我担任首席专家的国家社科基金重大项目“突发性动物疫情公共危机演化机理及应急公共政策研究”团队的部分成员历经两年时间撰写完成的“大数据时代农村公共危机防控信息化”系列著作，即对这一问题的回应。

大数据时代农村公共危机防控信息化建设需要有清晰的战略。“不谋全局者，不足以谋一域”。大数据时代农村公共危机防控信息化建设是一项复杂的系统工程，需要从战略上进行科学谋划。李立清教授牵头负责，吴松江副教授、周贤君博士、江维国博士三位青年学者参与撰写的《大数据时代农村公共危机防控：信息化战略》在对中国农村公共危机防控进行战略分析的基础上，提出了标准化战略、“互联网+危机产业”发展战略、智慧城镇化战略、人才制胜战略、信息化示范省建设战略五大具体战略，并运用大数据理念和战略分析工具，对五大具体战略的战略目标、基本内容、实施环境及战略过程等进行了充分论证并搭建了基本架构。

大数据时代农村公共危机防控信息化建设要找准关键问题所在。习近平同志指出，“深化改革要有强烈的问题意识”，要“以重大问题为导向，抓住重大问题、关键问题进一步研究思考，找出答案”。进行大数据时代农村公共危机防控信息化建设是深化农村公共危机防控体系改革的重要内容，同样需要强烈的问题意识。胡扬名副教授撰写的

《大数据时代农村公共危机防控：信息化问题》聚焦于大数据时代我国农村信息化建设存在的主要问题，即主体作用问题、基础设施建设问题、资源开发利用问题、服务队伍建设问题、建设运行效率问题及农村公共危机管理信息化问题，然后对这些基本问题进行调查和资料整理分析，了解其基本情况、分析其具体问题的表现和原因、探索解决问题的对策，最后从整体上对农村信息化建设问题进行归纳总结，揭示其规律，旨在促进我国农村信息化建设的有序高效发展。

大数据时代农村公共危机防控信息化建设需要明确的标准。大数据的内在特点之一就是“数据共享”，而“共享”的前提则是标准化。标准化是消除和规避“信息孤岛”“信息烟囱”现象的必然要求，是进行信息化建设的依据，也是进行绩效考核和管理控制的依据。刘玮副教授撰写的《大数据时代农村公共危机防控：信息化标准》既从“应然”视角通过文献资料分析了农村信息化标准体系建设的基本内容，又从“实然”视角通过实地调查,分析了农村信息化标准体系建设取得的成就和存在的问题，采取决策实验室分析法和受限因变量模型对当前影响我国农村信息化标准体系建设的内生性和外生性因素进行了综合分析和整理，探索相应对策。

大数据时代农村公共危机防控信息化建设要讲究绩效评价。著名的管理大师德鲁克曾明确指出：“你如果无法度量它，就无法管理它。”大数据时代农村公共危机防控信息化绩效评价不仅是一定阶段建设成效的显示，也是建设战略实施的导航系统、系统控制的仪表盘、建设过程管理的指示器。周晓迅博士、贺林波教授合著的《大数据时代农村公共危机防控：信息化绩效》针对我国大数据时代农村公共危机防控信息化绩效的理论基础、建设实践和目标建构等，进行了深入的文献研究和规范研究。同时，该书还以湖南省农村信息化建设绩效为例，从宏观与微观两个层面，采用计量经济研究方法，分别从影响绩效的内生变量与外生变量两方面，进行了严密的实证研究。

大数据时代农村公共危机防控信息化建设重在能力的提升。信息技术的发展和大数据的利用，为政府、社会和民众有效掌控农村公共危机信息提供了可能。而将“可能”变为“现实”的关键就在于大数据时代农村公共危机防控信息化能力建设。熊春林副教授撰写的《大数据时代农村公共危机防控：信息化能力》对大数据时代农村公共危机防控信息化能力进行宏观（SWOT）和微观（AHP）分析，结合我国农村信息化发展和农村公共危机防控的实际情况，提出了实现思维转变、完善建设机制、创新运行体系、加快技术研发、壮大人才队伍等强化大数据时代农村公共危机防控信息化能力建设的对策。

SARS事件、禽流感事件、汶川地震、天津港爆炸事件还历历在目，深圳工业园山体滑坡事件又近在眼前，这些公共危机事件告诉我们危机就在身边，加强公共危机防控已成为政府的常态化工作和社会各方的共同责任。农村是公共危机频发区域，同时又是防控的薄弱环节。聚焦大数据时代农村公共危机防控信息化建设，既是避免产生城乡新的“信息鸿沟”的需要，也是补齐公共危机防控领域“短板”的必然要求。我翻阅了“大数据时代农村公共危机防控信息化建设”系列五本著作，发现字里行间都倾注了作者们的责任感、热忱、心血和汗水。这五本著作逻辑上一脉相承，相辅相成，体现了系统性和整体性，同时，每本著作又自成特色，各有侧重点，呈现了内容上的丰富性。如前所述，大数据时代农村公共危机防控信息化建设是一项崭新的事业，同时又是在实践与理论上都亟待加强的薄弱环节，这就决定了这套著作的撰写是一项探索性的工作，也决定了这套著作难免存在缺点、不足、疏漏甚至谬误。作者们也曾因此而惴惴不安，然而我以为，毋论正误与功过，完成这样一项探索性的工作，哪怕作为引玉之砖、垫脚之石，那也是贡献，若能为理论界和实践部门提供些许建设性的意见和有益的启发，其功莫大焉！如何做到思想火花升华成系统理论，理论更好地服务于实践，路漫漫其修远兮，吾侪当共努力！

是为序。

国家社科基金重大项目首席专家
湖南农业大学公共管理与法学学院院长

目　录

第 1 章　绪论　/ 001

1.1　研究背景、选题目的与重要意义 / 001
1.2　国内外研究文献综述 / 007
1.3　研究思路、基本框架与主要方法 / 017
1.4　可能的创新之处 / 020

第 2 章　大数据时代农村信息化建设绩效评价理论基础　/ 022

2.1　信息化的基本概念 / 022
2.2　大数据时代农村信息化 / 033
2.3　大数据时代农村信息化建设绩效评价 / 039

第 3 章　大数据时代与我国农村信息化建设实践　/ 049

3.1　我国农村信息化建设历程 / 049
3.2　我国地方农村信息化建设探索实践 / 058
3.3　大数据背景下我国农村信息化建设现状 / 070

第 4 章　大数据时代农村信息化建设绩效评价目标构建　/ 085

4.1　大数据时代绩效目标构建的原则及方法 / 085
4.2　大数据时代农村信息化建设绩效评价的目标 / 100

第 5 章　大数据时代微观层面农村信息化建设绩效实证分析　/ 113

5.1　“顾客满意度”理论与农村信息化建设绩效 / 113
5.2　计量模型、变量与数据处理 / 122

5.3 农村信息化建设绩效与农民满意度分析 / 134
5.4 小结 / 141

第 6 章 大数据时代宏观层面农村信息化建设绩效实证分析 / 144

6.1 文献回顾 / 144
6.2 DEA–Tobit 理论模型 / 147
6.3 农村信息化建设绩效的 Tobit 回归分析 / 152
6.4 实证结论：农村信息化建设绩效与影响因素 / 154
6.5 小结 / 155

第 7 章 大数据时代改进农村信息化建设绩效的思路与对策 / 156

7.1 大数据时代农村信息化建设绩效系统协调性分析 / 156
7.2 大数据时代改进农村信息化建设绩效的对策建议 / 163

第 8 章 基本结论及研究展望 / 179

8.1 基本结论 / 179
8.2 研究展望 / 181

参考文献 / 182

后记 / 190

第1章 绪 论

1.1 研究背景、选题目的与重要意义

1.1.1 研究背景

1.1.1.1 信息化已成为农村经济和社会发展的必然趋势

信息业现已成为与材料、能源并列共同构成现代社会发展的支柱性资源。科学技术是第一生产力，而信息技术则被视为当今社会最具潜力的新的生产力，现代信息技术得以向社会生产、生活的方方面面进行渗透，信息化水平的高低被视为评价与衡量一个国家与地区的综合实力及其现代化程度的最重要的标准。由工业社会向信息社会转变已成为不可逆转的潮流，在信息社会，信息资源业已被世界各国视为国民经济和社会发展的战略资源，只要掌握了充分、可靠、准确、有效的信息，那就占据了国家现代化和社会可持续发展的制高点。因此，当前全球范围内的国家与地区均把发展信息产业和信息化作为促进国家和地区政治、经济、社会、文化等全面发展的战略性举措，纷纷推进信息化建设进程。信息化已成为一股全球化的新浪潮。

当前，信息化已成为国民经济和社会发展的必然趋势。随着信息技术的推广和普及，信息化由城市波及农村，信息技术在农村生产、生活的各领域加速渗透和应用。在西方国家和地区，信息技术在农村地区的渗透和应用进展迅猛，呈现出了网络化、全程化和综合化的特点，信息化在农村的发展和应用已深刻影响到农业、农村、农民的方方面面。在我国，农村信息化基础设施得到了快速发展，如在全国已通电的行政村全部实现村村通广播电视，电话已迅速普及，走进寻常百姓之家，互联网在农村由无到有，覆盖面不断扩大；信息技术在农业领域应用日益广泛，农业专家系统、农业信息管理系统、3S技术和智能控制技术等信息技术在农业生产中广泛应用，提高了农业生产管理决策水平；信息技术在农村管理中发挥的作用日益重要，信息技术在农村社会管理和公共服务过程中得到了广泛的应用，如网络化管理、网络化服务、一站式办公等得到了实现，农村管理效率得到了大大的提高。

加快农村信息化建设是发展现代农业，建设和谐美丽新农村的必然选择，是实现农村经济发展方式转变的重要推力，是实现城乡统筹的重要途径，对于提高农民素质、培育新型农民具有非常重要的作用。但信息不灵、信息滞后、信息失真仍是目前农民反映十分强烈的问题，迫切需要在政府与生产者、生产者与市场之间架起信息服务的桥梁，

农村信息化水平依然有待进一步提高，农村信息化建设绩效更是值得关注的问题。

中国农村更需要进行信息化建设。首先，中国农村地域广，联系不方便。中国的地理特点体现为两江隔断，两山阻隔，交通十分不便。这种分割性的交通特点，造就了中国农村封闭性的特点，各个地区各自发展自己的产业，市场也主要局限于当地。首先，因为交通不便的原因，农村的许多特色产品无法将销售市场扩大至本地区域之外，即使可以这样做，也因为成本过高而缺乏竞争力；其次，在当前的历史条件下，中国农村还无法做到资源的集约化使用，也就是说，在当前中国农村社会条件下，面临着资本、信息和资源方面的极度缺乏，中国现在并没有将农村全部城镇化的条件，为了改善农村的生活和生产水平，进行信息化建设可以说是一条较为低成本的选择；最后，中国农村进行信息化建设有利于发展农村经济，创新社会管理。随着电商的出现，全国各地出现了许多淘宝村，将农村当地有特色的农产品通过网络卖到了全国各地，扩大了农村特色农产品的销售市场。如果政府能够利用农村信息化的这种优势，那么将为农产品销售带来极大的市场需求，由此增加农村收入，改善农民生活水平条件。除此之外，中国农村信息化建设还有利于政府加强创新性的社会管理，为农村、农民和农业提供更好的公共服务，使农民也能够享受到与城市居民同等的公共服务水准。

1.1.1.2 农村信息化建设绩效是农村信息化建设过程中的薄弱环节

在信息化席卷全球、渗透社会生产、生活的方方面面之际，加强信息化建设已成为世界各国抢占全球竞争制高点的战略举措。受此影响，我国也开展了声势浩大的信息化建设，农村信息化建设也日益受到重视。为加快现代农业的发展，进一步促进农业发展、农民增收、农村繁荣，全国各地开展了农村信息化建设。虽然近年来我国农村信息化得到了迅猛的发展，但在农村信息化建设过程中，存在着各种虚报浮夸、装模作样、铺张浪费、脱离实际等现象，大搞“随大流”跟风建设，将农村信息化建设作为地方发展的“面子工程”，农村信息化建设的真实绩效没有得到充分的重视，农村信息化建设成效令人担忧。

从整体上看，我国农村信息化建设还处于起步阶段，各级各类农村信息化建设项目和工程往往启动不久，农村信息化建设面临着诸多问题，如“建什么？怎么建？建成什么样？”等，这些方面都缺乏明确的标准，这也必然使得农村信息化建设绩效考评制度缺失。同时，农村信息化具有公共品属性，其绩效评价存在一定的困难。如以农村信息化示范省建设为例，在省域范围内，针对不同示范工程区和不同层级、不同对象进行农村农业信息化建设绩效评估，其绩效测评结果不可直接进行比较，不同示范工程区、不同层级的农村信息化建设绩效水平在同一规范下进行比较研究具有较大的困难。当前尚没有一套综合绩效测评结果判断标准来对各种农村农业信息化建设绩效评估测评结果进行分类分级判断。农村信息化建设绩效已成为当前农村信息化建设过程中非常薄弱的环节。

当前，我国农村信息化建设面临着一定的瓶颈，其根本问题不只是资金不足，更关键的问题在于其建设绩效不高的现实困境。绩效不高，再多的资金投入也是一种挥霍和浪费。更何况当前我国农村信息化建设还面临着农村地域广、人口众多、需求旺盛，而公共财政投入依然十分有限，解决公共财政结构性矛盾的任务还非常艰巨，寄希望于大规模扩大农村信息化建设的公共财政投入在短期内显然是很不现实的。研究当前农村信息化建设绩效问题，关键在于管好、用好国家和社会投入到农村信息化建设的资源，特别是要通过有效的农村信息化建设绩效评价，引导农村信息化建设有序地进行，实现农村信息化建设资源的优化配置，通俗地讲就是要立足一切从实际出发，“花小钱办大事！少花钱多办事！花了钱办好事！”，使农村信息化建设得以顺利有效可持续地推进。

中国农村信息化建设过程中，最容易出现的问题是，在建设过程中出现过度投资或者投资不足。过度投资的结果是造成公共资金或资源的极大浪费，这无疑是对人民的一种犯罪；而投资不足会造成农村信息化达不到预期效果，起不到实现农村经济快速发展，农村社会管理有序化的预期目标。为了将有限的公共资源更好地用于农村信息化建设，必然需要一套评价农村信息化建设的绩效标准，将农村信息化建设纳入效率评价的范畴中。在当今中国信息化建设过程中，已往的历史表明，许多项目的建设绩效都没有严格遵循相应的效率评价标准，而是由行政领导人主观随意决策而来的，这已经给公共资源或公共资金造成了严重的浪费。因此，将农村信息化建设绩效作为重中之重，无疑是中国农村当前信息化建设的关键所在。

1.1.1.3 党和政府的高度重视为提升农村信息化建设绩效创造条件

重视农村发展，促进“三农”问题的解决历来是党和政府高度重视的问题。党的新农村建设战略为农村发展描绘了一幅美好蓝图，也为农村发展指明了方向，这就要求我们要用现代物质条件装备新农村、用现代科学技术改造新农村、用现代发展理念引领新农村。信息化为新农村建设提供了新的机遇和条件，为建成美丽和谐新农村提供了可靠的途径。进入21世纪以来，党中央和国家中长期科技发展规划均将农业信息化作为支持重点，强调信息化建设新农村的重要作用。自党的十六大以来，信息化也被列入了我国发展的中央战略方向，如党的十六大把“大力推进信息化”作为21世纪头20年经济建设和改革的主要任务之一。党的十七大将信息化作为与工业化、城镇化、市场化、国际化并列的社会经济五大发展趋势之一。党的十八大报告提出“促进工业化、信息化、城镇化、农业现代化同步发展”，进一步凸显“信息化”的突出地位与特殊作用。党中央在高度重视国家宏观的经济社会信息化建设的同时，日益重视农村信息化建设。自2004年以来，连续十一个中央一号文件均从不同层面和角度关注了农村信息化建设。

在党中央的战略方针与政策指引下，各级党组织和政府部门将加快推进农村信息化建设工作作为推进农村发展的重要着力点。1994年12月，为加速和推进农业和农村信息化，建立“农业综合管理和服务信息系统”，在“国家经济信息化联席会议”第三次会议上提出了由农业部牵头开展“金农工程”，农业部还专门编制农业农村信息化发展规划，指导全国农业农村信息化建设。中共中央组织部根据党中央决定于2003年年初在部分省开展“农村党员干部现代远程教育工程”试点工作，2007年年初，在总结试点经验的基础上决定在全国农村普遍开展这项工作。党的十七大把“在全国农村普遍开展党员干部现代远程教育”写入大会报告。工信部、科技部、商务部等其他部委均结合各自职责在相应领域推进农村信息化建设。国家科学技术部、中共中央组织部、工业与信息产业部于2009年联合启动了国家农村农业信息化示范省建设；2010年4月，工信部、农业部、科技部、商业部、文化部共同制定了《农村农业信息化行动计划（2010—2012年）》。自2009年启动国家农村农业信息化示范省建设，山东、湖南、重庆、广东、湖北、安徽、河南等相继成为国家农村信息化示范省试点省份。

随着党和政府的高度重视，各级政府对农村信息化建设的投入力度不断加大，农村信息化建设将获得前所未有的发展机遇。在这样的背景下，不断提高农村信息化建设绩效，把有限的人力、物力和财力资源的“好钢”用在“刀刃”上，取得农村信息化建设的良好成效，显得尤为重要。在党和政府把焦点聚集在中国农村信息化建设上之后，如何建设，如何在建设过程中保证公共资源或公共资金得到有效的使用，是党和政府最为关注的问题。因为在做出发展农村信息化建设的决策之后，党和政府实际上已经做出了农村和城市公平发展的决定，也就是说，党和政府已经将城市和农村视为平等，并在同一个平台上来保证其共同发展，那么剩下的问题无疑就仅仅是绩效或效率问题。在党和政府高度重视中国农村信息化建设绩效的前提下，学术界并没有就这一问题进行过系统的回应，毫无疑问，在当今这个时代，对此问题进行回应无疑具有重要的理论和现实意义。

1.1.2 选题目的与重要意义

1.1.2.1 选题目的

信息化是当今社会发展不可逆转的潮流，加强农村信息化建设是促进农村经济社会发展的重要途径，是解决“三农”问题的重要手段，也是新农村建设的重要内容，党和政府均对农村信息化建设做出了重要部署，加强农村信息化建设绩效是农村信息化建设题中应有之义。在当代中国，信息化建设的水平和程度差异较大，城市的信息化建设由于起步早，国家投入的力度大，而且由于资源等各种生产要素集中，导致城市的信息化水平相对于农村处于较高的水平，从公平的角度而言，中国农村的信息化建设势在必得。然而，农村信息化建设与城市信息化建设仍然存在着许多不同之处，最重要的是，城市信息化建设由于市场需求旺盛，投入主体体现为多元化的趋势，除了有政府投入之外，还有许多其他的市场主体加入其中，政府主要负责市场秩序的监管即可。然而，在农村信息化的需求并不旺盛，市场主体缺乏投入的积极性，但是农村确实又需要信息化建设，在这种情形下，农村信息化建设主要的投入主体必然是政府，也是由政府采用公共资金的方式进行投入。由于涉及公共资源的投入使用，社会最关心的问题无疑是公共资金使用的效率问题，即公共资金有没有投入到最正确的地方，其使用是不是以最有效率的方式实施的等，因此，选择农村信息化建设绩效作为研究对象具有重大的理论和现实意义。

本文通过对微观和宏观两个层次农村信息化建设绩效的因素分析，发现我国农村信息化建设的现状与特征、存在的问题及其演变规律，在进一步对不同层面农村信息化建设绩效进行差异与对比分析的基础上，发现并提出农村绩效系统存在的功能协调性矛盾，从而有针对性地提出改进农村信息化建设绩效系统，提高农村信息化建设绩效的相关政策建议。在以往的研究中，尽管也有对农村信息化建设绩效进行评价的文献，但是大多数的文献将讨论的焦点集中在农村信息化建设的绩效指标构建方面，而忽略了农村信息化建设的定量分析，也缺乏农村信息化建设绩效大数据的收集与整理，提出的很多论断都缺乏足够的事实支撑。除此之外，尽管在城市信息化建设绩效方面有许多成功的经验和相关文献，但是这些文献仅具有借鉴意义。众所周知，中国的城市和农村差距较大，能够适用于城市的，基本上不可能适用于农村。鉴于此，有必要对农村信息化建设绩效进行全方面的讨论，这无疑是本文选题的现实意义。

1.1.2.2 重要意义

（1）改进农村信息化建设绩效是有序推进农村信息化建设的内在要求。自2004年以来，历年的中央1号文件均提到了农村信息化，从不同侧面和不同层面要求加强农村信息化建设。各级政府和部门均对农村信息化建设进行了部署和安排，农村信息化实质上已经成为三农发展和新农村建设的重要内容。高绩效的农村信息化是调整农业产业结构，转变农业发展方式，有效促进传统农村向现代农业转变的“转换器”；利用信息技术链接“供需”，促进农村“小生产”与“大市场”的有效对接，实现信息化对促进农村经济社会进步和发展的“倍增效应”离不开高绩效的农村信息化建设。同时，加强农村信息化建设需要大量的人、财、物等各种资源，离不开政府、市场、社会等各方力量的投入，确保农村信息化建设质量，改进和提高其建设绩效，实现农村信息化建设资源有效配置，是有效推进农村信息化建设的内在要求。

农村信息化建设存在着两个最为基本的内在要求，一是效率；二是公平。农村信息化建设的公平要求，由于是任何政府主导行为的必然要求，因此本文并不对此进行深入的讨论，而作为农村信息化建设的另一个内在要求——效率，却需要进行重点讨论。众所周知，在市场经济条件下，私人产品的效率可以依据市场供需关系进行衡量，具体而言，可以依据成本收益的方式进行衡量，而对于公共品，由于其具有非竞争性和非排他性，其需求无法通过价格体现出来，相应地供给也无法以有成本收益衡量的方式来确定，这就导致公共品的效率问题是一个难以确定的问题。在城市的信息化建设中，由于市场化程度较高，城市的信息化可以在很大程度上视为私人产品，因而其效率较为容易衡量，而在农村信息化建设过程中，其作为公共品的属性较高，因而不能够以传统的成本收益的方式来衡量其效率，必须要创造地运用其他方法才能解决这一效率评价问题。尽管农村信息化建设绩效的衡量或评价存在极大的难度，但是由于使用的是公共资金，本着对人民负责的态度，必须要发现一种能够用来评价农村信息化建设绩效的方法或标准。因此，本文的选题无疑具有非常重要的理论和现实意义。

（2）研究农村信息化建设绩效评价是完善农村信息化建设管理的需要。著名的管理大师德鲁克曾明确指出“你如果无法度量它，就无法管理它”[①]，特别强调了评价对管理的作用和价值，农村信息化建设管理同样也需要评价。农村信息化建设绩效评价不仅是一定阶段农村信息化建设成效的显示，也是农村信息化建设战略实施的导航系统，系统控制的仪表盘、建设过程管理的指示器。农村信息化建设是一项建设周期长、涉及范围广而内容非常复杂的系统工程。加强农村信息化建设绩效管理，通过设定科学合理的建设目标，使各层级各部门形成比较清晰的发展思路和战略，明确长期发展目标及近期建设目标，在此基础上根据外部环境的预期变化以及各地各部门的实际情况制定出年度建设计划及公共投资计划，在此基础上制定各地各部门的年度建设目标。通过对农村信息化建设任务分解情况进行定期评估，根据评估结果进行考核，以此检查和督促农村信息化建设规划、方案、年度计划的落实情况，发现建设工作中存在的问题，及时调整建设方案并相应加大资源支持，进而确保农村信息化建设管理成效。

管理目标的效率，农村信息化建设绩效研究的根本不是为了评价农村信息化建设的绩效，而是为了在评价完成之后，发现农村信息化建设过程中存在的不利于最优效率或绩效实现的问题，然后有针对性地对这些问题进行改善，使农村信息化建设的效率或绩效逐渐达到最优的状态，也是使政府投入的农村信息化建设的资金达到投入与产出的均衡状态。农村信息化建设绩效评价研究有利于发现中国农村信息化建设过程中存在的不利于最优效率实现的问题，有利于政府采取相应的措施对出现的不利于最优效率实现的问题进行管理，因此，农村信息化建设绩效研究是完善农村信息化建设管理的需要。

（3）农村信息化建设绩效研究是农村科技服务与管理学科理论新发展。在我国，加强农村科技服务推广体系建设，创新农村科技服务推广模式，促进科技产品与科技服务进村入户，切实促进“三农”问题的解决一直是理论界与实践部门肩负的重要任务。随着农村科技服务与管理实践的逐步发展以及理论界对农村科技服务与管理的研究的深入，农村科技服务与管理日渐成为一门独立的学科。作为一门新兴学科，农村科技服务

① 原文为“If you can’t measure it, you can’t manage it”见（美）德鲁克（Drucker，P.F）：《卓有成效的管理者》，机械工业出版社，2009。

与管理的研究内容、学科边界、理论范式等都在不断地扩展与发展之中。在信息化浪潮扑面而来的背景下，信息技术作为一门新兴科技在农村农业发展中的作用越来越明显，加强农村信息化建设研究自然成为农村科技服务与管理学科研究的重要内容。当前我国农村信息化建设绩效评价研究非常薄弱，对农村信息化建设绩效评价展开研究既有助于农村信息化建设实践，同时，也使农村科技服务与管理学科研究内容更具体化、丰富化和形象化，是农村科技服务与管理学科理论的新发展。

农村科技服务与管理学科在建立之初，仅仅考虑了中国农村需要科技下乡的现状，主要研究农村科技服务的具体方式，例如专家团下乡、科技下乡等具体形式。随着整个社会信息化进程的推进，中国农村也需要快速地接收农业科技，而不再需要花费巨额成本来获得科技服务。在这种情况下，农村科技服务与管理这个学科的不足之处就显现出来，因为建立在传统科技服务形式或模式条件下的农村科技服务与管理学科已经无法满足时代的需要，在这个学科内发展农村信息化绩效建设的内容势在必然。

1.2 国内外研究文献综述

1.2.1 国外研究文献综述

1.2.1.1 国外信息化评估研究演进过程

在国外，量化评估社会信息化发展是伴随着信息化概念的诞生而出现的。学者们在探索“信息”和“信息社会”的发展时，开始从学术的角度研究如何通过量化测度反映社会的“信息化”发展程度。一般认为，“信息化”一词最早由日本学者梅棹忠夫（Tadao Umesao）提出，他由恩格尔系数得到启发，应用一种类似的指标来反映家庭信息消费情况，进而反映社会信息化发展的某种程度[①]。1968年，日本电信与经济研究所（即RITE）在梅棹忠夫的基础上提出了“信息化指数”（又称为RITE模型），该模型既可以从时间序列角度研究发展趋势，也可以从横截面上考察不同国家（或地区）之间信息化程度的差别。RITE利用1966年的数据测算了日本46个县的信息化程度并进行排序，还比较了部分发达国家信息化发展水平，得出的结论是，在1966年发达国家信息化水平由高到低依次是：美国、英国、日本、联邦德国及法国。日本邮电省利用RITE模型对1973年上述国家信息化水平进行评估，结果排序为：美国、日本、德国、法国、英国。

信息经济学的创始人马克·卢普（Fritz Machlup）从经济学的角度研究社会发展问题并提出信息社会概念，并在1962年率先从新的角度提出信息社会的测度方法[②]。1977年，

① 中国城市信息化发展与评估，第 59 页 .

② Fritz Machlup，The Production and Distribution of Knowledge in the United States,Princeton,NJ:Princeton University Press,1962.

马克·波拉特（M·Porat）在马克·卢普研究的基础上，创立了信息经济法，也被称为波拉特法。波拉特根据生产部门与信息生产的关联，把整个社会的生产部门分成两大块，即生产信息的部门和非从事信息生产的部门，在这个基础上对从事信息生产的部门的投入情况与产出情况进行测算，所得结果即可用于评价一定社会“信息化”发展水平的高低情况。

1980—1982年，联合国国际科学信息系统（UNISIST）启动了由美国加州大学H.Borko教授和法国学者Michel J.Menou负责的“a pilot stdudy”，该研究旨在建立一种反映国家信息基础结构和信息利用潜力评估模型——The Index of Information Utilization Potential，即IUP。这一模型由反映国家基础条件、反映信息的需求和使用及反映信息化活动和服务三个方面内容的230个具体指标构成。这是一个从极其广泛的范围来考察信息化与社会发展关系的指标体系。

此后，特别是自20世纪90年代以来，现代信息化技术的飞速发展使得人们更深入地认识到信息化与社会发展的关系。世界各国加快了信息化建设，如美国于1993年出台的《国家信息基础行动实施纲领》（NII）使得美国的信息高速公路建设进入了一个崭新的阶段，也掀起了全球信息化基础设施建设狂潮。信息化基础设施的高速发展拉动了巨大的固定资产投资建设，这显然需要许多必要的发展评估研究。出于信息化建设的战略所需，信息化建设的评估成为世界各国关注的热点和焦点，这与早期的信息化评估具有根本性的差异。此后，相关国际组织及各国政府纷纷提出了相应的信息化评估体系。如国际电信联盟于1995年提出了包含六组指标的评价信息化发展现状的指标体系；同年，韩国电算院提出了“信息化指数”评估体系，并对世界上50个主要国家和地区的信息化程度进行评估。1996年，国际知名企业Mosaic Group提出了一套评估信息化能力（IT capability）的方法。1998年，美国国际数据公司（IDC）提出了“信息社会指数”（ISI），2005年又对其做了进一步调整。进入21世纪后，International Telecommunications Union（ITU）提出了DAI（Digital Access Index）评估方法对其成员进行测评。2005年，ITU根据WSIS（信息社会世界峰会）提出了新的“数字机遇指数”（Digital Opportunity Index，DOI）。

纵览国外发达国家信息化评估研究的进展，在信息化发展的不同时期，信息化评估各有其侧重点。早期的信息化评估是围绕“信息”对社会发展的作用和影响而展开的。在古典经济学中，亚当·斯密对市场作用的分析，虽然没有提出前提性假设，但是却隐含了信息完全且充分的假设，否则亚当·斯密就不可能推出“无形的手”的观念，也不可能推出市场万能的结论。此后的古典经济学都没有超出这个范畴，例如影响深远的边际学派，同样做出了市场体系中市场参与者之间对市场信息处于完全且充分的状态，否则就不可能做出边际效用递减、边际收益与边际成本均衡等观念。这个隐含的前提直到20世纪才由科斯揭露出来，在《社会成本问题》和《企业的性质》这两本书中，科斯创造性地提出了“交易成本”的问题，以及在市场交易过程中信息必然处于不完全不充分的问题，只能通过市场机制逐渐发现所有的相关信息。以科斯的经济学为基础，现代经济学发展出了博弈论和信息经济学，将市场过程中的信息本身作为经济学研究中的重要对象，这说明信息对社会发展的作用和影响已经受到了前所未有的重视。

中期的信息化评估则是围绕信息化发展需求而展开的。随着信息经济学的发展演化，人们看待信息的方式出现了不同，在古典时代，学者们一般假设某些信息是完全充分的，然后在此基础上进行理论上的推理，最终得出相应的结论。由于这种结论是在限定相关信息的前提下推出的，因此其结论的可靠性和适用性都具有相当大的局限性。为了解决这个问题，人们发展出了一种新的衡量或评估信息的方式，即所谓的归纳的推理方式，也就是在大量收集相关数据的前提下，对获得的数据进行归纳总结分析，得出相关的规律，做出一定的因果关系判断，这种看待信息的方式现在被称为计量经济学或社会学。计量经济学的发展在很大程度上改变了人们对待信息的方式，使得人们不需要再依赖于过多的假设，而仅仅从既有的事实出发，只要收集到的相关信息足够且充分，人们就可以做出可以依赖的判断或结论，这可以在很大程度上满足人们对信息化的需求。

在后期，信息化评估主要围绕信息社会建设与发展过程产生的诸多问题和日新月异的信息技术所带来的深刻影响。在意识到信息化能够对经济和社会产生巨大影响之后，信息化建设就不再仅仅是一个由市场自发发展来解决的问题，很多国家的政府都将信息化作为国家战略之一，争取将整个国家建设成为一个信息化的国家。国家之间的竞争逐渐演化为信息之间的竞争。每个国家都投入巨资进行信息化的建设，由于每个国家进行信息化建设都需要使用公共资金，而公共资金的使用或公共品的提供具有难以克服的外部性，因此信息化建设过程中的绩效或效率问题成为各个国家在信息化建设过程中最为重视的问题。与此同时，随着信息化建设的推进，也出现了一些与信息化发展水平直接相关的社会或经济问题，例如媒体的多样化和微型化，话语权的扁平化等问题，都是由信息化水平提供直接引发的。

1.2.1.2 国外信息化评估的理论与方法

自20世纪60年代以来，国外信息化测评研究逐渐兴起并不断成熟，先后涌现了很多种测评理论与方法，其中得到广泛认知和认可的有如下几种。

1）波拉特法

波拉特法是由美国著名经济学家马克·波拉特（M·Porat）在1977年出版的著作《信息经济：定义和测量》（The Information Economy: Development and Measurement）中提出来的。波拉特在吸收和发展“后工业社会”理论及克拉克的三次产业分工理论基础上，将信息产业作为与服务业、工业、农业相并列的第四产业。他还利用投入—产出法与部门分类法，把信息部门从国民经济的各个部门中逐一识别出来，主要是按照信息对国民经济的贡献以及信息在国民经济发展中的地位，将国民经济信息部门划分为一级信息部门和二级信息部门。一级信息部门主要是指信息企业，即向其他市场主体提供信息产品和服务的企业；二级信息部门则是指信息企业以外为内部消费而开展信息服务的组织，即非信息企业和政府部门。

（1）一级信息部门产值计算方法。主要利用测算国民生产总值（GNP）的一般核算方法，常用的有两种，即最终需求法和增值法。

第一，最终需求法。其计算公式如下：

$$\mathrm{GNP}=C+I+G+(X-M)$$

其中，C即消费，是指消费者对最终产品和服务的需求量与消费量；I即投资，是指企业对最终产品的需求量和消费量；G即政府购买，政府对最终产品的需求量和消费量；$X-M$指的是净出口额，即产品和服务的国外销售额减去从国外的购买额。

第二，增值法。其计算方法是将所有企业的销售、营业收入扣除从其他企业购买生产资料的费用之后的余额相加，求得一定时期内社会生产的新增加价值总额。可表示为：

增加值=（全部销售收入+经营收入）-（中间产品和服务费用+进口的购买费用+外购经营费用）

（2）二级信息部门产值计算方法。非信息企业和政府部门基于内部消费而创造的信息产品和服务的价值无法直接衡量，波拉特法则把生产这些信息产品和服务所耗费的劳动力和资源的价值等同于这些产品和服务的价值。也就是说，二级信息部门的产值可通过测算以下两种投入量即可，即在非信息企业和政府部门的信息劳动者的收入与非信息企业和政府部门所购入的信息资本（如用于生产信息产品和服务的各种机器设备等固定资产）的折旧。可表示为：

二级信息部门增加值=二级信息部门的信息劳动者收入+二级信息部门的相关固定资产折旧=二级信息部门的信息劳动者人数×（人均工资+人均固定资产折旧）

波拉特法首次将国民经济信息产业划分为一级信息部门和二级信息部门，深化了人们对信息产业的认识，较为系统地提出了信息经济的测度理论与方法，操作性强，适用广泛。但是，该方法也具有较为明显的局限性。首先，该方法属于典型的纯经济结构分析法，忽视了对非经济领域的反映。波拉特法的分析对象局限在纯经济领域，注重分析的是经济结构，采用的数据也来自于经济领域，对人性也只需要做出相对较为简单的假定。既然如此，波拉特法可能就无法准确地适用于非经济领域，尤其是适用于伦理领域，因为在这个领域中，人都是具有道德情感或良知的人，很多情形下都不受制于简单的经济人的假设；其次，该方法运算复杂，而且对统计数据有严格的要求，一些数据难以取得而不得不采用估算的办法，这必然会降低测算结果的准确性和可信度。由于在这种方法设计之初，采用了许多假设性的观念，对经济领域中的实际数据的可获得性考虑不是非常周全，因此存在着假想的数据与实际的数据可能存在差异的情形，在某些情形下，这种差异可能大到足以无法使用这种方法进行核算的地步。

2）信息化指数法

“信息化指数”，又称为RITE模型，是由日本电信与经济研究所研究人员小松崎清介于1965年首先提出并使用。其基本观点是信息化并不是仅局限于经济领域，而是涉及整个社会的方方面面，信息化不仅引领社会经济结构的转型，还带动社会其他方面的发展，如生活方式的更新，故信息化是一个全方位的发展过程。

（1）信息化指数的构成。信息化指数由信息量、信息设备率、信息主体水平、信息系数四个方面共11个代表性指标构成（表1-1）。

表 1–1　日本信息化指数

一级指标	二级指标
信息量（*Q*）	人均年使用信函数、人均年通话次数、每天每百人报纸发行量、每万人书籍销售点数、每平方公里人口密度
信息设备率（*E*）	每万人电话机数、每万人电视机数、每万人电子计算机数
信息主体水平（*P*）	第三产业人数的百分比、每百万人中在校大学生人数
信息系数（*V*）	个人消费中杂费的比例（除衣食住行）

（2）信息化指数的测算。构成信息化指数的11个指标具有“非同质性”，具有不同的量纲，不能直接进行比较，需要将它们先转换成无量纲的指数值，然后求出反映信息化程度的总指标——信息化指数值。

通常用两种方法来求得这最后的信息化指数：一是，先将某国或某地某一年的各指标值视为基年的基数，权数为100，再分别将待测算年度的同类指标值除以基年指标值，得到待测算年度的各项指标值的指数，然后将各项指标值指数相加除以项数，就可得到最终的信息化指数；二是，先求得Q、E、P、V四组的指数平均值，即对每一组的变量指数求平均值，再对分组的指数平均值求算术平均值，得出最终信息化指数。

日本信息化指数法进行测算的指标所需数据易于收集，统计起来比较方便，计算也比较简单，既可以用于评估某国或某地区信息化纵向发展水平，也可以用于对不同国家或地区间信息化程度的比较，能够发现彼此间信息化建设应用上的差距，对信息化建设有较强的指导作用。但是，这种方法也存在着一些不足之处。首先，随着信息技术的不断发展，该方法已显得过于简单、缺乏系统性和稳定性。对信息化指数进行预先设定，并依据这种设定对实际的信息化水平或程度进行衡量，这是一种非常古典的想法，也是以理想来衡量现实的思维方式，这种思维方式毫无疑问带有一定的理想主义的成分。因为我们只需要考虑到理想的指标是如何获得的，就会发现这个问题的困难存在于何处，而预计中或理想中的指标，也许其来自于对现实的观察，但是可能永远也无法反映真实的信息化水平或程度。其次，指数法难以真实而充分地反映信息化在社会经济发展中的作用。指数化的思维方式实际上是具有演绎的性质，即从理论设定开始，推论出标准的指数，然后以标准的指数对现实社会中的信息化进行衡量，达到评价信息化建设绩效的目标。这种由理论到实践的衡量方法，尽管具有一定的合理性，但是却无法真实反映社会中信息化发展的实际水平，也无法对信息化对社会发展的作用进行精确衡量。

3）国际电联指标体系法

国际电联指标体系法，又常被称为“七国会议法”。1995年，西方七国集团召开了以“信息社会”为主题的会议。在这次会议上，国际电信联盟（ITU）[①]向七国集团提交了一套评价七国信息化的指标体系，该指标体系由6组一级指标构成，共12小类（表1-2）。

表 1–2　国际电联指标体系

一级指标	二级指标
电话主线	每百名居民拥有的电话线数、数字交换的电话线数
蜂窝式电话	每百人中蜂窝式电话的用户数、蜂窝式电话在七国中分布的情况
综合业务数字网（ISDN）	每千人中 ISDN 的用户数、ISDN 在七国的分布情况
有线电视	有线电视的用户数、已装上有线电视的住户占全部住户的百分比
计算机	每百人中拥有的个人电脑（PC）数、每十万人中拥有的国际互联网（Internet）主机数
光纤	光缆公里长度年增长数、光纤公里长度的年增长数

尽管这套指标体系通过了七个国家的一致认同，并且能够以此作为衡量一个国家信息化水平的指标依据，但是这套指标体系还是存在着一些问题。首先，这套指标体系忽略了不同国家间信息产业划分等方面的差异。为了能够做到使这套指标体系在不同的国家使用，也为了统一衡量不同国家的信息化发展水平，在选择指标的过程中，突出了更为简便、直观和使用的特点，更易于掌握各国信息化发展的程度。然而，这套指标体系却存在着严重忽略不同国家间信息产业划分的不同特征的问题，强行将不同国家的信息化纳入同一指标体系中进行衡量。尽管ITU利用这套指标体系对西方七国的信息化程度进行了测评，获得了各国的肯定，但是，这并不能掩盖其存在的问题。其次，这套指标体系还存在着不能与时俱进的问题。在这套指标体系中，尽管使用了许多具体的分指标，然而随着时代的发展，其中的许多指标都已经失去了衡量一个国家信息化水平的作用，因为随着科学技术的进步，许多可以用来衡量一个国家信息化水平的指标已经不再作为一个国家信息建设的重要技术。

① 国际电信联盟（International Telecommunication Union）是联合国的一个专门机构，也是联合国机构中历史最长的一个国际组织。简称“国际电联”，“电联”或“ITU”。

4）网络化准备指数法

（1）网络化准备指数的构成。网络化准备指数（Networked Readiness Index，NRI）是由哈佛大学与世界合作论坛合作于2002年推出的信息化评估体系。该评估体系由2个一级指标、9个二级指标、10个三级指标和60个四级指标构成（表1-3）。

表 1–3 网络化准备指数

一级指标	二级指标	三级指标	四级指标
网络应用指数（Network Application Index，NAI）	每百人中因特网用户数	共 10 个三级指标（略）	共 60 个四级指标（略）
	每百人中移动电话用户数		
	每台主机容纳的用户数		
	接入因特网的计算机的比例		
	因特网公共接入的方便性		
网络支撑因素指数（Network Support Factor Index，NSFI）	网络接入		
	网络政策		
	网络化社会		
	网络化经济		

（2）网络化准备指数的测算。网络化准备指数可按以下公式进行计算：

$$NRI=NAI/2+NSFI/2$$

其中，NAI各指标的得分经由统计与调查所得数据计算而来；NSFI各级指标得分等于该指标所含次级指标得分之和除以该指标所含次级指标的个数，末级指标得分则由统计与调查所得数据计算而来。

该评估体系所涉统计数据均来自ITU、WB（World Bank）、BSA（Business Software Alliance）等组织机构的统计数据；调查数据则来自对占世界90%的产出和80%的人口的75个国家的政府和企业高层领导的调查。根据网络化准备指数的方法，衡量一个国家信息化水平或程度主要使用一个国家或地区的网络完善程度。使用网络化准备指数的优点在于，可以很好地衡量一个国家信息化的建设水平，不需要进行过多的主观性估计，只需要进行客观的计算就可以了。但是，运用网络化准备指数作为衡量一个国家或地区的信息化的程度，也存在着以偏概全的问题，毕竟一个国家或地区的信息化水平或程度并不能完全能够通过网络化准备指数来衡量，一个国家或地区的信息化除了网络化准备指数所要求的东西之外，还需要许多其他的东西，例如人们使用网络获得信息的方式等。

5）信息社会指数法

信息社会指数法（Information Society Index，ISI）是美国国际数据公司（International Data Corporation，IDC）提出用于比较和测量各国获取、吸收和有效利用信息能力的方法。

信息社会指数的构成见表1-4。

表 1-4 信息社会指数的构成

一级指标	二级指标
社会基础结构	在校中学生人数、在校小学生人数、阅读报纸人数、新闻自由程度、公民自由程度
信息基础结构	电话家庭普及率、电话故障数 / 电话线数、人均收音机拥有数、人均传真机拥有数、人均移动电话拥有数、有线电视及卫星电视覆盖率
计算机基础结构	人均 PC 拥有数、家庭 PC 普及率、用于政府和商业的 PC 数 / 从事非农业劳动的人数、用于教育的 PC/ 学生和教员人数、联网 PC 所占百分比、用于软件的开销 / 用于硬件的开销、Internet 服务提供者总数、人均 Internet 主机数

国际数据公司（IDC）自1996年起采用多元共线性、回归分析、正规化、标准化等方法，对占全球GDP的97%和信息技术投入总额的99%的55个国家（或地区）进行评估，根据各个国家的ISI，将参评国家的发展状况分为漫步型、小跑型、快跑型、速滑型4个发展等级，从全球角度分析了信息化社会建设，并根据每个发展阶段的国家和地区的实际情况提出了相应的政策建议。信息社会指数法的一级指标采用了社会基础结构、信息基础结构和计算机基础结构三个基本指标，将计算机、信息和社会三个不同层面的东西结合起来，形成了计算机记录信息、信息反映社会的层层递进结构。在每一个一级指标下还各自设立了若干二级指标。在社会基础结构方面，设立了在校中学生人数、在校小学生人数、阅读报纸人数、新闻自由程度和公民自由程度5个二级指标；在信息结构方面，设立了电话家庭普及率、电话故障数/电话线数、人均收音机拥有数、人均传真机拥有数、人均移动电话拥有数、有线电视及卫星电视覆盖率等6个二级指标；在计算机结构方面，设立了人均PC拥有数、家庭PC普及率、用于政府和商业的PC数/从事非农业劳动的人数、用于教育的PC/学生和教员人数、联网PC所占百分比、用于软件的开销/用于硬件的开销、Internet服务提供者总数、人均Internet主机数8个二级指标构成。

除上述五种常见的信息化测评理论与方法外，影响比较大的还有澳大利亚的“信息经济办公室指数”、英国的电子经济评估体系、俄联邦各地区信息化建设评估体系、韩国的“信息化指数”等信息化评估理论和方法。总体而言，国际上对信息化测评的方法体系非常多元化，这些理论和方法间各有其侧重点，同时也具有一定的相通之处，但到目前为止尚无一套具有较高权威的国际通用的科学的信息化评估方法体系。

1.2.2 国内研究文献综述

准确衡量农村信息化建设水平和发展速度，明确我国农村信息化发展所处阶段和位置，是当前农村信息化建设研究领域中的热点和难点问题。当前，我国学术界对农村信息化评价研究的焦点集中在对农村信息化建设水平的测度方面。在国外，信息化水平测度的方法和理论已经比较成熟，主要有：波拉特法（Porat Approach）、日本电信和经济研究所的信息化指数法（RITE's Index of Information）、信息社会指数（IDC Information Society Index）、联合国信息利用潜力评价（UN's Information Utilization Potentials）、国际电信联盟世界电信指标体系（ITU World Telecommunication Indicators）、电子经济评估体系等（刘世洪，2008）[①]。我国信息产业部也于2001年颁布了《国家信息化指标构成方案》，提出了衡量国家信息化水平的20项指标。我国学者对农村信息化水平测度的研究主要是在国外信息化水平测度方法和理论及《国家信息化指标构成方案》的基础上，探索农村信息化水平评价指标体系和测评方法。如刘世洪（2008）在分析我国农村信息化建设的农村信息资源开发利用、农村信息网络建设、农业信息技术应用、农业信息产业发展、农村信息人才、农村信息化外部环境六大要素的基础上，建立了6大类25子类的指标体系，运用Delphi法确定其权重，建立一套“综合指数法”并对我国各地区农村信息化发展状况进行了比较分析[②]。马秀霞（2009）从农村信息资源开发与利用能力、农村信息装备及基本设施建设、农村信息化主体水平、农村信息化的经济与社会环境等方面构建了“农村信息化指数测评模型”，并对宁夏的农村信息化现状进行计量测评与分析[③]。杨诚，蒋志华（2009）提出建构由信息网络、信息技术应用、信息资源、信息产业、信息人才五大要素指标和28个二级指标构成的农村信息化水平评价指标体系[④]。卢丽娜等（2010）以国家信息化六要素为基础，参照波拉特法和日本信息化指数法构建农业信息化指标体系，采用德尔菲法和AHP法确定各项指标的权重[⑤]。在农村信息化水平测度方面，主要采用波拉特法（蔚海燕，2004；黄婷婷，2007；王爽英、童泽霞，2008；李德华，2009；于淑敏、朱玉春，2011）、回归分析法（刘春年等，2006）、主成分分析法（陈振等，2007；李思，2010；叶华、高咏先，2011；张榕，2011）、层次分析法（乔淑，2009；李旭辉，2012；樊露露，2012）、线性加权函数法（丁丽等，2010）等或者综合运用几种方法进行研究。

综上所述，现阶段学术界对农村信息化建设的评价研究主要集中在农村信息化建设水平的测评，即对农村信息化建设现状的分析和评价，而对农村信息化建设运行效率的评价研究较少。当然，对一定时期农村信息化建设水平和效果通过定量评价和考核，对于发现农村信息化建设存在的问题及找准薄弱环节，把握农村信息化发展趋势具有积极意义，但是此类研究也有其局限性，即此类研究实质上是聚焦于农村信息化建设的产出及其水

① 刘世洪．中国农村信息化测评理论与方法研究 [D]. 北京：中国农业科学院研究生院博士论文，2008.

② 刘世洪，许世卫．中国农村信息化测评方法研究 [J]. 中国农业科学，2008，41（4）：1012-1022.

③ 马秀霞．宁夏农村信息化现状计量研究 [J]. 宁夏社会科学，2009（5）.

④ 杨诚，蒋志华．我国农村信息化评价指标体系构建 [J]. 情报杂志，2009（2）.

⑤ 卢丽娜，于风程，范华．我国农业信息化水平测度的理论与应用研究 [J]. 理论学刊，2010（6）.

平，而对产出与导致这种产出的投入之间的比例关系即效率缺乏关注，我们知道，达到一定的水平其投入可能很小，这是有效率的，但也有可能其投入极大甚至不计成本，诸如各类政绩工程，这可能是低效率的甚至是无效率的，这是我们需要极力避免的现象。因此，加强农村信息化建设运行效率研究，对于农村信息化建设更具有指导意义和现实价值。

近年来，已经有学者开始探索对农村信息化建设效率评价问题展开研究，如杨印生，赵罡（2008）探讨了农业信息化系统投入产出效率评价指标体系的建构，并运用DEA方法对吉林省农业信息化效率进行了实证研究[①]。李思（2011）通过建构农业信息化投入与产出的效率评价指标体系，运用DEA及超效率DEA模型，对攀西地区2000—2009年农业信息化效率进行实证评价[②]。梁春阳（2012）探索了农业信息服务绩效的概念及其内涵并初步提出了农业信息服务绩效评价指标体系[③]。王绍峰（2012）采用因子分析法对甘肃省政府主导推动模式的4种服务形式进行了绩效评价[④]。李琳，赵一雪（2012）运用DEA模型，对黑龙江省13个地级市农业信息化效率进行测度[⑤]。由此可以看出，从投入产出角度评价农村信息化建设效率逐步得到重视，从效率测评角度把脉农村信息化建设将逐渐成为研究趋势。但从现有研究来看，有关农村信息化建设效率评价研究还比较零散，所选取的指标比较杂，有的指标难以采集到真实有效的数据，而且大多数仅对农村信息化建设效率进行研究，而对影响效率的因素却没有进行深入分析。在这方面还有很大的研究空间，本研究将就此进行深入探索。

DEA-Tobit两步法（Two-stage Method）[⑥]最早是由Tim Coelli为深入了解系统效率的影响因素及其程度而于1998年在DEA方法基础上衍生出的一种新的效率评价方法。该方法第一步采用DEA方法求得研究样本的相对效率值，第二步则以这个相对效率值作为被解释变量，以影响因素作为解释变量建立回归模型，利用Tobit模型来解决效率分布的问题并提出相应的改进路径和解决办法。

DEA-Tobit两步法自被提出以来，就受到了社会各界的广泛关注，并被广泛用于评价医疗卫生、文化教育、工业企业、金融行业、农业产业、科技管理等社会各领域的效率问题及其影响因素的分析。如Kirjavainen（1998）也采用了该方法比较研究芬兰各类高中学生学习的效率异同，发现相比于私立学校，公立学校的学生学习效率更高，并分析了其影响因素[⑦]。泰国学者Watcharasriroj, Tang, John C.S（2005）应用DEA-Tobit

① 杨印生，赵罡 . 基于 DEA 的吉林省农业信息化系统投入产出效率测度 [J]. 现代情报，2008（4）.

② 李思 . 基于 DEA 及超效率 DEA 模型的农业信息化评价研究 [J]. 湖北农业科学，2011（6）.

③ 梁春阳 . 论农业信息服务绩效评价体系的构建 [J]. 图书馆理论与实践，2012（9）.

④ 王绍峰，施韶亭 . 农村信息化政府主导推动模式绩效评价 [J]. 甘肃科技，2012（7）.

⑤ 李琳，赵一雪 . 基于 DEA 模型的黑龙江省农业信息化效率测度 [J]. 安徽农业科学，2012（16）.

⑥ Tim Coelli. A multi-stage methodology for the solution of orientated DEA models [J]. Operations Research Letters, Volume 23, Issues 3-5, （Oct., 1998）, pp.143-149.

⑦ Tanja Kirjavainen. Efficiency differences of finish senior secondary schools: An application of DEA and Tobit analysis[J]. Economics of Education Review. Volume 17, Issue 4, （Oct., 1998）, pp. 377-394.

两步法对该国非营利医院信息技术和规模效率及其影响因素进行了分析[①]。DEA-Tobit两步法作为一种新的效率问题及其影响因素的评价分析方法在国外的研究中应用比较广泛而趋于成熟。在国外相关研究的影响下，我国一些学者也借鉴并使用该方法来研究我国社会各领域内的效率问题。该方法已被广泛应用于各类企业和公司（韩晶，2008；刘和东，2010）、金融行业（姚晋兰、毛定祥，2009）、医疗卫生（唐娴等，2010；陈冰、吉生保，2013）、科技管理（郭淡泊等，2012）等领域。在“三农”问题研究领域，也有越来越多的学者使用该方法来研究相应的效率问题及其影响因素。如涂俊，吴贵生（2006）采用DEA-Tobit两步法对我国30个省、市、自治区农业创新系统效率进行了比较，发现农村基础教育水平和自然灾害对区域农业创新系统具有显著影响，而政府科技经费并不是显著影响因素[②]。李燕凌（2008）采用DEA-Tobit回归模型分析了湖南省十四个地州市财政支农支出效率水平及其影响因素[③]。苏时鹏等（2011）应用DEA方法测算了福建省的农业科技成果推广服务效率，应用Tobit模型分析了影响农业科技成果推广服务效率的因素[④]。杨伯坚（2012）采用基于省际面板数据的DEA-Tobit两步法对2004—2008年中国财政农业支出效率进行了实证分析，并研究了影响财政支农支出效率的因素[⑤]。

由上可知，与其他综合效率评价方法相比，DEA-Tobit两步法的优点比较明显，如适用范围极广，同时操作起来非常简单、评价结果比较客观。作为一种新的效率评价方法，DEA-Tobit两步法在经过了多领域历经较长时间的使用和验证，在方法上已经非常成熟，具有借鉴价值。目前，该方法较少在农村信息化建设领域得到采用，将该方法引入到农村信息化建设领域，能够丰富该领域的研究方法，同时，能使该领域研究缺乏可操作性、忽视实证分析和偏重定性研究的现象得到改观。

1.3 研究思路、基本框架与主要方法

1.3.1 研究思路

本文将按照提出问题、分析问题与解决问题的一般研究思路来研究我国农村信息化建设绩效评价问题，研究工作共分为以下五个阶段（图1-1）。

---

① Watcharasriroj B, Tang, John C.S. The effects of size and information technology on hospital efficiency[J]. Journal of High Technology Management Research. 2005（15）：1-16.

② 涂俊，吴贵生 . 基于 DEA-Tobit 两步法的区域农业创新系统评价及分析 [J]. 数量经济技术经济研究，2006（4）.

③ 李燕凌 . 基于 DEA-Tobit 模型的财政支农效率分析——以湖南省为例 [J]. 中国农村经济，2008（9）.

④ 苏时鹏，郑逸芳，黄森慰 . 基于 DEA-Tobit 模型的农业科技推广服务效率研究—— 对福建省 306 个农业科技推广项目的实证分析 [J]. 技术经济，2011（9）.

⑤ 杨伯坚 .2004—2008 年中国财政农业支出效率的实证分析——基于省际面板数据的 DEA-Tobit 两步法 [J]. 财政研究，2012（3）.

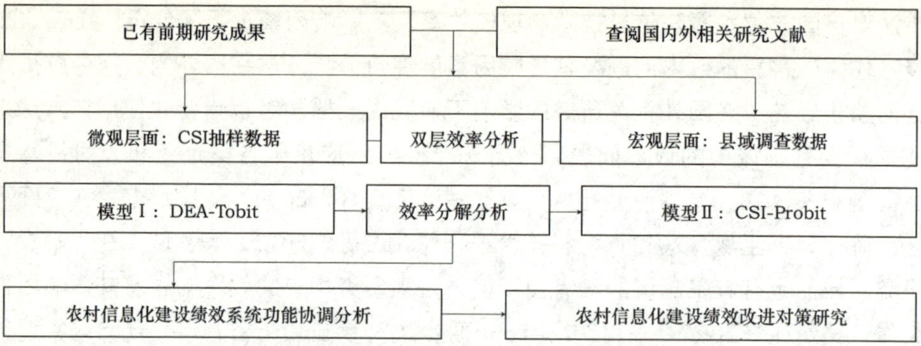

图 1–1　农村信息化建设绩效 DEFA 模型（技术路线图）

第一阶段：提出本文要分析的问题。本文要讨论的问题是农村信息化建设的绩效评价问题。对于这个问题，在第一阶段主要通过研究大量的相关文献，确定农村信息化建设绩效评价的理论研究意义，对已有的社会实践进行分析，判断农村信息化建设绩效评价的现实意义。在对理论意义和实践意义进行综合的基础上，提出农村信息化建设绩效评价的必要性和可能性问题。

第二阶段：进行基础理论分析。为了对农村信息化建设绩效评价问题进行研究，首先需要对其中涉及的一些基本概念进行界定，然后阐述分析农村信息化建设绩效的理论分析工具或分析框架，对国内外有关农村信息化建设及其评价等相关研究文献进行综述和评析。在此基础上对信息化、农村信息化及其建设绩效等相关概念进行界定，并对农村信息化建设绩效评价的相关理论进行梳理，为本文展开研究奠定基础。

第三阶段：运用DEFA模型进行农村信息化建设绩效双层因素分析。双层因素分析，即在宏观上（Macroscopic）对政府农村信息化建设绩效因素分析，在微观上（Microcosmic）展开农户对农村信息化建设“满意度”因素分析。通过DEFA模型分析，发现我国农村信息化建设绩效的现状、存在的问题及影响因素间的相互关系。农村信息化建设绩效评价，属于典型的多投入/多产出的多个决策单元的绩效评价，这可以采用数据包络分析方法（DEA）进行研究，而对农村信息化建设绩效影响因素的分析则可采用Tobit回归模型，这样我们可以构建DEA-Tobit两步法实现农村信息化建设绩效评价研究的目标。考虑到农户对农村信息化建设绩效“满意度”数据属于非连续变量，则运用Probit模型进行因素分析。

第四阶段：进行农村信息化建设绩效系统功能协调性分析。主要是从“综合绩效”的视角对农村信息化建设绩效系统进行功能判断和区分，为制定改进绩效系统、提高绩效水平的相关政策措施奠定基础。进行系统功能协调性分析的目的是从宏观和微观两个层面对决定农村信息化建设绩效的“投入”和“产出”不同功能类型的组合进行分析，考察农村信息化建设绩效质量水平。

第五阶段：进行农村信息化建设绩效改进对策研究。本部分主要是在农村信息化建设绩效系统功能协调性分析结果的基础上，通过借鉴国外先进经验、比较国内成功模式，提出改进农村信息化建设绩效的对策措施和对策建议。

1.3.2 基本框架

本文分为五部分，共八章。各部分基本框架如下：

第一部分包括第一章和第二章，其主要任务是进行文献综述、基本概念界定与相关理论梳理。第一章为绪论，包括问题的提出和选题的意义、国内外研究文献综述、研究思路、基本框架、主要方法及可能的创新之处等。第二章对农村信息化建设绩效评价进行理论分析，包括信息化、农村信息化、绩效、农村信息化建设绩效评价等基本概念。

第二部分包括第三章和第四章。第三章主要是对我国农村信息化建设历程进行回顾，总结评述我国部分地方在农村信息化建设方面的探索与实践，分析我国农村信息化建设现状及其存在的问题。第四章主要研究我国农村信息化建设绩效评价目标体系，包括总体目标、横向目标、纵向目标等。

第三部分包括第五章和第六章。第五章主要是采用“顾客满意度”（CSI）方法从微观层面上对农村信息化建设绩效进行实证分析，包括满意度理论的起源与发展及其理论应用回顾，基于农户“满意度”绩效分析模型及其实证分析。第六章主要是采用DEA-Tobit理论模型从宏观层面进行农村信息化建设绩效实证分析，包括农村信息化建设绩效DEA计量模型及其系数测算、农村信息化建设绩效影响因素的Tobit回归分析及其结论讨论。

第四部分是第七章，这一部分是在对农村信息化建设绩效系统进行协调性分析的基础上，提出改进农村信息化建设综合绩效的思路与相关政策建议等。

第五部分是第八章（基本结论与研究展望）及参考文献、图表附录、后记与鸣谢等。

1.3.3 主要方法

1.3.3.1 文献研究方法

本研究通过图书、文件资料、互联网等各种形式，深入查找和搜寻有关文献资料，包括近五年来信息学、经济学、农业推广学、公共管理学等相关学科领域内的权威学术期刊，如《情报理论与实践》《现代情报》《公共管理学报》《中国农村经济》等各类期刊与报纸杂志上的相关文献和资料，并建立起本研究的文献资料库，在此基础上开展基础性研究。

1.3.3.2 计量研究方法

本研究通过科学设计调查问卷，分批分层次对湖南省14个地州市进行了充分的调查，还设计了农户与涉农企业满意度调查问卷，实地收集样本数据和相关信息，建立完善的数据库，并分析各变量之间的数量关系、经济关系和社会关系。具体来讲，本文将在两个关键环节采用计量研究方法：一是在微观层面，针对湖南省农村信息化建设应用的两大主体——百万农户与万家企业的实际情况，以农户和涉农企业对农村信息化建设绩效“满意度”为被解释变量，采用Probit模型对农村信息化建设的主观评价绩效进行因素分析。被解释变量数据通过抽样调查获得，并将其转换为二元变量。二是采用DEA-Tobit两步法对湖南省14个地州市进行农村信息化建设绩效的宏观测度，并对影响其绩效的因素进行分析。实证分析所需数据通过由科技厅下发相关问卷，由县级科技部门按其农村信息化建设实际情况填写所得。

1.3.3.3 规范分析方法

本研究以公共品与公共服务理论、绩效评价理论、满意度评价（CSI）理论等为基础进行规范研究。其中公共品与公共服务理论适用于信息化与农村信息化的特征等方面；绩效评价理论适用于农村信息化建设绩效实现条件、农村信息化建设绩效目标体系、宏观层面的绩效评价；满意度评价（CSI）理论适用于农户及涉农企业对农村信息化建设绩效的主观评价及其调查方法、因素分析等。

1.3.3.4 对比研究方法

一方面，进行国内外比较研究，吸取国外在农村信息化建设方面的管理经验；另一方面，根据实地调查和计量分析结果及其他定性分析结论，对国内及省内不同发展层次地区之间政府农村信息化建设绩效进行对比分析。

1.4 可能的创新之处

1.4.1 研究内容新

农村信息化的重要性日益为学术界所认知，加强对农村信息化的研究已成为信息学、公共管理学、农业推广学等学科领域的热点问题。纵览学术界对农村信息化的研究，主要集中在对农村信息化建设现状的描述、农村信息化建设中存在的问题及其对策的研究，也有一些学者针对农村信息化建设中的某一方面进行专门研究，如农村信息化建设主体作用问题、农村信息化基础设施建设问题、农村信息化资源配置问题、农村信息化队伍建设问题等，还有一些学者研究了农村信息化水平评估，这往往是农村信息化建设状况的一种“静态”的评价。总的来说，当前对农村信息化建设绩效及其评价则较为少见。本课题聚焦农村信息化建设绩效，提出农村信息化建设绩效是农村信息化建设的关键环节，对农村信息化建设绩效评价理论基础进行了梳理，提出了农村信息化建设绩效评价目标体系，并从微观和宏观两个层面对农村信息会建设绩效进行实证分析，在对农村信息化建设绩效系统进行协调性分析的基础上，提出了改进农村信息化建设绩效的思路与对策。本文的研究是在学术界现有研究的基础上对农村信息化建设研究的拓展，具有一定的创新性。

1.4.2 研究方法新

在研究方法方面，本文通过微观与宏观两个层面，构建了DEFA模型分析方法，即分别采用CSI-Probit和DEA-Tobit两个两步法对农村信息化建设绩效进行了实证分析。CSI-Probit计量分析模型是在借用费耐尔（Fomell）原理的基础上，通过设计农村信息化建设应用主体——农户和涉农企业对农村信息化建设绩效“满意度”主观评价方法，对其微观层面的影响因素进行了实证研究。本文采用DEA-Tobit模型计量分析农村信息化建设绩效及其影响因素，是在借鉴国内外其他学科研究经验基础上，在农村信息化领域对研究方法的有益尝试。

第2章　大数据时代农村信息化建设绩效评价理论基础

2.1　信息化的基本概念

2.1.1　信息化相关概念界定

大力促进信息化发展已经成为当今世界经济与社会发展的大趋势，信息化已成为评价一个国家或地区综合实力与现代化水平的关键标准。事实上，“信息化”一词的历史并不久远。据考证，“信息化”一词表达最早源自日本。1967年日本科技与经济研究组提出的“Jo-hoka”即为“信息化”，指的是“主动推进与使用信息与信息技术”[①]。这一表达方式后经译传，为西方所接收和吸纳。在英语中，人们用来表达“信息化”的词语有很多，通常使用的有：Informatizing，Informatization，Informalization等。在我国香港、台湾地区，则常用资讯化来指代“信息化”。

在历经数十年的浸染和熏陶后，“信息化”的概念和说法已经在世界范围内得到了承认和接纳。但究竟什么是“信息化”呢？由于每个人经历和视角的差异，人们的理解也各不相同。有的人将信息化理解为信息资源的开放利用；而有的人则将信息技术在社会各方面各层次的普遍应用视为信息化；有的人则从宏观的角度把从传统社会演进到信息社会的过程视为信息化等，各种说法不一。纵观有关信息化的概念与定义的描述，所谓的信息化与“信息”“信息资源”“信息技术”“信息社会”等概念密切相关，要对信息化进行准确定义和深入理解其概念，那么必须对这些核心概念先进行梳理和界定。

2.1.1.1　信息

社会中的人们要能够生存和发展离不开彼此间信息的传递和交流。信息已成为人们须臾不可离开的一种形态。在中文中，“信息”最早表达为音信、消息的意思，有据可查的使用时间发生在1 000多年前的唐朝时期，如唐武宗时期女诗人鱼玄机、南唐诗人李中均在诗作中使用了“信息”一词[②]。在西方国家，“信息”（information）和“消息”（message）两个词汇在很多场合也常常相互通用。直到20世纪中后期，人们对信息的

① 陈云，等．论国家信息化的组成 [J]. 科学学与科学技术管理，2004（11）．

② 见鱼玄机著《闺怨》：“蘼芜盈手泣斜晖，闻道邻家夫婿归。别日南鸿才北去，今朝北雁又南飞。春来秋去相思在，秋去春来信息稀。扃闭朱门人不到，砧声何事透罗帏”。李中著《暮春怀故人》：“池馆寂寥三月尽，落花重叠盖莓苔。惜春眷恋不忍扫，感物心情无计开。梦断美人沉信息，目穿长路倚楼台。琅玕绣段安可得，流水浮云共不回。”

认识提到了一个新的高度。

“信息”作为科学研究对象最先发生在通信领域，哈特莱（R.V.Hartley）于1928年发表了最早研究“信息”的论文，在这篇论文中，“信息”被哈特莱定义为选择通信符号的方式，并用选择的自由度来计量其大小。而后通信专家申农（C.E.Shannon）于1948年在《贝尔系统电话杂志》发表论文《通信的数学理论》，在这一论文中，申农明确将信息定义为“随机不确定性的减少”。布里渊在申农这一思想的基础上进一步明确，信息就是负熵[①]。控制论创始人维纳（Norbert Wiener）也持相同的观点[②]。由此可见，这些研究进一步扩展了人们对信息的理解和认识，这些理解和认识已经超越了传统的将信息等同于消息或通信的看法。

随着科技的进步和社会经济文化水平的逐步提高，人们对信息的认识深度和应用的范畴在逐步扩展和深化。在不同的领域，信息一词有不同的含义。在控制、通信和计算机科学等领域，信息被看作是信号和数据；在情报、新闻传播和经济领域，信息是消息、资讯和情报等的同义词；在生命科学研究范畴内也存在着信息与信息的传递，如动物间信号的传递与交换、遗传信息在细胞间的复制与传递等；在社会经济生活中，信息经常被看作“符号化的知识”“能传递的资料”等。

从上述有关信息的概念和定义的发展和演进可以看出，信息的含义十分丰富，其概念也非常复杂。本文主要研究我国的农村信息化，为便于研究，本文采用我国《信息与文献　术语》（GB/T 4894—2009）中关于“信息”的定义，即信息是“物质存在的一种方式、形态或运动状态，也是事物的一种普遍属性，一般指数据、消息中所包含的意义，可以使消息中所描述事件的不定性减少。”这一定义具有以下几个方面的内涵。

（1）信息是物质存在的一种方式、形态或运动状态。这里的“物质”泛指存在于人类社会、思维活动和自然界中一切可能的对象。“方式”“形态”指物质的内部结构和外部联系的存在状态。“运动”泛指一切意义上的变化，包括机械的、物理的、化学的、生物的、思维的和社会的变动[③]。由于世间万物皆有其存在方式和运动状态，故所有事物均在不停地产生各种不同的信息[④]。

（2）信息是物质的一种普遍属性。人类社会、自然界、思维，乃至宇宙中的一切物质的存在方式及其运动状态都有其固有的规律和特征，都是由相应的信息表现出来的。由于任何物质都有其内部结构和外部联系，正是这种内部结构和外部联系的综合作用，决定了物质的运动状态和方式。物质的存在和运动无时不有、无处不在，因而，信息也就如影随形，无时不有，无处不在。

---

① L.Brillouin.Science and Information Theory[M].New York：Academic Press Inc,1956.

② N.Wiener.Cybernetics and Society[M].Houghton Mifflin Company,1950.

③ 马费成，宋恩梅．信息管理学基础 [M]. 武汉：武汉大学出版社，2013.

④ 钟义信．信息科学原理 [M]. 北京：北京邮电大学出版社，1996.

（3）信息的价值在于减少人们面临的不确定性。在人们的社会生产、生活、科学研究等方面，通过对相关数据的获取、加工、存储、检索与分析，进而揭示这些数据所蕴含的意义，从而降低人们对相关事物认识的不确定性。正如肯尼思.J.阿罗所指出的："人们可以花费人力及财力来改变经济领域以及社会生活的其他方面所面临的不确定性，这种改变恰好就是信息的获得。不确定性具有经济成本，因而，不确定性的减少就是一项收益。"信息的这种对不确定性减少的特性，使得信息具有价值，能够为人们所利用，也可以用于交易、交换。

（4）信息具有约定的性质。毫无疑问，信息具有物质性、客观性以及消除人们之间的不确定性的基本特征，然而信息的本质并不具有上述特征，信息最为本质的特征在于约定性，即人们相互之间约定以一定的物质来交流或传达相互间的意思表示的方式、方法。一般情况下，语言是人类首先发明的传递信息的方式，通过一定方式的声波组合，人们相互之间可以明白想要传达意思表示，然后达到相互交流的目的。然而，如果要能够达到这一目的，语言是必不可少的工具，而语言传达信息的功能必须通过人们之间的相互约定才有可能实现，也就是说，人们之间只有预先相互约定语言的含义，才能在以后的行动中，以语言来传达人们想要传达的意思。然而，需要注意的是，这里所指的约定是一个时间上的概念，一种语言约定意义的形成可能需要经历很长的时间才能达成，特别是这种语言与一个国家或民族的社会生活方式紧密联系在一起时尤其如此。当然，在现代社会中，语言的约定意义显得更为明显，计算机语言学家可以创造一种新的语言，然后规定相关符号的意义，约定这些符号使用的语法规则，然后运用这种被特意设计出来的语言来达到传递信息的目的，例如计算机语言中的ASCI码、BASIC、C语言等都是如此。这里可能还需要进一步澄清的问题是，在动物和植物界中，可能也存在着与人类类似的这种交换行为，也有些动物学家和植物学家认为这也是信息的一种。然而，在对信息认知的意义上，我们认为这并不是信息，而仅仅是本能或自然规律的一部分，例如动物通过彼此之间散发出来的气味就可以辨别相互之间的性别以及对方处于生长发育的哪一个时期，我们并不能由此认为，动物之间发生了信息交流活动，因为这种传递的介质并不是约定的，而是动物之间的本能行为。

（5）信息并不等同于知识。信息的外延与内涵基本上不同于知识，这是对信息进行定义过程中必须要注意的一个重要问题，因为有许多社科专家在一定程度上将信息和知识等同使用，这不仅误解了信息的本质，同时，也曲解了知识的来源或本质。知识是人类创造的用于解释世界的主观认识，借助于语言或其他媒介表达出来的东西。知识可以分为许多层次，根据人们对客观世界认识程度的不同，可以区分为感性知识和理性知识。一般来说，感性知识是通过人类的感官而感受到的对客观世界的认识，层次相对而言比较低，但却是人类所有知识的根本；理性知识是人类对感性知识进行加工的基础上创造出来的认识，根据认识方式的不同又可以分为科学与人文知识等。信息的外延要远大于知识。凡是在人类社会之间传递相关要求的东西都可以被称为信息，例如人类之间可以在相互之间传递情感或与之类似的东西，这些东西根本不是对客观世界的认识，而仅仅是人们的主观想法，人们传递这些东西的主要目的也不是为了确定这些东西的真实性，而仅仅是想让其他人知道他的想法，以增进人们彼此之间的理解。信息的本质也不同于知识。信息的本质在于传递，促进人类社会的合作，加强人们相互之间的理解，从根本上而言，没有信息的存在，也就没有人类社会的存在。知识的本质在于反映世界，使人类的主观认识符合客观世界，以便于对客观世界加以利用，促进人类社会福利的增加。尽管信息与知识在内涵和外延上都不相同，但是人们一般认为，知识还是可以作为信息的一部分而存在，只要知识具备了促进人类社会理解与和谐的功能。

2.1.1.2 信息资源

信息现已被普遍认为是同能量、物质并称为影响和制约人类社会发展的三大支柱性资源。作为一种可再利用的资源，有关“信息”的认识和研究已经非常广泛和深入。但有关“信息资源”的研究则起步较晚，直到20世纪七八十年代才逐步发展起来，据有关研究指出“信息资源”作为学科术语最早是在20世纪70年代由加拿大学者J.O.Rourke在所撰写的论文“Information resources in Canada”中使用[①]。

所谓资源，譬如我们熟悉的矿产资源、环境资源、人力资源等，所指的一般是存在于自然界或人类社会中的可用于创造物质和精神财富的一种客观存在形态。人们有关“信息资源”的看法，通常有广义和狭义两种理解：一种是人们从狭义的角度，把信息资源看成是人类社会经济等各种活动中经收集、加工处理使之有序化且积累储存起来大量的有用信息的集合。如人们生产生活所需的各类科学技术信息、某方面政策法规信息、市场供求信息等，都是信息资源的构成要素。狭义的理解是把信息资源仅看成是信息内容本身。另一种是人们从广义的角度，把信息资源看成是有关信息活动要素的集合，即人类开展社会信息活动中的信息、信息人员、信息技术（有关搜集、传输、加工等各方面的技术）及其他相关要素等，也就是说，信息资源是由如下方面构成的：①人类社会经济等各种活动中经收集、加工处理使之有序化且积累储存起来大量的有用信息的集合；②为一定目的而开展信息生产活动的人员的集合；③有关信息搜集、传输、加工等各环节各方面所需技术的集合；④信息设施、信息载体、信息活动所需物资及经费等其他信息活动要素的集合[②]。这种广义的理解是把开展信息活动所涉及的各类要素均纳入到信息资源的范畴。从系统论的角度来看，广义的理解更全面、更具有系统性和科学性。因为即使信息资源的社会经济价值主要集中在反映信息内容和意义的各种信息要素上，但是信息要素价值的实现离不开信息人员、信息网络、信息技术、信息系统等信

① 胡扬名．农村信息化建设问题研究 [D]. 长沙：湖南农业大学博士论文，2013.

② 马费成．信息资源开发与管理 [M]. 北京：电子工业出版社，2012.

息活动各环节其他要素的综合作用。只有把反映信息内容和意义的信息要素通过一定的原则和方式方法进行配置并使之系统化，其价值才可能得以实现，信息资源才能得以真正地开发和利用。故一般情况下，信息资源应指的是广义上的理解，本文亦如此。

信息资源作为一种特殊的资源，具有特定的特性。

（1）信息资源具有客观性和自然性。信息资源是承载信息的载体，是信息能够在人类之间进行传递的必要条件。由于信息必须要在人类之间进行传递，因此承载信息的资源一般都具有客观性，以保证信息在传递的过程中不会发生变化。尽管不同的人在阅读同一信息载体时会对信息产生不同的理解，但是这是信息阅读或理解过程中的主观性问题，与信息资源的客观性没有关系，无论如何要信息能够在人类间进行顺利传递，就必须保证信息资源的客观性。信息资源必须依附在其他物质载体上，一旦离开其他物质载体就无法存在；除此之外，信息资源能够不断再生，在由信息向信息资源转化过程中能够不断衍生出更多数量或其他种类的信息资源，而且信息资源在数量上是无穷尽的，而且能在不同的介质和表示方式间进行转换。信息资源的这种持续再生性被称为信息资源的自然性，即如同自然界的生物一般，能够以新陈代谢的方式不断地重新生成信息，保证信息的持续性和永恒性。

（2）信息资源具有经济性。信息资源的经济性是指信息资源具有稀缺性和满足人们需求的特性，或者说具有稀缺性和满足人类社会需求的特性，主要表现在一定的信息资源往往具有某种使用价值，而且在大多数信息能力有限而其信息需求却非常旺盛的人们面前，信息资源具有明显的稀缺性；信息资源与其他资源如人力、资本及自然物质资源等一样经开发利用能够增值。一般情况下，在自由社会中，信息是分散在不同的人群中的，每个人都根据自己掌握的信息来指导自己的行为，根据亚当•斯密的观点，没有任何一个人能够掌握自由社会中的所有信息，在这种社会中，仿佛有一只无形的手在操纵着人们，尽管人们对整体信息一无所知，仅仅根据自己所掌握的信息而采取行动，但还是能够形成有序的社会，这种社会秩序哈耶克称之为“自生自发的社会秩序”。但是，这种预测或论证带有一定的神秘性，将社会秩序的形成比喻为受“无形的手”的控制，并不能使人们清楚信息资源在自由社会中的重要性。随着科学技术的发展，尤其是网络技术的发展，收集并掌握社会整体信息已经变得完全可能了，掌握了这些信息的人，实际上就相当于拥有“无形的手”的能力（或者说拥有了做上帝的能力），尽管现代的科学技术离完全掌握全部信息还有一定的距离，但是可以预测这必然是一个不会偏离的方向。当然，这些信息资源的获得并不是免费的，而是需要花费巨额成本才能获取的，因此，这使得信息资源本身就可以成为一个可以在市场上交易的商品，具有产生效益满足人们需求的经济特性。

（3）信息资源具有公共性。一般而言，公共品具有非排他性、非竞争性以及不可避免的外部性。所谓非排他性是指信息资源不能为某个人所独占独享，排除他人的占有使用；非竞争性是指信息资源的提供或取得不能够以竞争定价的方式来提供；而外部性是指公共品在交易过程中可能给没有支付成本的人带来收益（正外部性）或者给没有收益的人带来损失或成本（负外部性）。根据对公共品非排他性、非竞争性和外部性的定义，信息资源具有类似于公共品的非排他性，即在许多情况下，信息资源在使用上难以实现独占性，而只能为人们所共享。信息资源还具有非损耗性的特点，即信息资源并不因为使用范围的扩大和使用人员数量的增多而出现损耗现象，如某农业技术信息的使用不会因为使用范围和人员数量的变化而失去其价值。信息资源还具有一定的“正外部性”。一些信息资源的开发利用能极大促进经济社会的发展和进步。由于信息资源存在大量的外部性，可能会导致信息资源的供给不足，影响社会的快速发展，只有由政府采用公共资金进行信息资源的生产，才有可能保证信息资源供给的充分性。从这个角度而言，信息资源无疑是具有公共性的。

2.1.1.3　信息技术

在当今社会，“信息技术”已成为一个家喻户晓、妇孺皆知的词语，因为人们普遍认识到了以信息技术为代表的科学技术的迅猛发展已经深刻影响着人类的生产方式、生活方式、思维方式，信息技术的日新月异引领着新的技术革命，同时，也促成人类社会的革命性的转变。在信息技术这个名词中，在了解了信息为何物的前提下，首先需要对技术是什么进行一定的解读。一般情况下，技术与科学是合在一起使用的，但是两者却存在着巨大的差别。科学是对客观事物之间因果关系进行描述和判断的知识，是研究“为什么”的知识，而技术是如何更好地实现人类目的手段，是研究“如何办”的知识。一般情况下，技术是以科学知识为前提的，即人们在研究如何办时一般要以知道为什么为前提，但是这并不是必然的要求，在某些情形下，人们确实知道如何做，却并不知道为什么，而且这种情形并不少见。因此，所谓信息技术实际上是指人类传递信息的手段，自人类社会诞生以来，人类就发明了信息技术，人类在当时并不知道那些信息技术背后的科学原理是什么，但是人类会观察，并从经验中可以发明一些传递信息的好手段，促进了人类社会和发展，例如在中国古代社会，人们可以通过狼烟来传递信息，也可以通过信鸽来传递信息。现代信息技术的出现与计算机通信的科学研究的发展存在着直接的联系，可以这样说，没有现代计算机科学原理的发展，就不可能有现代信息技术的产生和发展。

人们对信息技术的认识也有一个逐步深化的过程。最早的信息技术可以追溯到原始社会人们“结绳记事”的方法和技术，而现代意义上的信息技术则是19世纪中期人们发明的通信技术，包括有线电话通信技术和无线电报通信技术。二战中又出现了雷达技术及用于控制火炮发射的自动控制技术。由于这些技术产生于“信息”这一概念产生并盛行于世之前，因此这些技术当时并未被人看成是信息技术。人们对信息技术的认识经历了“1C—2C—3C—4C”的过程。

人们对现代信息技术的认识肇始于1946年电子计算机的发明。特别是1948年申农的信息论的问世，信息的概念犹如在学术界爆炸了一枚威力巨大的原子弹扩散波及各个学科领域，为世人所侧目关注。此时，人们把计算技术即看成是信息技术，即“1C（Computer）”的信息技术概念。自从20世纪70年代后，随着ARPA计算机网络的形成，尤其是Internet的出现和发展，人们也慢慢发现：孤立的计算机的作用是有限的，只有将它们连接起来形成规模宏大的计算机通信网路，才能发挥更大的作用。此时，人们眼中的信息技术便是“计算机技术+通信技术”，即“2C（Computer+ Communication，C&C）”的信息技术概念。随着社会的发展及人们需求的逐步扩展，人们发现C&C信息技术虽然在一定程度上使人们能够更好地认识世界，但是却没能解决人们如何更好地改造和优化世界的问题。这种需求引导着越来越多的基于计算机通信网络的大规模自动化系统的出现和发展，这就是控制技术和计算机通信网络的大规模自动化系统的结合，即“3C（Computer+Communication+Control）”的信息技术概念。在此基础上，又有学者将其延伸到“4C（Collection+Communication+Computer+ Control）”的概念，即信息感知技术（获取信息）、通信技术（传递信息）、计算机技术（信息认知、再生）、控制技术（信息执行）。事实上，1C、2C、3C、4C的信息技术概念虽然比较清晰地呈现出了人们对信息技术这一概念及其范围的认识的深化过程，但是这种枚举式的方法并不科学，因为随着社会的发展和技术的进步，人们开发出越来越多、越来越先进的处理信息、开发和利用信息资源的技术，如微电子技术、光电技术等。因此，人们通常从其使用的目的、范围、层次等方面来定义信息技术。有人认为信息技术就是“获取、存储、传递、处理分析以及使信息标准化的技术”。也有人认为信息技术是指在计算机和通信技术支持下用以获取、加工、存储、变换、显示和传输文字、数值、图像以及声音信息，包括提供设备和提供信息服务两大方面的方法与设备的总称。有人认为信息技术是管理、开发和利用信息资源的有关方法、手段与操作程序的总称。还有人认为信息技术包括信息传递过程中的各个方面，即信息的产生、收集、交换、存储、传输、显示、识别、提取、控制、加工和利用等技术。也有人把信息技术抽象地定义为能够扩展人类信息器官功能的一类技术的总称。

尽管信息技术的具体数量和定义非常繁多，我们仍可以通过对其进行分类来予以认识和把握。一般来说，我们可以按其表现形态把信息技术分为硬技术（物化技术）与软技术（非物化技术）。硬技术是指各种信息设备及其功能；软技术则指有关信息获取与处理的各种知识、方法与技能，如语言文字技术、数据统计分析技术、规划决策技术、计算机软件技术等。我们也可以按工作流程中基本环节的不同，把信息技术分为信息获取技术、信息传递技术、信息存储技术、信息加工技术及信息标准化技术。按技术的功能层次不同，可将信息技术体系分为基础层次的信息技术（如新材料技术、新能源技术），支撑层次的信息技术（如机械技术、电子技术、激光技术、生物技术、空间技术等），主体层次的信息技术（如感测技术、通信技术、计算机技术、控制技术），应用层次的信息技术（如文化教育、商业贸易、工农业生产、社会管理中用以提高效率和效益的各种自动化、智能化、信息化应用软件与设备）。

2.1.1.4 信息社会

“信息社会”是人们在论述信息化概念时常提到的一个概念。人们普遍认为人类社会经过信息化将从工业社会步入信息社会。对于什么是“信息社会”，学术界展开了广泛的研究。最早提出有关“信息社会”概念的是著名学者丹尼尔·贝尔，他所提出的后工业社会说被人们认为是最早的信息社会学说。他把社会发展图式划分为前工业社会、工业社会、后工业社会。他所描述的后工业社会是以“知识”为核心，在这个社会中，智能技术越来越成为人们制定政策和进行决策的依靠。阿尔文·托夫勒则采用“浪潮前锋”的分析方法（Social Wavefront Analysis）把人类社会发展进程关键点分为农业化、工业化、信息化浪潮，这三次浪潮则分别促成农业社会、工业社会和信息社会。在前人研究的基础上，约翰·奈斯比特明确提出“信息社会”的概念，并深入分析了信息社会的主要特征。曼纽尔·卡斯泰尔则提出信息时代的主要功能是围绕网络形成的，通过网络形成新的社会组织形态。有关信息社会的研究可谓是汗牛充栋，而关于信息社会的概念也非常丰富。我们可以从这些研究中概括出信息社会的一些主要特征，便于我们抓住其核心观念，其特征主要有：

首先，信息社会是人类社会发展的一个新阶段（贝尔、列奥塔、卡斯迪尔斯、韦伯斯特、阿格里特、哈伯马斯等）。信息社会是在农业社会、工业社会之后发展而来的社会类型，相对于前两个类型的社会而言，在信息社会中，信息资源对社会的政治、经济和文化会产生更大的作用。在农业社会中，人类的主要生产活动为农业，人类必须定居于一定的地方，容易生成所谓的熟人社会，在这种社会类型中，由于人口的流动性不大，信息也处于不太重要的地位，因为人们对信息的需求并不迫切，人们只需要以口耳相传的方式就可以满足大部分对信息的需求，因为在农业社会中，人类基本上处于自给自足的生活状态之中，人们由于长期定居在一起，对相互间的生活习惯或其他生活情况非常了解。到了工业社会之后，农业社会的一些特性发生了巨大的变化，人口的流动性逐渐增加，商品生产成为社会主要的经济活动，而商品生产不同于农业生产，其是生产要素、资本要素与人力要素集约化的产物，唯有实现集约化，才有可能保证商品生产的低成本运行，才能实现商品生产相对于农业生产的优势。为了实现商品生产各项要素集约化的目标，保证各要素的高度流动性具有极其重要的作用，因此在工业社会中，其相对于农业社会最重要的特征之一就是各项物质要素的快速流动，人们不再依赖于口耳相传的方式来保存和传递信息，而是依赖于书面文字来保存和传递信息，才能避免相互间因信息理解差异所导致的矛盾或冲突。而到了信息社会之后，工业社会需要快速流动的要素不再需要通过实质性的物流来实现了，许多要素可以通过数字的方式来实现流动，这可以极大地降低生产和运行成本。除此之外，信息资源变得更为容易获得，每个人都可以通过现代通信技术来获得以前时代的人们只有少数人所能够掌握的信息，在某种意义上而言，由于信息技术的普及，信息社会实际上使人们在一个新的层次上变得更为平等。

其次，在信息社会中，信息技术高度发达和广泛普及，信息数量激增（丹尼尔·贝尔“信息爆炸说”、詹姆斯·马丁“信息倍增说”）。在农业和工业社会中，尽管人们对信息有一定程度的需求，尤其是工业社会，但是由于当时的信息技术并不发达，人们还得依赖最为传统的方式来传递信息，这实际上约束了工业社会发展的速度和程度。而随着信息技术的快速发展，信息技术日新月异，而且随着经济的快速发展，信息技术的使用成本也越来越低，普及程度越来越高，使得整个社会的信息量出现了显著的增加，这在根本上改变了工业社会的本质，因为在工业社会中，信息是为工业生产所必需的要素之一，而在信息社会中，信息本身就是生产力，工业生产反而成为信息资源所要求的一部分。

在信息社会中，信息产业高度发达、就业结构发生重大变化，日常生活高度信息化（彼得·德鲁克、奈斯比特）。随着信息技术的快速发展，信息产业变得越来越发达，这在很大程度上改变了整个社会的就业结构。在农业社会中，土地是限制人口流动的最重要的因素；在工业社会中，工厂是限制人口流动的最重要因素；在信息社会中，不管是农业社会中的土地，还是工业社会中的厂房，都不再是限制人口流动的最重要因素。只要掌握了信息技术，人们可以在任何地点、任何时间工作，不受固定资源的限制。不仅如此，在信息社会中，人们的日常生活也逐渐变得高度信息化，人们通过运用各种信息技术，将社会中的每个人联系在一起，将人们的日常生活传达到世界各地。

2.1.2 信息化定义及其内涵

随着信息全球化的推进，我国也不可避免地被卷入到信息化的浪潮中，准确定义“信息化”，并深刻理解其内涵就显得十分必要，这也是本文展开研究的基础。

“信息化”一词由“信息”与“化”两部分组成。“信息”一词在前文已有详细论述；而“化”从字面意义上讲，就是变化、演化、转化之意，特指“一种事物转化成另一种全新事物”的质变过程。具体来说，就是指某种事物的某种性质由小到大、由弱到强、由从属到主导、由局部到全部这样一种演变过程。“化”的结果，必是一个彻头彻尾彻里彻外的质变。结合前述相关概念及前人研究的相关成果，可以把信息化定义为一定社会的成员（组织或个人）通过创新应用信息技术，开发利用信息资源，促进信息交流和知识共享，提高经济增长质量，推动整个社会跃升到信息社会的动态过程。这一定义包含了以下具体的内涵：

（1）信息化的主体是全体社会成员。包括政府、企业、事业单位、社会团体和个人。当前，信息化已经渗透到了一个国家或社会的政治、经济、文化、社会生活等方方面面，全面而深刻改变着人们生产和生活的各个层面，跟每个人都息息相关。全体社会成员，不论是组织还是个人都直接跟信息化发生联系，都主动或被动地卷入到了信息化的浪潮中来了。信息化影响到每个人，同时，社会主体的行为和选择也影响到信息化的广度和深度。加强信息化建设，提高信息化水平，离不开全体社会成员。然而，值得注意的是，尽管信息化的主体是所有的社会成员，但是不同主体在信息化过程中所扮演的角色并不相同，这与一个国家的政治经济和文化体制存在着直接的关系。在政府主导的体制中，政府是信息化过程中最为重要的主体，如果缺乏政府的强力推动，那么这个国家的信息化过程就会非常困难，因为依赖于社会自发性的力量，可能会受到来自于政府力量的阻力。而在社会主导的体制中，各利益主体是信息化推动过程中的主导力量，因为推动或促进信息化有利于整个国家的产业升级，促进社会经济的快速发展，掌握社会发展最为前沿的基础，尽管信息化可能会对政府的社会治理或统治带来麻烦，但是对于社会各利益主体而言却是非常有利的。

（2）信息化是信息资源不断开发利用的过程。信息化是信息资源化的过程，是信息本身及其衍生价值得以实现的过程。因此，信息资源的开发和利用是信息化的核心所在。在人类社会发展进程，经济、社会、文化、政治等领域建设和发展过程中推进信息化，关键是充分开发利用信息资源。因此，信息化过程实质上就是信息资源得以广泛深入的开发、利用和积累的过程。人类社会是基于合作而形成的体系，在这个体系中，信息是联系社会结构各部分的最为重要的要素。所谓信息化，在这个意义上实际上就是指将联系社会结构各部分的信息以全新的信息技术或手段予以替代，例如在传统社会中以纸质信件作为主要联络手段的信息传递方式，在信息社会中以即时通信工具予以替代等。在这个以新信息技术或手段进行全面替代的过程，实际上就是不断地对信息资源进行开发利用的过程。在信息化完成之后，整个社会结构的联络方式就发生了质的变化，原来阻碍人类社会发展的空间和时间要素，在信息化完成之后就不是主要的阻碍因素了，现在阻碍人们的是信息大量呈现在人们眼前，人们不知道该如何选择识别相关信息，以做出对自身最为有利的判断。于是，这又需要利用新的信息技术，来帮助人们解决信息过多所带来的困难。因此，我们可以得出这样的判断，信息化虽然是信息资源不断开发利用的过程，但是这一过程似乎永远也不可能有终结的时候。

（3）信息化是不断深入应用信息技术的过程。信息资源的开发利用离不开信息技术的开发、推广和应用。信息技术是信息化最基本的工具。信息化肇始于信息技术的发明和应用，并随着信息技术的不断更新换代而逐步深化。因此，可以说信息化就是信息技术的应用过程，即信息技术在整个人类社会的各个领域各个层面得到普遍的应用的过程，是信息技术从点到面，从科学研究到日常生活、从实验室走向产业化、从经济部门向社会、文化、国防及民生等各领域逐步扩散渗透和深化应用的过程。这是信息化最显而易见的内涵，也是最显著的特征。在这个意义上，信息化实际上是指新信息技术不断替代旧信息技术的过程，例如个人电脑的出现，微软推出了浏览器，人类社会进行信息交换的方式随之被这种所谓的web1.0的方式替代，但是随着新的信息交流技术的出现，例如facebook等，人类社会交换信息的方式发生了翻天覆地的变化，每个人都成为信息的源头和信息的接收者，整个社会的信息结构变得更为扁平化，减少了信息传递的层级，降低了信息传递过程中失真的可能性，推进了人类社会的快速发展。

（4）信息化是改革创新的过程。信息化的核心是推进信息技术在社会各个领域的应用，如果传统的产业结构、生产方式、社会组织结构不进行改革和创新，就会束缚和制约信息技术的应用，信息技术的应用也不会产生应有的效果。信息化是人类历史上的新事物，没有现成的理论，没有可以借鉴的成熟经验，但同时也没有条条框框的束缚。所以，在推进信息化的过程，只有敢于打破传统观念，勇于跳出传统农业和传统工业的思路，不断实践、创新、探索，并及时总结经验，通过实践、认识、再实践、再认识，逐步形成适用于中国信息化发展的新理论，才有可能闯出有中国特色的信息化路子。信息化的过程实际上是改变传统社会结构联络方式的过程，这可能会引发社会利益的重要分配，一些在传统社会结构中的既得利益者，可能在信息化的过程中丧失优势，成为利益丧失者，这部分群体可能会成为阻碍社会信息化过程中的社会力量。也就是说，信息化的过程实际上涉及复杂的社会利益调整问题，这就需要政府和社会各方面的力量共同参与，引导社会群体朝着对整个社会最为有利的方向前进，尽管改革的过程中有阵痛，但是对于社会整体利益而言，这种短时的痛苦无疑是值得的。

（5）信息化是推动社会变迁的过程。信息化不能理解为单纯的技术推广应用问题，从人类历史发展长河的宏观角度来看，它体现了人类社会的革新和变迁的过程。从本质上讲信息化就是人类在自身发展过程中为促进自身知识丰富化而使信息资源化以实现生产生活等各方面便利化，进而促成信息技术的革新推广应用，致使社会形态发生跃升的过程。简而言之，信息化是依托信息技术对社会的渗透而渐次社会、政治、经济、文化等各方面发生深刻变化的过程，是人类由传统社会跃升到信息社会的变迁过程。因而，信息化并不能被理解为社会经由发展所欲达到的目的，而是整个人类社会动态发展和变迁的一个过程，而此过程的时间跨度可能比较大，可能是几十年也有可能上百年，然后人类才能进入信息社会这一新的社会形态。在从传统社会进路到信息社会的过程中，信息化将极大程度地改变人们的生产与生活方式、思维模式、管理模式、组织形态等。信息化推动社会、经济变革是一个漫长的过程，从工业化开始（以蒸汽机为标志）到现在，已经经历了200年、300年的时间，但目前世界范围内还有许多地区仍处于农业社会中。我国整个社会的信息化还不是很发达，还处于发展的初级阶段，故由其所引致的社会各方面的变革方兴未艾。

（6）信息化是动态演进的过程。信息化是一个处于不断变化、发展的过程，因为信息技术还在不断地创新、进化的进展过程之中，信息化也相应地处于持续发展和向前推进的状态。因此，不能因信息化的时间跨度大，而消极等待和被动回应，而失去发展的机会；也寄希望信息化在一朝之间就能实现。但是，任何建设都应制定一个基本实现或完成的指标或标准。因此，在建设和推进信息化的进程中，应从我国的实际情况出发，出台我国信息化发展宏观战略。同时，要结合信息化战略的推进，出台一系列促进信息化发展的战术计划和相关策略。另一方面，对战略实施结果的评价和控制，应成为新一轮战略制定的依据和基础。信息化的过程中，可能会出现一些人们始料未及的情形，这些情形甚至可能会危及社会或国家的安全，例如随着信息技术的进步，利用各种技术手段窃取国家机密、危害国家安全的行为变得越来越容易，同时危害也越来越大，而防范却变得越来越困难，这可能会导致许多国家阻止信息化的过程，来防止信息化可能进一步造成的损害。我们必须得承认这种可能性，这就必然会导致信息化的过程出现动态演进的特征。

2.2 大数据时代农村信息化

2.2.1 农村信息化的基本概念

农村信息化是包含于信息化之中的重要方面，是整个国家信息化建设的重要组成部分。在中国的社会体制下，农村信息化是一个完全不同于城市信息化的问题，在城乡二元体制的结构下，城市信息化与农村信息化具有完全不同的特征，适用于城市信息化的一般经验，可能完全无法适用于农村信息化的过程。根据以往的历史经验，中国进行任何一种制度或其他建设，都必须将农村和城市区分开，以一种不同的方式来对待它，或者选择一条不同的路径来建设它。但是尽管如此，对于什么是农村信息化，在学术界及实践部门并没有一个明确而统一的说法。纵览学术文献及政府部门在相关研究及文件中的描述，有三个常用的相关概念，即农业信息化、农村信息化和农业农村信息化。

2.2.1.1 农业信息化

从字面意思来理解，农业信息化指的是农业领域的信息化。一般认为，农业信息化就是农业全过程的信息化（梅方权、徐丽敏等），是信息技术在农业生产各领域和各环节的全面发展和应用。不过，信息化在农业的应用领域的划分存在一定的差异，如有人按领域将农业信息化划分为农业生产信息化、农业管理信息化、农业科技信息化、农业生产资料与农产品市场信息化、农业政策法规信息化、农村社会信息化、农村经济信息化等；有人将农业信息化划分为农民消费信息化、农业经营管理信息化、农业资源环境信息化、农业基础设施信息化及农业科技信息化等；还有人将农业信息化划分为产前信息化、产中信息化、产后信息化、服务信息化等。但总的来看，人们在描述农业信息化的时候重点还是围绕农业来进行的，但是我们也可以发现很多人们在研究农业信息化的时候并没有完全局限于农业本身，如农民消费信息化、农村经济信息化、农村社会信息化等被纳入了农业信息化的内容。

值得注意的是，无论对农业信息化进行何种类型的划分，都必须要坚持农业是一种经济生产活动或一个经济生产部门，也就是说农业是一个经济学上的观念，从这个意义上来说，农业信息化实际上就是指农业这种经济生产活动或者农业这个生产行为业的信息化过程。正由于农业信息化是指农业经济活动的信息化，那么传统上划分农业经济活动的所有标准都可以适用于农业信息化，例如传统的农业生产、流通、消费和分配领域的信息化等。除此之外，根据农业生产经营体制的不同，农业信息化也会发生相应的变化，例如在市场经济体制下，农业信息化可能与工业信息化并没有实质性的不同，因为不管是农业还是工业，都仅仅是市场经济体制的一部分，只是两个不同的经济生产部门而已，而在计划经济体制下，农业信息化与市场经济体制下的农业信息化可能完全不同，在这种体制下，农业信息化必须体现统治者或管理者的意志。

2.2.1.2 农村信息化

有学者简洁地将农村信息化定义为在农村地区开展的信息化建设，指培养、发展以计算机为主的智能化工具为代表的新的生产力并使之造福于农村的历史过程[①]。《中国农村信息化发展报告（2011）》将农村信息化定义为：指通过加强农村广播电视网、电信网和计算机网等信息基础设施建设，充分开发和利用信息资源，构建信息服务体系促进信息交流和知识共享，使现代信息技术在农业生产经营及农村社会管理等各个方面实现普及应用的程度和过程[②]。在较早的农村信息化研究中，对农村信息化的定义仍集中在信息技术在农业中的应用，如贾善刚（2000）提农村信息化是指计算机技术、微电子技术、通信技术、光电技术、遥感技术等多项信息技术在农业上普遍而系统应用的过程。其后，一些学者则将其定义范围逐步扩大，如梅方权（2001）认为农村信息化应当是信息技术和信息管理在农村中的广泛应用。也有一些学者在描述农村信息化的时候，仍然只着眼于农业领域的信息化。不过，农业信息化一直是农村信息化的重要内容，这一点是没有异议的。

相对于农业信息化而言，在一般的概念中，农村信息化主要侧重点并不在于农业这个经济生产领域，而是强调农村这样一个特定的社区，正如农业对应于工业和服务业一样，农村对应的是城市，在这个意义上，农村信息化实际上可能是指农村社会的信息化，强调作为一种人类生活的社区类型的信息化过程。这也就意味着，农村信息化基本

① 高万林．新农村信息化探索 [M]. 北京：中国农业大学出版社，2011.

② 李道亮．中国农村信息化发展报告（2011）[M]. 北京：电子工业出版社，2012.

上不同于农业信息化，尽管农村信息化的范围要大于农业信息化，因为农业生产活动在某种意义上也是农村社会的活动之一，甚至在有些学者看来，农业生产活动还是农村社会主要的社会活动之一。但是，在社会学家看来，农村的社会学概念非常明显，主要强调农村社会中的角色及相应的社会功能，即农村的社会制度，农村信息化就是指农村社会制度实施过程的信息化。

2.2.1.3 农业农村信息化

农业农村信息化作为专有名词是近年才出现的，从我国知网搜索得知，最早在文章标题使用“农业农村信息化”的是发表于2006年4月20日的《中国电子报》上的《正确引导和推动农业农村信息化》。此后，这一词语使用日渐频繁，并密集出现在官方文件或报告中，如农业部发行的第一本全面阐述我国农业农村信息化发展进程的综合性文献资料《中国农业农村信息化发展报告2009》，此后农业部发布了中国农业农村信息化发展报告；农业部于2011年出台了《全国农业农村信息化发展“十二五”规划》；工业和信息化部、农业部、科技部、商务部和文化部联合制定发布了《农业农村信息化行动计划（2010—2012）》；2012年中央1号文件特别提出要“全面推进农业农村信息化”等。另外，与此密切相关的是，很多政府部门和学者还经常使用“农村农业信息化”这一词语，如科技部、中共中央组织部、工信部于2009年联合启动的国家农村农业信息化示范省建设工程。“农业农村信息化”与“农村农业信息化”在所表达的意思上实际上是相同的，可将其视为同一概念。

很明显，我国的官方机构意识到了农业信息化与农村信息化的差异或不同，一个注重农业生产活动，一个注重农村社区的活动，两者在信息化建设的目标和重点各有所不同，为了避免混淆，我国的官方机构，其中主要是农业部，在各种正式的官方文件中使用“农业农村信息化”这个词。这说明，在官方的意思中，农村信息化不仅包括农业这种经济生产活动的信息化，而且也包括农村社会（相对于城市社会）等各个方面的信息化。

2.2.1.4 农村信息化的基本内涵

从上述相关概念及其相关研究来看，“农业信息化”和“农村信息化”所表达的含义各有侧重点，但是研究的范围和内容却始终存在交叉，并呈现出日渐融合的趋向。“农业农村信息化”在“信息化”之前冠以“农业”和“农村”，表达了在新农村建设过程中要推行的信息化是全面的信息化，而不是某一领域、某一方面的信息化。农业、农村、农民历来是紧密相连的词语和研究领域，要在新农村建设过程中推进全面的信息化，或者说在由传统社会向信息社会跃升过程中，除要推进“农业信息化”、“农村信息化”外，还必然要推进“农民信息化”。在信息化理论和实践中，已经有人提出了“农民信息化”这一概念，并进行了相关研究。为了表达概念的完备性，那么“农业农村信息化”是否又要改成“农业农村农民信息化”或“三农信息化”呢？这样一来，在表达相同或相近的研究对象时，就出现了众多称为相异而内涵和研究内容相差不远的概念和名词，这可能使得相关研究趋于“概念化”和“虚化”。那么，在农村信息化这个问题上，到底应当使用哪个词汇可以表达本文所会传达的精神呢？本文认为，“农村信息化”一词已足以包含上述概念所表达的内涵和研究内容。在我国传统的政治、经济和文化体制中，农村与城市的二元体制已经成为一种固化的结构，农村不仅仅是一个产业上的区分，即所谓农业与工业或服务的区分，而且也是生活方式、居民身份和社会地位等方面的区分，生活在农村就意味着土地的集体所有制（在城市是全民所有制），农村户口（与户口相关的是许多社会保障方面利益分配的不平等，以及人口流动所受到的限制等），计划生育政策的差异（在农村，许多情形下都可以生育第二胎，而城市却只能生育一胎）以及房地产市场方面的差异（农村不允许进行房地产市场开发，而城市垄断了房地产开发的全部市场）。正因为农村与城市的区分代表着上述如此之多的差异，使用“农业农村信息化”实际上并不能完全涵盖“农村信息化”所要表达的原本意思，而如果要全面表达“农村信息化”的全部意思，那么就可能需要在信息化前面加上许多的定语进行修饰，而这当然是毫无必要的，因为我们只要使用“农村信息化”就足以涵盖本文所要表达的全部意思，在我国特定的语境下，绝大多数人都明白“农村”这个词意味着什么。因此，本文所指的农村信息化是指农村地域范围内政治、经济、文化、社会等各领域内全方位的信息化，是信息化与农业、农村、农民相融合而成的一个概念，它指的是用现代信息技术调整农村产业结构、发展农村社会事业、培育新型农民、逐步缩小城乡差距、最终实现农村经济社会文化等全面进步的过程。

总之，农村信息化是一个内涵深刻、外延广泛的概念。农村信息化建设上涉国家发展大局、下关黎民生计。农村信息化是国民经济和社会信息化的重要方面之一，没有农村信息化就谈不上整个国民经济和社会的信息化。就其内涵来讲，信息日益成为农村生产、生活活动的基本资源和发展动力，信息活动对三农发展的贡献越来越大，信息产业日益成为整个农村产业结构的基本构成之一。就其外延来说，它包括农村经济社会等外在环境的信息化以及农业生产全过程的信息化、农村科技信息化、农村公共服务和社会管理信息化等农村经济社会发展的方方面面。

2.2.2 农村信息化的基本特征

1）全面系统性

所谓全面系统性是指中国的农村信息化应当将农村作为一个独立于城市的社区来实施信息化，凡是在城市需要信息化的，只要农村建设需要，那么也需要信息化，不能忽略农村信息化过程中的任何一个方面。具体而言，农村信息化的全面系统体现在以下几个方面。

（1）农村信息化涉及的内容具有全面系统性。农村信息化实际上就是整个农村区域范围内各行各业、各个领域、各个层面的信息化。既包括农林牧渔副等农业方面的信息化，也包括农村区域范围的工业、服务业等其他产业的信息化；既包括农业生产信息化、还包括农产品市场信息化、农产品电子商务平台建设等流通、交换和消费等环节的信息化；既包括农村生产信息化和生活信息化，还包括农村社会管理和公共服务信息化等。

（2）农村信息化建设过程需要全面系统地推进。农村信息化建设是一项系统的工程，不是哪一个政府部门或某一企业或社会组织所能单独完成的，需要政府各个部门和社会各种力量进行系统整合，有计划、有步骤、有组织地系统推进。这也就意味着，农村信息化要借助政府和社会各界力量的共同支持，不能忽略任何一个方面，如果没有政府的强力支持，那么农村信息化建设可能会偏离方向，如果没有社会其他力量的参与，农村信息化的发展速度可能会受到较为严重的影响。

（3）农村信息化的形式需要全面系统性。信息化的内涵非常丰富，不仅包括各种信息的数字性，而且包括各种大规律的数字化信息的集约处理过程，为政府或农村社会的居民提供相应的数字化信息服务等内容。因此，农村信息化的形式不应当局限于某一形式，而应当与时俱进，将信息化的各种新形式纳入统一范畴之中。

2）综合集成性

农村信息化的综合集成性主要体现在以下四个方面。

（1）信息需求内容的综合集成性。尽管农村与城市存在着较大的差别，但是农村与城市是相对独立的社区，农村社会结构各部分之间是有机关系，在农村信息化的过程中，必须要保证农村社会结构的各个部分全面实现信息化，不能偏重于某一个方面，以至于影响农村信息化实现过程中的效率。农村信息化是农村经济社会发展对生产和生活所需要的各类信息的综合集成，是为农村经济生产高速发展和农村生活日益便利和高质量化服务的。

（2）农村经济社会发展进程的综合集成性。在新农村建设过程中，农村经济社会发展进程是一个复杂的系统工程，要考虑到农村经济发展与社会发展的协调问题，公共服务与经济生产的协调问题，农村社会生活与城市社会生活之间关系的问题等。因此，农村信息化是整个农村经济发展与社会发展、公共服务和道德文明建设的综合集成，是为农村经济发达、农村居民生活宽裕、农村社会和谐稳定、农村管理和服务便利高效、乡风文明日益成熟服务的。

（3）信息传递手段的综合集成性。在信息社会中，信息的采集、存储和传递方式都发生了翻天覆地的变化，如果在农村信息化的过程中，仅仅将信息传递过程中的某一部分信息化，就可能人为造成农村与城市在信息化程度上的差异，加剧城乡二元体制的严重性。因此，农村信息化是传统信息技术和现代信息技术的综合集成，农村信息化既离不开报刊、电视、广播、广告宣传栏等传统信息传播手段，也需要物联网、三网融合等现代技术手段的综合应用。

（4）农村信息服务体系建设要强调集成性，特别是信息通道的集成，避免建设开发过程的各自为政、重复浪费，为广大农村居民提供真正有用的信息服务。

3）显著差异性

所谓农村信息化的显著差异性是指中国农村在地域、经济、社会和文化等方面存在着较大的差异，农村信息化必须要结合农村地区特定的经济、社会和文化条件，因地制宜，不盲从、不跟风，制定体现中国农村地方特点的农村信息化计划或方案，在保证农村信息化通用性的前提下，实现农村信息化的差异化发展。从地域上看，我国幅员辽阔，绝大部分是农村区域，广大农村的发展情况因地理区位的差异而呈现不同层次的发展态势，如东部地区、中部地区、西部地区在政治、经济、文化、社会等方面的发展层次就有明显的差异，再如山区和平原的农村、内陆和沿海等的差异。农村区域的这种地理区位社会人文等方面的差异性决定了我国农村各地信息化基础的差异性也非常显著，各地的信息化发展水平参差不齐，这也决定了我国的农村信息化建设不能用统一的手段、固定的模式搞一刀切，农村信息化发展要因地制宜。除此之外，从信息需求来看，各地农村的经济社会发展对信息的需求差异也很显著，如农林牧渔业和各种副业等各产业间差异大；再例如农村生产、分配、交换、消费等各个环节的经济活动、农村社会管理活动及日常生活等方面的信息需求差异也非常大，这就要求各类信息供给者按照不同类型的需求，因地制宜地供给丰富多样的个性化的信息资源和信息服务。

4）社会公益性

所谓农村信息化的社会公益性是指农村信息化的建设或投资具有公共品的性质，其不仅仅是一种具有商业性质的投资或项目。在这个意义上，农村信息化与农村的其他公用事业具有相同的性质，都是有助于农村社会发展的基础性投资或项目，正如农村公路建设有助于改善农村社会的交通状况，降低农村社会的交通运输成本，达到促进经济发展和文化交流的目标，农村信息化建设也有助于改善农村社会的信息状况，缩小农村与城市在信息获取数量和成本方面的差异，促进农村经济快速发展和增进农村文化和谐。农村产业具有基础性的特点，为城镇工业、服务业等生产生活提供原材料和劳动力及产品市场，是整个国民经济和社会发展的基础。同时，由于长期实行的城乡二元经济社会发展方式所形成的“剪刀差”，使得整个农村在国民经济社会发展中处于贡献者的地位，同时，也导致了农村发展的落后。这就使得在城乡统筹发展新时期，将农村信息化建设作为公共项目促进农村经济社会发展显得十分重要。农村信息化还具有明显的正外部效应，显现出明显的社会公益性，如加强农村信息化建设对改变农村居民的思想观念与提升素养，改进农村经济生产和社会生活方式，改善农村社会管理和公共服务方式与效率，促进科教文卫等农村社会事业发展，保护农村生态环境，促进农村政治、经济、社会、文化等的全面进步具有极大的推动作用[①]。

5）长期发展性

所谓长期发展性是指农村信息化的过程是一项需要长期不懈发展的项目或产业。长期发展性首先是由农村信息化的社会公益所决定的，由于农村信息化的公共性，其投资与建设更多地依赖政府，社会力量的贡献程度相对较低，而政府要解决的社会问题太多，政府不可能一劳永逸地解决这个问题，即使政府毕其功于一役在短时期内解决了这个问题，由于信息技术的日新月异，政府投资可能会随着信息技术的不断更新而失去其应有的效果或作用。其次是由我国特殊的国情决定的，在我国农村，相对于城市而言，承担了其不应当承担的社会保障和社会安全责任，农村信息化建设或投资可以在很大程度上减轻农村的上述责任，但是这必然是一个长期的过程。胡锦涛曾指出“建设社会主义新农村是一项长期的历史任务，需要经过几十年的艰苦努力。”农村信息化建设是社会主义新农村建设的重要方面，国家信息化专家咨询委员会委员方瑜认为，农村信息化也是长期的历史过程，与社会主义新农村建设全程相伴相随[②]。我国农村信息化建设的长期性实际上是由我国农村经济社会发展现状所决定的。当前，我国的农业处于传统农业向现代农业转变的过程中，农业经济基础薄弱，产业化程度低，农村社会发展滞后，农民收入增加缓慢。而我国的农村信息化建设起步较晚，农村信息化基础设施建设滞后，农村信息化关键技术研发创新缓慢且推广应用难，广大农民群众信息化素养低、信息意识薄弱等影响了我国农村信息化建设进程，这也突显了农村信息化建设任务的艰巨性和过程的漫长性。

2.3　大数据时代农村信息化建设绩效评价

2.3.1　绩效及绩效评价

2.3.1.1　绩效

在我国，“绩效”一词的使用有着比较悠久的历史，经常见之于有关官员的选拔任用制度的典籍中，如“原其绩效，足享高爵”（载《后汉书·荀彧》），“辘其绩效，擢处均衡”（载《旧唐书·夏侯孜传》），均指根据官员的政绩的优劣进行擢升或罢免。“绩效”作为现代意义上的专业术语则翻译自英文中的“performance”。在英文中的原意是“履行”“执行”“表现”“行为”“完成”，后一般引申为：“作为”“成

① 胡扬名．农村信息化建设问题研究 [D]. 长沙：湖南农业大学博士学位论文，2013.

② 方瑜．农业农村信息化是一个长期的历史过程 [J]. 中国信息界，2007（10）.

就”“成果”“业绩”等。英文《朗曼词典》（Longman）将绩效解释为“执行的行为或进展”（The act of performing or the state of being performed），即正在进行的某种活动或者已经完成的某种活动（取得的成绩）。《韦伯斯特新世界词典（WEBSTER'S NEW WORLD DICTIONARY AND THESAURUS）》则将其解释为：一是正在执行的活动或已完成的活动；二是重大的成就，正在进行的某种活动或者取得的成绩。《牛津现代高级英汉词典》则将绩效解释为“执行、履行、表现、成绩”。汉语《辞海》将绩效解释为“成绩、成效”。在惯常使用中，绩效与生产力（productivity）、质量（quality）、效果（outcome）、权责（accountability）等概念密切相关。对于作为一个学术概念“绩效”的内涵，学术界有着诸多解释，可谓是众说纷纭。一些学者将绩效理解为一定的结果，如Bernardin，H.J.&Beatty（1984）将绩效定义为在某工作职能、活动或行为在一定的时间范围内所产生的结果记录[①]。彼得·德鲁克（Peter F.Drucker）也认为“绩效”是“直接的成果”[②]。一些学者绩效解释为“工作行为”或“过程”。Camnbell、Mccloy、Oppler及Sager（1993）认为绩效是行为，且并非一定是其行为所导致的结果，这种行为与组织相关并能为员工自己所控制[③]。而部分学者则将绩效理解成“工作结果”与“工作行为”的统一。我国的一些学者也对绩效的内涵进行了定义。彭国甫认为绩效是指主体为实现其目标而展现在不同层面上的有效输出[④]。马国贤把绩效视为对效果的投入评价，并指出绩效就是“可量化的、已经实现的事业目标和事业效果”[⑤]。丛树海认为绩效指的是实施一项活动的有效性，是效益、效率和有效性的统称，是行为过程与行为结果的综合[⑥]。

综合前人相关研究成果，本文认为绩效的内涵包括三个方面：首先，绩效这个概念预设了一个行为人认可的要努力实现的目标。目标在绩效概念中尽管是隐含的，但是却是绩效概念中最重要的范畴，因为任何行为都有一定的产出，而且这种产出必定会符合某个人或某些人的需要，也就是说，行为人实施了一定的行为，可能会产生多种不同的影响，有从其行为中受益的人，也有从其行为中受损的人，还有其利益不受任何影响的人，如果不预先设定行为要实现或达到的目标，并根据行为实现的结果与目标的符合程度进行比较，就不可能判断某个行为是否是有绩效的。但是，值得注意的是，绩效概念中尽管隐含着要实现的特定目标的含义，但是目标本身并不具有特定的道德或伦理上的意义。也就是说，绩效概念中所隐含的目标，可以是任何一个人认可的目标，绩

① Bernardin，H.J.&Beatty，R.W.PerofrmancepaPraisal:Assessinghumanbehvaioratwork.Noston:KentPublishers，1984.

② 彼得·德鲁克.有效的管理者[D].北京：机械工业出版社,2009.

③ Campbell:J.P;McCloy，R.A.，Oppler，etal.A theory of Performance. In Personnel Selection in Organizations .San Francisco:Jossey-Bass，1993，35-70.

④ 彭国甫.地方政府公共事业的管理绩效评价与治理对策[D].长沙：湖南大学，2004：17.

⑤ 马国贤.政府绩效管理与案例研究[M]// 高培勇，杨之刚，夏杰长.《中国财政经济理论前沿》（4），社会科学文献出版社，2005：144-157.

⑥ 丛树海.论公共支出绩效评价[J].财政监督，2007（9）：34.

效概念不会对目标本身的伦理性进行判断或评价，某一个人行为可能是有绩效的，也可能是没有绩效的，因为判断某行为是否有绩效的人可能持有完全不同的目标。其次，绩效概念中的“绩”，是一定活动的结果，即产出（output）。这是绩效概念中的核心要素，可以这样说，没有产出就没有绩效。但是，值得注意的是，绩效概念中的产出，具有客观化和标准化的特征。所谓客观化是指行为人的行为产出不是行为人或任何其他人的主观臆测的结果，而是在客观上有实际体现的可以一定方式测量的结果。所谓标准化是指行为人的行为产出可以采用通用的方式进行测量，并能够在约定的范围内进行比较和衡量的特性。例如“村村通电话工程”通电话的村的数量就是具有客观性和标准性的产出，这个概念中的产出就是“通电话的村的数量”，这个产出无疑具有客观性，因为通电话的村的数量是可以确定的，不以人的意志为转移，这个产出也具有标准性，因为通电话村的数量，所采取的计量方式通过在全世界范围内获得认可。最后，绩效概念中“效”，是指活动的效用和所产生的影响。一般情况下，“效”与“绩”是不同的，前者是指行为人的行为的客观和可测量的产出，而后者则更多地强调行为人的行为产出对社会其他方面所产生的影响，“绩”是“效”的前提，如果行为人的行为没有产出，那就必然没有相应的效果，产出越大，效果也可能越大，当然也存在产出越大，效果越小的可能性。另外，“绩”具有客观化和标准化的特征，而“效”尽管也具有客观化的特性，但是其标准化的特征却没有那么明显，因为“效”既可能是短期效果，也可能是长期效果，既可能是显性效果，也可能是隐性效果，人们很难发现一种标准化的衡量社会效果的方法。例如，“村村通电话工程”具有改善农村经济社会发展条件，促进农民增收的效果，但是对于改善农村经济社会条件和促进农民增收的实际效果，却缺乏标准化的衡量方式，因为除了电话可以起到这样的作用之外，还有其他许多因素也有同样的作用，人们很难将这些不同作用方式区分开来，并授予一定的权重以对其效果进行衡量。总而言之，所谓绩效就是某一活动的过程、导致的结果及其所产生的影响，是该活动的效率、效益和效应的综合体现。

2.3.1.2　绩效评价

绩效评价是非常重要的管理活动，Greenwood John & David Wilson（1993）指出“一个东西若不能测定，那它就不存在①。”J. Kamensky（2005）等也认为“无测度则无管理”（No measurement, no management）②。评价通常也被称之为评估、测评、测量、考评等，指的是管理主体（组织或个人）为了实现特定的目标，经过一定的程序设置一系列指标，并参照特定的标准，运用某些方法，对特定的行为或活动进行的评判活动。所谓绩效评价就是按照目标对一定的行为、活动或项目运行的结果进行衡量的过

① Green wood John& David Wilson. Public Administration in Britain today. New York: Unwin Hyman. 1993.134.

② Kamenky, J.M. and Morales. A.: “From ‘Useful Measures’ to ‘Measures used” -} Managing.for Results 2005.IBM Government Center Series 2005 ppl-14.

程，即科学采用评价方法、并通过设置一定数量的指标和确定评价的标准，对评价对象实现绩效目标的程度及为实现这一目标而所做的一系列努力行为的结果进行综合性评价，并将评价结果予以反馈或作为改善绩效的依据。具体而言，绩效评价具有以下特征：首先，绩效评价以设定一定的评价标准为前提。绩效评价的基本过程是设定评价标准，对需要进行绩效评价的行为进行测度，对测量的结果与评价标准进行比较，确定测量结果与评价标准之间的距离，完全吻合的为完全有绩效，基本吻合的为有绩效，差距较大为无绩效。从绩效评价的过程来看，绩效评价标准在绩效评价过程中是核心要素，只有确定合理的评价标准，才能保证绩效评价的合理性，也才能真正促进绩效的实现。因此，绩效评价标准的确定是绩效评价工作中最为重要的一个环节，需要考虑被评价行为的客观规律以及社会对该行为的期望或需求等问题。其次，绩效评价中的评价标准指数必须是可以客观测度的。这是绩效评价不同于主观评价的主要表现之一，在主观评价中，评价者对某行为的评价带有较为严重的主观或情感色彩，基本上依据个人经验或喜好来评价相应的对象，所使用的评价术语也比较主观，例如经常使用“好”“较好”“非常好”等主观评价词汇，而在绩效评价中，要尽量避免主观评价中最容易出现的主观评价术语，而要采用客观的可测度的评价指数，唯有如此，才能达到对绩效进行客观评价的目标，促进绩效的实现。

绩效评价作为一个管理工具最先是在工商企业管理领域得到了广泛的推广和应用。随着公共部门向私营领域学习科学管理经验实践的开展，绩效评价也逐渐成为公共部门进行有效管理的工具。其实，重视绩效评价一向是公共管理研究的内在要求，如早在被视为现代行政管理学诞生标志的《行政之研究》中，伍德罗·威尔逊就提出政府行政的两大任务之一就是如何用最少的花费与代价达到这些目标，即要求行政组织在行使其职能时，必须讲究绩效，要力争以尽可能快的时间，尽可能少的人员，尽可能低的经济耗费办尽可能多的事，取得尽可能大的社会、经济效益[①]。美国被认为是最早开展公共部门绩效评价的国家，据研究20世纪30年代的罗斯福新政即包含有政府绩效评价的内容。但公共部门广泛采用和推行绩效评价的实践则肇始于20世纪70年代末及80年代初所兴起的新公共管理运动。绩效评价是这场风起云涌的新公共管理运动的重要内容。在广大公众公共需求日益高涨而公共财政渐趋捉襟见肘的背景下，西方发达国家纷纷推进了绩效评价活动。尼克松在其当政晚期于1973年出台《联邦政府生产力测定方案》（The Federal Government Productivity Measurement），而克林顿在上台后不久于1992年提出了开展“绩效预算”的运动，1993年美国国会更是推出了被称之为世界上第一个专为评价政府绩效的《政府绩效与成果法案》（Government Perfor- mance and Results Acts of 1993，GPRA）。荷兰政府在20世纪70年代即将绩效预算纳入了公共部门管理中，澳大利亚则

① 胡扬名，吴松江．论行政程序设计的五维目标 [J]. 理论探讨，2013（5）：164.

在20世纪80年代在内阁中成立了专门负责绩效评价的业绩保护和评估局，而英国撒切尔则在当政期间密集推出“雷纳评审”“部长管理信息系统”、《财务管理新方案》等，英国则成为广大西方国家学习和效仿的“评估国”。美国于1993年成立的国家绩效评价委员会（National Performance Review，即NPR）于1997年主持召开首次政府间基准比较研讨会，在此次会议上，美国、加拿大、英国的相关政府机构一起成立了跨国绩效评价研究小组，进而掀起了绩效评价的高潮[①]。尽管绩效评价在20世纪的西方国家非常盛行，而且绩效评价起源于工商企业管理中的成本收益分析方法，其理论基础为功利主义，即实现最大多数人的幸福的哲学观，但是，绩效评价理念运用于政府行为绩效的评价还是与工商企业管理过程中的绩效评价存在实质性的差别。首先，工商企业管理过程中，绩效评价标准的可测度性更好。在投入方面，一般的工商企业可以采用投入资金作为测量指标，而在产出方面则可以直接采用一定时期内所获得的利润作为测量指标，由于投入与产出指标的性质相同，单位也相同，因此很容易就可以对工商企业的绩效下结论。然而，在政府行为中，投入方面可以采用与工商企业类似的量化指标，例如投入的人力、物力和财力，然而由于并非营利性组织，而是公共性组织，政府的许多行为都不可能使用工商企业所使用的利润来衡量，而需要使用其他指标来衡量政府行为的所产出的经济效益和社会效益，而这恰恰是评价政府行为绩效中最为困难同时也是最需要创造力的部分。其次，在工商企业管理过程中，绩效评价的目的主要是提高企业的获得能力，使其在激烈的市场竞争中保持成本优势，而在政府行为的绩效评价过程中，绩效评价的主要目的并不是提高政府的获得能力，而是提高政府办事的效率，即以最低的成本（消耗最少的公共资源）来达到社会效益和经济效益的最大化。

2.3.2　大数据时代农村信息化建设绩效评价

2.3.2.1　农村信息化建设绩效评价概述

农村信息化是三农发展面临的重要战略机遇，是新时期农村经济社会建设的重要内容，是农业增效、农村发展、农民增收的重要途径，农村信息化建设关系到农业、农村、农民发展的战略全局。当前我国尚处于农村信息化建设初期，相当程度上依赖各级政府的强力推动和公共财政的大力支持，广大农村居民既是农村信息化建设的受益者，也是农村信息化建设的重要主体，而我国用于农村信息化建设的公共财政力量的薄弱状况及农村居民信息化消费能力和消费水平仍然不高的基本国情及农村信息化本身所具有的一定程度上的公共品属性都要求在我国农村信息化建设过程中要尽量少的资源投入，

① NPR，Federal Benchmarking Consortium. Benchmarking Study Report Best Practices in Customer-Driven Strategic Planning.1997-02.

取得尽量大的成效①，即必须追求良好的农村信息化建设绩效，进行农村信息化建设绩效的评价是衡量农村信息化建设绩效的重要手段和必经途径。相对于私人作为投资主体的城市信息化而言，农村信息化在中国具有独特的战略意义。

1）农村信息化具有社会保障方面的功能

初看起来，农村信息化的社会保障功能类似于天方夜谭，然而在中国特有的国情下，农村信息化的社会保障功能是毫无疑问的。我国在农村实行土地的承包经营制，土地所有权实行集体所有制，不允许农民自由流转集体土地所有权和农村土地承包经营权，尽管这可能会限制土地使用的效率，但是却可以在农村社会保障体制不健全的前提下，利用土地的这种法律性质为农民提供部分社会保障的功能。然而，在现代市场经济体制下，国家为了降低居民生活水平，利用行政措施抑制了农产品价格的上涨，降低了农民的实际收入，导致许多农民抛荒土地，土地社会保障功能被严重削弱了。在整个社会信息化的浪潮中，农村由于天然的劣势地位和在市场上没有投资价值，导致农村信息化建设严重滞后，这可能会加剧农村与城市在经济和社会地位上的差距，进而导致土地的社会保障功能的进一步弱化，在这种情形下，加强政府对农村信息化的投资，有利于缩小农村与城市的差距，这在某种意义上就是替代了土地的部分社会保障功能。

2）农村信息化具有体现社会公平正义方面的功能

自新中国成立以来，城乡二元体制就成为我国社会结构中一个基本上已经被固化的部分，与这个体制相应的，是公民身份、政府支持和公共资源配置的不公平（在某种意义上，甚至可以说是城市对农村资源的一种掠夺，或者牺牲农村资源来保证城市建设的进步）。自改革开放以后，我国政府采取了许多措施来缩小城市与农村之间的距离，但是城市所具有的信息和资源集成的优势，不仅没有被政府的措施减小，反而随着市场经济体制的深入而变得越来越固化。而信息化浪潮的到来，使我国再一次站在了缩小农村与城市差距的关键之处，因为在信息化面前，地理位置甚至交通都已经变得不那么重要了（整个地球都成了村庄了），但是如果农村信息化在市场机制下没有人愿意进行投资，那么在信息化过程中，农村与城市的距离会越来越大，如果政府加大投资力度，使农村信息化与城市信息化同步，那么就会在很大程度上减少城乡二元体制所带来的伤害，甚至可以在部分程度上弥补以前所造成的不公平状况，从而实现其社会公平正义方面的功能。

根据绩效及绩效评价的定义，农村信息化建设绩效就是一定时期或某个阶段农村信息化建设过程中所导致的结果及其所产生的影响，是农村信息化建设的效率、效益和效应的综合体现。具体而言，主要包括以下两个方面：

（1）农村信息化建设的“绩”，即在一定时期或阶段内，一定投入下农村信息化

① 胡扬名．农村信息化建设问题研究[D]．长沙：湖南农业大学博士学位论文，2013.

建设的产出（output）。在农村信息化建设过程中，一般要考虑两个基本指标，一是投入；二是产出。投入指标相对比较客观，因为无论是人力、物力还是财力，最终都可以货币化，即以一定货币价格进行衡量或测算，然而产出指标则相对模糊（在私营企业中，产出指标与投入指标一样也是比较客观的，一般以获得的货币利润作为唯一的衡量指标），由于农业信息化建设带有公共品的属性，其不仅仅是一项私人产品，因此基本上不能根据成本收益的方法进行测算，而必须采用其他方法进行测算，例如宽带入户的数量、农民使用计算机查询的次数、农民对计算机查询服务的满意度等，在这些产出测算方法中，有一些比较客观，例如对数量的测定，有一些则比较主观，例如对信息化满意度的测算等。值得注意的是，农村信息化建设的这个部分强调的是“绩”，因此产出指标的选择显得非常关键，产出与投入必须具有直接的因果关系，因为如果不是这样，那么产出指标衡量的就不是“绩”，而可能是“效”。

（2）农村信息化建设的“效”，也就是农村信息化建设产生的效用和影响。农村信息化的“效”主要是指农村信息化对农村社会所可能产生的间接影响，例如网站、短信、电视广播发布的就业信息（条）促进农民工就业的情况就属于农村信息化可能产生的“效”。

除此之外，还存在着许多与此类似的“效”。农村信息化建设的“效”与“绩”之间的区别主要在于其与投入之间的关系，凡是与投入存在直接关系的为“绩”，而与投入存在着间接关系的为“效”。尽管如此，“绩”与“效”之间还是可能存在着一些灰色地带，例如农村信息化过程中所带来的电子产品销售收入的增加是属于“绩”，还是属于“效”就存在着不同的看法。农村信息化建设绩效评价就是按照一定时期或某个阶段内农村信息化建设的目标对该时期或阶段内农村信息化建设的结果进行衡量的过程，也就是科学选择绩效评价方法，并通过设置一定数量的指标和确定评价的标准，对一定时期或阶段内农村信息化建设目标的实现程度及为实现这一目标而所做的一系列努力行为的结果进行综合性评价，将评价结果作为下一阶段的建设决策提供依据，以进一步规范建设行为，优化建设秩序和提高建设实效①。农村信息化建设绩效评价由于投资主体和投资性质不同于城市信息化建设，因此在绩效评价方面也存在着较大的差异，其中最大的差异来自于性质上的差异，农村信息化建设绩效评价是对公共品绩效的评价，而城市信息化建设绩效评价却在很大程度上是对一项商品的评价。由于农村信息化的公共品性质，导致其评价必须采用多种不同于成本收益的方法来进行，例如采用使用农村信息化产品的农民的主观满意度来进行评价，为了修正这种主观评价方法的不足，还可以引入一些客观性指标进行评价，以对主观评价方法和结果进行修正，达到最佳的适配结果。

---

① 胡扬名．农村信息化建设问题研究 [D]. 长沙：湖南农业大学博士学位论文，2013.

2.3.2.2 农村信息化建设绩效评价的价值和意义

加强农村信息化建设绩效评价旨在科学测评和准确把握农村信息化建设的绩效状况，并尽量改善其绩效，提高资源利用水平，保障农村信息化建设过程良性有序运行，促进农村信息化可持续发展。作为一个管理工具，绩效评价在农村信息化建设过程中具有十分重要的价值，加强农村信息化建设的绩效评价具有非常重要的意义。

（1）有利于准确把握农村信息化建设现状、存在问题及其发展趋势。农村信息化建设绩效评价主要是通过对一定地区信息资源的开发利用情况、人财物等方面的投入与产出情况的分析，对各种资源配置是否均衡及农村信息化公共服务的效果等方面进行测评，了解其建设过程中现实情况，了解和掌握其客观存在的问题，分析和估算影响其绩效的可能因素，在此基础上对农村信息化建设布局和发展方向进行及时调整，促进农村信息化建设的高效有序运行。准确把握农村信息化建设的现状、存在的问题及其发展趋势是决定农村信息化建设方向、模式和结构的重要依据。由于农村信息化建设主要由政府投资，在产品性质上属于公共品（具有排他性和非竞争性），政府对农村信息化建设所做出的决定属于行政决策的一部分，而行政决策的价值原则是科学性和民主性。科学决策的科学性包含一个非常重要的内容，即必须在对所决策事项进行充分调查研究的基础上做出决策，不能凭主观经验以“摸脑袋”的方式进行决策。农村信息化建设绩效评价无疑是为农村信息化决策提供客观依据的重要手段；反之，如果不对农村信息化建设进行绩效评价，那么农村信息化建设决策就很可能会进入凭经验的主观决策之中，可能会给国家带来较大的损失，无法实现公共资源最有效的使用或利用。除此之外，行政决策还有民主性的要求，也即是在做出行政决策的过程中要广泛听取民众的意见，在充分尊重民众意见的基础上做出决策。农村信息化绩效评价实际上也具有民主性，因为在农村信息化绩效评价过程中，有许多指标涉及农村居民对农村信息化的主观评价，例如对农村信息化建设的满意度评价或者对网络提供的支农信息的满意度评价等，尽管这些评价指标没有按照传统的投票的方式来表达民主，但是通过以满意度测试等社会调查的方法来测试农村信息化的建设情形，实际上也在某种程度上实现了民主的意图。最为关键的是，通过农村信息化绩效评价，不仅掌握了民意，更为重要的是，掌握了农村信息化建设的现状、存在的问题及发展趋势，有利于政府对农村信息化问题做出科学有效的决策。

（2）有利于改善和提升农村信息化建设绩效。绩效评价是有效提高农村信息化建设绩效的管理工具。正如Armstrong和Michael（1994）所指出的评价“是绩效管理的一个关键环节：如果无法衡量，就无法改善，除非能在绩效目标实现程度的衡量方法方面取得共识，一切确定绩效目标或标准的努力都是徒劳无益[①]。”Joseph Wholey和Newcomer

① 转引自陈红玲．公共部门的绩效评估 [D]. 厦门：厦门大学硕士学位论文，2001:13.

（1997）认为绩效评价能有效改进公共问责机制（public accountability）和政策制定（policy decision-making），而更加频繁的评价则有助于改善管理和项目的效果①。Richard Allen（2001）认为绩效评价能够在战略目标已知的条件下通过一系列的评价活动，可以把握组织行为或活动向该目标的进展情况②。绩效评价作为一种有效的管理工具可以为农村信息化建设的管理部门提供有关建设者、信息服务者、相关建设项目的效率、效果等方面的信息，帮助相关管理部门鉴别绩效评价结果，在此基础上对农村信息化建设资源进行有效的分配，改进农村信息化建设相关决策和发展规划。农村信息化建设有两个重要的价值目标，一是效率；二是公平。所谓效率是指农村信息化建设过程中，必须要考虑农村信息化建设的投入与产出之间比例关系，这是最为典型的衡量农村信息化建设效率的方式。但是，农村信息化建设是一项公共品，其效率衡量方式必须采用其他不同的方式。在理论状态下，有效率的状态一般是指当资源重新分配时如果必然会损害某一个人的利益，那么就是有效率的状态。也就是说，如果在农村信息化建设的过程中，必然要以损害某一个人或一部分人的利益为代价，那么农村信息化的现状就是有效率的状态，如果在农村信息化建设过程中，能够改善农村信息化程度，改善农村居民的利益状态，而同时却并不会造成社会中其他人的利益损害，那么农村信息化建设就还处于没达到效率最佳的状态。很明显，我国目前是处于未达最佳效率的状态，因为对农村信息化程度的改善并不会损害城市信息化的状况，不仅不会损害，而且由于农村和城市信息化的统一，还有助于城市和农村居民相互受益。但是，为了达到最佳实现农村信息化效率的状态，就必须对农村信息化建设的绩效进行合理评价，以最大程度的改善农村信息化建设绩效或水平。

（3）有利于满足广大农村居民对农村信息化的需求。包括广大农村居民在内的农村信息用户既是农村信息化的建设者，也是直接受益者。农村信息化建设直接为广大农村居民的生产和生活服务。一方面，作为农村信息化建设资金提供者——无论是作为公共财政的来源者还是农村信息化建设的直接投资者，广大农村居民均有权知晓农村信息化建设进展情况，尤其是其绩效情况；另一方面，农村信息化建设要反映农村居民的真实需求。通过绩效则可以评价是否符合社会发展需要和农村居民的需求，也就是说“做事”是否正确；农村信息化建设的是否符合既定的标准；农村信息化公共服务质量如何，广大农村居民是否满意等。在传统的城乡二元体制中，农村往往成为城市发展的牺牲品，城市与农村之间存在着基本上无法逾越的鸿沟，农民与市民存在着身份上的差异，与这相应的，是农村与城市居民之间所享受的社会公共资源上的差异。而农村信息化建设却为缩小城市与农村的差距带来了良机，城市居民所能够享受到的东西，随着信

① 转引自晁毓欣．公共品政府供给绩效评价：机理与运用 [D]. 济南：山东大学学位论文，2011:26.

② Richard Allen, Daniel Tommasi （edited）: Managing Public Expenditure: A Reference Book for Transition Countries. Chapter 15, pp359. DECD, 2001.

息化程度的提高，农村居民也同样能够享受，原来阻碍农村与城市居民的制度与地理上的障碍，在信息化面前被逐渐消解了。但是，要实现这一点，其必要的前提是，农村信息化的建设必须与城市信息化的建设保持高度的一致性，这种一致性不仅仅是技术上的一致性，更是信息化基础设施上的一致性，例如传递数据的带宽、设置数据交换的服务器类型和数量等，政府在建设的过程中，不能采取歧视的政策，必须要保障农村与城市在信息化建设过程中标准的一致性。在传统的城乡二元体制中，农村被作为城市的附属品已经牺牲许多次了，借助于信息化，农村不能再失去这个机会，广大的农村居民对农村信息化具有强烈的需求，这种需求不仅仅是经济上的，而且也是政治上的。

第3章　大数据时代与我国农村信息化建设实践

3.1　我国农村信息化建设历程

尽管我国的城乡二元体制在一定程度上限制了农村信息化发展的速度和方式，但是我国农村信息化还是与世界各国的信息化过程保持了一定程度的相似性，伴随着世界的信息化浪潮，我国农村信息化尽管在时间上有所滞后，在内容上也不太全面，但是总体上还是在跟上了世界的步伐，使我国农村信息化达到了现在的规模。在当今时期，加强农村信息化建设业已成为我国三农发展的重要内容，尽管从总体上讲，我国农村信息化发展水平依然不高，尤其是与国外相比，我国的农村信息化发展还处于初级阶段。回顾我国农村信息化建设历程，我国农村信息化建设大约经历了逐步萌芽阶段、初步发展阶段、全面推进阶段、高度重视阶段四个发展阶段。

3.1.1　逐步萌芽阶段（20世纪70年代末—90年代）

国外农村信息化建设起步较早，在20世纪50—60年代西方发达国家已经开始尝试将计算机运用到农业科学研究中来，随后逐步开发农业数据库、农业专家系统等。而在同时期的中国，计算机技术主要应用于国防军工领域，基本上还没有进入到民用或其他与国民经济生产相关的领域，因为在那个时期，新中国面临着世界上各种反对势力的干扰，科学技术发展水平不高，科技人才更是严重缺乏，导致我国根本就没有足够的人力、物力和财力进行信息化所必需的计算机技术，或者将计算机技术应用于其他领域。尽管如此，在西方国家开始将计算机运用到农业科学研究中以后，并且通过开发农业数据库和农业专家系统而取得成功之后，我国的农村信息化建设也从中获得了一定的启示，开始了我国农村信息化的序幕。我国农村信息化建设最早追溯到20世纪70年代末80年代初。1979年，我国引进了第一台大型涉农科研计算机—— Felixc 512。其主要用途是农业科研方面的计算和有关统计分析等。这被认为是我国农村信息化建设的肇始标志之一。在这一阶段，我国农村信息化建设主要涉及以下几个方面。

（1）计算机初步用于农业科研和辅助管理。在20世纪80年代初期，信息化主要集中在计算机技术方面，还没有涉及互联网或与网络相关的信息化内容。即使在计算机技术方面，20世纪80年代的计算机还没有达到个人计算机（PC）的时代，计算机占用的空间相当大，运算速度也不限，而且使用非常不方便，一般只有专业人士才有能力使用计算机，属于少数人可以使用的工具，与普通人的生活没有任何相关性。但是，即使如此，如果将大型计算机应用于一些传统项目的计算，还是会收到令人振奋的结果，其不仅可以降低专业人士的工作强度，更重要的是其准确率大大提高，提高了专业数据分析的可能性，例如，江苏省在1979年运用计算机对78头新淮猪、6 000多头仔猪断奶个体与繁殖力进行了相关和回归统计分析[①]。继此后，在20世纪80年代初期原农牧渔业部[②]要求逐步强化计算机在农业管理和生产领域的应用，特别是在1984年计算机被列入了农业基本建设的范畴。

（2）相关智能信息技术成为研究热点并得到一定的推广应用。计算机技术尽管还未达到个人电脑时代，但是计算机运算的优势，使许多非计算机领域的专家，将专业领域的专业数据按照计算机程序的要求进行整理，使之成为可由计算机进行运算的数据，并以此替代人工运算，达到快速准确地获得结论的目的，这便是所谓的以计算机技术为基础的智能信息技术，其中最为典型的是各种数据库系统资源的开发与利用，例如以农业专家系统为代表的智能信息技术受到了科研院所的重视并成为研究热点。1983年，“砂姜黑土小麦施肥专家系统”研制成功并在淮北平原的十余个县推广应用。此后，“农业专家系统”被列入国家“七五”（1986—1990）科技攻关专题，育种、植保、园艺等方面的专家系统相继研发成功并得到了应用。

（3）出台了农村信息化建设相关政策。在计算机技术逐渐传入国内并开始广泛运用于国民经济各生产领域部门之后，加之国内农业科研院所的推进，使得农村信息化成为当时政府力推的一个热点工程。为了对此进行规范，也为了更好地促进农村信息化建设的发展，1985年农牧渔业部提出了《建设农牧渔业信息系统的方案意见》，1986年正式出台《农牧渔业信息管理系统设计》，并制定了《农牧渔业部电子计算机应用规则》。这被视为我国最早的农村信息化建设政策。这些相关政策的推出，至少在政策层面上认可了信息化发展的趋势，尽管在当时，由于政府受财力的限制，没有办法采用全面推进的方式来大力发展农村信息化。

（4）成立了促进农村信息化建设的相关机构。三农问题无疑是中国的核心问题，这是中国共产党自执政以来就认识到的深刻问题，政府为此做出了不懈的努力。在机构设置中，除了在政府下设农业部门之外，还在中国共产党中央委员会专门设立了农村工作部或农村工作委员会，作为协调或指挥农业部门的决策机构。在农村信息化的开始阶段，农业部门成立农村广播电视学校具有非常重要的意义，尽管在当时的环境下，农村广播电视学校并不是严格意义上的信息化建设的相关机构，但是随着政府对农村信息化

① 李道亮．中国农村信息化发展报告（2011）[M]. 北京：电子工业出版社，2012.

② 1982 年 4 月，农业部改称农牧渔业部，1988 年政府机构改革，名称复更为农业部。

认识的加强，农村广播电视学校逐渐承担了许多相关职能，其中就负有推进农村信息化建设的职能。中央农广校于1980年成立，开始开展农业广播电视教育。1981年中国农科院计算中心成立，这是我国首家把电脑用于农业科学研究的机构。20世纪80年代初，为推动信息化在中国的进一步发展，中央政府设置了“电子振兴领导小组办公室”作为领导和推动信息化发展的专门机构，利用计算机“改造传统农业，促进国民经济发展”也是我国当时信息化发展的方针政策之一，农业部也成立了相应的电子计算机领导小组。1987年3月正式组建农牧渔业部信息中心，自此我国开始有组织、有领导地推进农村信息化建设。

3.1.2　初步发展阶段（1991—2000年）

在进入20世纪90年代之后，国际信息技术发生了翻天覆地的变化，其中最为主要的一个变化是个人电脑（PC）的出现，美国的IBM公司将大型计算机进行改造，使其适用于个人使用，不仅缩小了体积，而且在功能上也有了巨大的改进，为个人电脑进入工商业界甚至进入家庭创造了条件。与此同时，微软公司开发了适用于个人电脑的操作系统软件，首个操作软件即为BASIC1.0，尽管还不是微软最为流行的窗口操作系统，但是却意味着国际信息技术将来发展的方向。微软的第一款适用于个人电脑的人机交互性的操作系统软件出现了，个人电脑的易用性大大改善了，使其商业化发展得到了快速推进，成为20世纪末经济发展的最后一个强点，同时，也预示着21世纪世界全面信息化的来临。除此之外，原来适用于美国国军方的网络通信系统也得到了开发，使得可以在民用个人电脑间传递信息，尽管在这个时代受制于信息传递技术，网络通信的信息量和速度都受到了较为严重的制约，但是这已经预示了21世纪的世界将会是何种模样。在国际信息化建设潮流的推动下及国内信息化整体水平的逐步进步的情况下，我国农村信息化建设经过十余年的发酵，逐步得到了国家的重视，农村信息化建设开始起步，农村信息化得到了初步发展。

（1）政府部门日渐重视农村信息化建设，相关规划和措施陆续出台。在国际信息化浪潮的影响下，中国政府也逐渐认识到了信息化对国家经济建设和社会发展的重要性。中国政府开始投入巨额资金进行信息化技术的研究，其中主要集中在国防科技大学的超级计算机的研究和发展上。国家的巨额投入确实起到了很大的作用，到目前为止，我国在超级计算机领域的发展与美国以及其他发达国家相比并不落后，但是在信息化的其他领域，受我国国情的限制，中国政府并没有全力投入，而是处于引进阶段。然而，随着世界信息化浪潮的发展，20世纪90年代初期，政府部门逐渐认识到农村信息化建设工作的重要性，开始出台各类涉及农村信息化建设的政策措施，加强了农村信息化建设的规划和指导。在这一阶段初期，农业部先后出台了《农业部电子信息系统推广应用工作的“八五”计划及十年设想》和《农村经济信息系统的建设规划》，并成立了农村经济信息体系领导小组，农业系统信息化建设得到了高度重视和快速发展。1994年农业部专门设置进行农业信息建设管理的机构——市场信息司，与此相对应的是全国各省级政府的农业部门先后设置了专门用于省域农业信息化建设管理的机构，这就在全国农业系统建立了一张促进信息化建设的组织服务与管理协调的网络，信息化建设得到了有力的组织保障。同年12月，为加速和推进农业和农村信息化工作，旨在建立“农业综合管理和服务信息系统”的跨世纪农业信息化工程——“金农工程”，在“国家经济信息化联席会议”第三次会议上问世。1995年，农业部制定了《农村经济信息体系建设“九五”计划和2010年规划》，并开始牵头组织实施《农业综合管理和服务信息系统——金农工程》。1996年，第一次全国农村经济信息工作会议召开，会议提出重点围绕农村经济信息体系的建设开展了相关的农村信息化工作。同年农业部制定了《“九五”时期农村经济信息体系建设规划》和《金农工程（草案）》。1998年10月，中共十五届三中全会要求：“完善信息收集和发布制度，向农民提供及时准确的市场信息。”1998年11月，科技部出台了《关于农业信息化科技工作的若干意见》。2000年1月，《中共中央、国务院关于2000年农业和农村工作的意见》要求：“农业行政主管部门要尽快制定农产品市场信息采集标准和规范，完善信息发布制度，建立及时、准确、系统、权威的农业信息体系。”

（2）各级地方农业网站逐步建立，农业信息服务网络成型。随着个人电脑的普及，以及微软公司的Windows操作系统的易用性，加之网络技术的发展，世界进入了Web1.0的时代，通过有线网络和网络协议，世界各地的个人电脑相互联系在一起，地球变成了一个真正的村庄，地理和空间的阻隔已经不再是一个问题。以此为基础，Web1.0时代的信息化的标志产生了，即建立固定的提供信息的网站，供需要这些信息的网民阅读和浏览。20世纪90年代中期，随着国家互联网的出现和快速发展，我国各地也开始建设农业信息网络。1994年农业部建成并开通了“中国农业信息网”和全国大中城市“菜篮子”产品批发市场价格行情网；同年，中国农业科学院开通了“中国农业科技信息网”。“中国农产品供求信息网”于1998年开通，中国食品产业网也于1999年开通。在国内其他领域信息化建设的示范带动和农村信息化政策引领下，各省市有关部门、机构和网络企业纷纷投资于农业网站建设，“在网络建设上，构建了以农业部信息中心为龙头、连接31个省（区、市）农口部门的信息平台”，截至2000年12月31日，我国农业网站总数已接近2 200家①，数据库、应用软件开发也取得了一定成效。经过十年的建设，农业信息网络体系形成了较完整的结构，信息传输的“主通道”建设基本完成②。

① 李勇敢．农业网站应做好规划，人民网，http://www.people.com.cn/GB/it/48/297/20010620/492633.html，2001-6-20.

② 仝志辉，董筱丹．改革以来中国涉农信息化政策的范式转移 [M]// 岳经纶，郭巍青．中国公共政策评论．上海：上海人民出版社，2007.

（3）农业专家系统趋于成熟，农业信息技术应用研究全面铺开。在Web1.0时代发展的后期，一些新的信息化技术出现了，其中最为重要的是各种数据的数字化趋势（得益于存储技术的改进，使存储变得小型化和简易化）。由于数据的数字化，为数据的使用提供了新的方式，使得以前需要花费许多时间和精力的事件变得非常简单，例如各种专家数据库系统的使用就是如此，通过将专家信息做成数据库的形式，可以方便有需要的网民通过网络与专家保持联系，并从专家处获得大量所需要的技术信息，解决了以前需要花费许多时间和精力才能解决的事情，使科学技术的社会正外部效应发挥到了最大。1990—1996年，中科院智能所连续承担的863“智能化农业应用系统”课题，效果显著，专家系统技术可应用于农业的众多方面，受到科技部等的高度重视。1998年年底科技部启动了“国家智能化农业信息技术应用示范工程”重大专项，得到各方支持和努力，22个省（区、市）建立了示范区①。农业信息技术应用研究也全面铺开，内容涉及所有农业专业领域，并研制开发了一批拥有自主知识产权的成果②，建成了一些大型农业信息资源数据库、优化模拟模型、宏观决策支持系统、农业专家系统、农业生产计算机管理系统。如中国农业科学院草原研究所应用现代遥感和地理信息技术建立了“中国北方草地草畜平衡动态监测系统”。我国已经开发成功的多媒体小麦管理系统、饲料配方系统等已在农业领域得到大量应用。

3.1.3 全面推进阶段（2001—2005年）

自从进入21世纪后，世界信息化技术发展迅速，世界信息化趋势出现了一些新的变化。首先，网络搜索平台的出现，使人类社会提前进入信息爆炸的时代。随着20世纪末计算机技术和网络技术的发展，在网络上流传的信息量非常大，人们不知道如何去获取自己所需要的信息，或者说，人们需要花费许多大量无谓的时间来寻找有用信息，在信息爆发的时代，这成为人们难以面对的一件事情。在信息缺乏的时代，人们最缺乏获得信息的手段或渠道，而在信息爆炸的时代，人们缺乏获得有用信息的手段。搜索平台的出现改变了这一点，利用最新的网络技术，人们可以快速找到自己所需要的有用信息。其次，移动信息平台的出现，使社会变得更加扁平化。在传统的社会结构中，人们一般都是被动或主动地从某一信息平台上获取相应的信息，形成了自上而下的信息传播结构，或者说放射状信息传播结构，由信息源向信息接收者传播的机制。而随着移动信息平台的出现，每个人都有可能成为信息源或信息接收者，人们不再需要从一个中心的信息源接收信息，而是可以通过点对点的方式接收信息和传播信息，这给信息内容的监管

① 李道亮．中国农村信息化发展报告（2011）[M]．北京：电子工业出版社，2012.

② 刘丽英．吉林省农村信息化建设的实况与战略措施 [D]．吉林：吉林大学硕士学位论文，2011.

带来了难题，但是在另一个方面却可以极大方便信息需求者获得相关信息。在这种信息化趋势下，我国农村信息化建设也进入了全面推进阶段。

（1）农村信息化建设政策密集出台，建设方案和措施更为切实可行。面对着世界信息化发展的新趋势，政府及有关部门为了使农村信息化建设与时俱进，紧跟时代的步伐，快速推进农村信息化建设，国家及有关部门密集推出农村信息化建设的政策方案，积极部署农村信息化建设任务，明确了新时期农村信息化建设的指导思想、战略目标和重点任务。政策文件内容也从先前的高度概括的战略构想，逐渐过渡到具有具体、可行和可操作性的实施方案，标志着农村信息化建设进入真枪实弹的全面推进阶段。这些具体的政策文件包括：《中共中央、国务院关于2000年农业和农村工作的意见》《农业科技发展纲要（2001—2010年）》《“十五”科技扶贫发展纲要》《信息产业“十五”计划纲要》《“十五”农村市场信息服务行动计划》《农业部关于做好农村信息服务网络延伸和农村信息员队伍建设工作的意见》《关于进一步加强和改进农产品价格信息服务工作的意见》《农村党员干部现代远程教育试点工作方案》《关于在全国农村开展党员干部现代远程教育工作的意见》《农村通信普遍服务—— 村通工程实施方案（试行）》《关于在部分省区开展村通工程试点工作的通知》《中共中央国务院关于促进农民增加收入若干政策的意见》《当前优先发展的高技术产业化重点领域指南》《中共中央国务院关于进一步加强农村工作提高农业综合生产能力若干政策的意见》和《中共中央国务院关于推进社会主义新农村建设的若干意见》等（表3-1）。从这些政策文件的内容看，有对农村信息化建设的指导性意见方面的，也有农村信息化建设的发展纲要方面的，还有各种与农村信息化相关的建设计划或方案。应当说，至少从国家政策文件的角度来看，国家及有关部门已经充分认识到了农村信息化建设应当紧跟世界信息化发展趋势或潮流的重要性，国家及有关部门为了避免使农村信息化建设不至于在世界信息化出现新发展趋势的前提下失去最好的发展机会，应当尽可能给予更大力度的支持。

表 3–1　2001—2005 年涉及农村信息化建设的重要文件

发布时间	发布单位	政　策
2000 年	中共中央、国务院	《中共中央、国务院关于 2000 年农业和农村工作的意见》
2001 年 4 月	国务院	《农业科技发展纲要（2001—2010 年）》
2001 年 10 月	中国科学院、中国科协	《“十五”科技扶贫发展纲要》
2001 年 5 月	信息产业部	《信息产业“十五”计划纲要》
2001 年 9 月	农业部	《“十五”农村市场信息服务行动计划》
2002 年 7 月	农业部	《农业部关于做好农村信息服务网络延伸和农村信息员队伍建设工作的意见》

续表

发布时间	发布单位	政策
2003 年 6 月	国家发展改革委、农业部、财政部、商务部、国家广电总局、全国供销总社、国家统计局、国家粮食局、中国农业发展银行等九部门	《关于进一步加强和改进农产品价格信息服务工作的意见》
2003 年 7 月	中共中央组织部	《农村党员干部现代远程教育试点工作方案》
2003 年 9 月	中央办公厅	《关于在全国农村开展党员干部现代远程教育工作的意见》
2004 年 1 月	信息产业部	《农村通信普遍服务——村通工程实施方案（试行）》《关于在部分省区开展村通工程试点工作的通知》
2004 年 2 月	中共中央、国务院	《中共中央国务院关于促进农民增加收入若干政策的意见》
2004 年 4 月	发展改革委、科学技术部、商务部	《当前优先发展的高技术产业化重点领域指南》
2005 年 1 月	中共中央、国务院	《中共中央国务院关于进一步加强农村工作提高农业综合生产能力若干政策的意见》
2005 年 12 月	中共中央、国务院	《中共中央国务院关于推进社会主义新农村建设的若干意见》

（2）相关政府部门纷纷发力，农村信息化建设力量空前壮大。农村信息化建设是一项综合性工程，在我国现行的条块分割的行政体制下，仅仅依赖于一个行政部门是很难推进农村信息化建设工作的。在农村信息化建设过程中，至少涉及农业部、科技部、教育部、水利部和众多的农业高等院校和农业科研院所等部门或机构，农村信息化建设需要在这么多部门之间形成合力，就需要组成一个联合建设的临时机构，形成一个有指挥功能的合作组织，合理分配农村信息化建设的各项职能，并合理安排公共资源。而中国政府所主导的农村信息化建设正是如此，在党中央、国务院的统一领导之下，国务院的相关部门积极行动，发布了一系列与农村信息化建设相关的政策，由上述政策文件的发布可以看到参与农村信息化建设的政府部门越来越多，从最早仅有农业部负责，到科技部参与，再到本阶段中共中央国务院、发改委、信息产业部等各个政府部门均把农村信息化列入其工作重点，纷纷加入到农村信息化建设行列之中来，我国农村信息化建设力度空前强大，农村信息化得到了快速发展。

（3）农村信息化建设内容和范畴空前广泛，农村信息化建设得到全面推进。在这个阶段，世界信息化出现了一些新的趋势，主要表现在由以硬件为主的向以软硬件相结合的方向发展，软件发展甚至在很大程度上超越了对硬件的需要，而软件发展中又从单向度的信息发散向多向度的相互散的模式转变。为了应对也为了紧跟世界信息化发展的新趋势，中国政府主导的农村信息化建设在建设内容和范畴上也逐渐变得多样化，不仅加快了硬件建设，例如提高农村通信光纤的数量和质量，使其与城市光纤通信网络保持同步，而且通过各种信息化电器下乡补贴，使农村能够更快地用上或更新最新的通信设备，而且也加快了以内容为主的软件建设，例如建设各种农业专家数据库系统，建设农业产品的市场信息集成化网络，建设农村信息的集散平台系统等。农村信息化建设的范畴由之前单纯局限于农业系统和农业领域的信息化建设转变到向其他领域和环节渗透；信息化建设的内容也由过去单一的“农业技术信息”转变到“技术信息”“市场信息”“公共服务信息”等各个方面，几乎涵盖了农村生产、生活的全部内容；信息服务对象也逐渐由仅为政府等宏观决策部门服务，向政府、企业、农民等各方面主体服务转变。

3.1.4 高度重视阶段（2006—现在）

自从2006年以后，世界信息化的发展又出现了新的趋势，其中一个最为重要的特征是，原来依赖于个人电脑的信息终端变得不再那么重要，以苹果公司和谷歌公司为代表的世界主流信息化公司，推出了软硬件相结合的移动平台，在很大程度上替代了个人电脑的功能，世界最大的信息化公司微软公司在这个浪潮中有逐渐衰退的趋势。在这个浪潮中，每个人都通过手中的移动平台成为交互式信息的节点，使社会结构变得越来越扁平化，也就是说，真正的信息化社会已经来临了，在这个时代，人们足不出户就可以购物，可以完成许多原来必须要去现场才能完成的事项，一部小小的手机，可以将社会结构中的各种人员紧密地联系在一起。这种信息化趋势的出现是最有助于中国打破城乡地理空间阻隔的优势，如果中国政府能够很好地利用这种发展趋势，投入大量的资金，就可以解决自新中国成立以来就困扰中国的城乡二元体制的问题，真正促进城乡经济、社会与文化的一体化。因此，在历经上阶段的建设后，农村信息化建设进一步得到了高度重视，进入了更高发展层次。

（1）对农村信息化建设的重视程度跃升到新的高度。对农村信息化的重视程度可以从中国共产党中央委员会每年所发布的一号文件的表述中发现，自从2004年开始，中央1号文件几乎每年都以三农问题作为主题，几乎每年都提到了农村信息化建设的问题，只是提出的角度或表述方式略有差别，例如，2008年的中央1号文件明确提出要积极推进“农村信息化”，明显不同于2005年中央1号文件提出的加强“农业信息化建设”及在实践中所偏重于“农业”领域信息化建设，虽一字之差，但其意蕴则大不相同。农村信息化相对于农业信息化而言，其内涵和外延都有重大区别，农业信息化将信息化集中于农业领域，可能包括农业科研、生产和经营的全过程，但无论如何农村信息化主要是指在促进农业经济生产方面的信息化，而农村信息化不仅包括农业信息化的全部内容，还包括农村社会的其他领域的信息化，例如在农村文化生活方面的信息化也可以包括在内，也就是说，农村信息化比农业信息化范畴更广。2004年以来，中央1号文件均提及农村信息化建设，但在2004年、2005年的1号文件均只有一句话提及，而此后的中央1号文件用了更多的篇幅提及农村信息化建设。

（2）农村信息化建设进入崭新的发展阶段。为了落实中央1号文件精神，国务院各部门，尤其是农村信息化的主管部门农业部，为农村信息化建设制定了详细的建设总体框架，作为在今后一段时期内中国农村信息化建设的指导性方案。农业部颁发的《全国农业和农村信息化建设总体框架（2007—2015年）》明确要求建立作用于农村经济、政治、文化、社会等领域的信息基础设施、信息资源、信息人才队伍、服务与应用系统，以及与之发展相适应的规则体系、运行机制等构成的农村信息化的基本框架，提出了农村公共服务和社会管理信息化，这是当前及今后一段时期内，农村信息化建设的纲领性、指导性文件。根据中国政府常用的建设措施，为了获得农村信息化建设的宝贵经验，中国政府一般需要在局部地区对农村信息化建设进行试点，以发现在方案设计过程中没有预想到的问题，发现比较完善的建设方案，然后在建设方案成熟之后再向全国推进。正是基于这种行政惯例，2009年科技部、工信部、中共中央组织部联合启动国家农村农业信息化示范省建设，2012年中央1号文件特别提出要“全面推进农业农村信息化”，要求“加快国家农村信息化示范省建设”。2013年中央1号文件进一步提出“加快用信息化手段推进现代农业建设，启动金农工程二期，推动国家农村信息化试点省建设”。这标志农村农业信息化建设将由过去的局部领域过渡到国家战略阶段①。

（3）农村信息化建设的参与推进力量更加广泛。农村信息化建设的快速推进除了要依赖各级政府部门之外，社会力量的广泛参与也是必不可少的。然而，在农村信息化建设过程中，由于农村信息化建设所带来的利润率偏低，在某些农村地区，农村信息化建设可能根本就没有办法收回成本，更谈不上获取利润，这使得许多社会力量不愿意参与到农村信息化建设过程中来，为了解决这个问题，中央及各级政府出台了许多的相关政策，对参与的社会力量给予一定的补贴或者在税收上给予一定的优待。除此之外，对于电信领域的国有企业，即使政府不给予政策上的支持或倾斜，也必须要参与到农村信息化建设过程中来，因为在中国，国有企业天生就必须要履行一定的社会责任。因此，在中央及各级地方政府的相关政策措施引导下，越来越多的社会主体参与到农村信息化进

① 胡扬名，李燕凌．国家农村农业信息化示范省建设问题——以湖南省为例 [J]．江苏农业科学，2014（3）．

程中来。在2006年以前，信息化的进展一直以“政府主导”为主，从2006年开始，“社会力量广泛参与”真正地体现出来了，联通、移动、电信等通讯运营商也是2006年才实际地涉足“三农”的信息化①。

（4）农村信息化建设步骤加快，成效显著。在中国传统的以政府为主导的建设工作中，一般采用以项目带区域的“以点带面”的发展或建设方式，这种方式经过中国政府许多年的实践，已经形成了较为成熟的模式，这种模式具有机会成本低、获取经验容易等优势。农村信息化建设也是如此，中国政府在农村信息化建设过程中启动了各种与农村信息化建设相关的工程或项目。各种各类农村信息化建设工程项目深入推进，取得了实际成效。“广播电视村村通工程”“农村党员干部现代远程教育工程”“农村中小学现代远程教育工程”等农村信息化工程项目相继全面启动实施，并取得了骄人的成绩，截至2010年年底，全国基本实现了“村村通电话、乡乡能上网”的目标，“三电合一”项目先后搭建了19个省级、78个地级和324个县级农业综合信息服务平台，惠及全国约2/3的农户。本阶段农村信息化建设除中央政府加强统筹谋划、政策指导外，各级各地政府部门也结合各地实际情况积极探索农村信息化之路，涌现了一批诸如浙江农民信箱、宁夏三网融合、海南农科110、广东直通车等具有本地特色的农村信息化服务模式。

3.2 我国地方农村信息化建设探索实践

3.2.1 宁夏社会主义新农村信息化省域示范建设

宁夏回族自治区位于我国西北内陆，是我国5个省级少数民族自治区之一，下辖5个地级市，面积为6.64万平方千里，人口650万，是典型的西部欠发达省区。信息闭塞与经济落后的恶性循环一度成为困扰宁夏经济社会发展的瓶颈。2007年9月，宁夏成为全国第一个被国家信息化办正式列为国家级社会主义新农村信息化工作省域试点，2008年9月，宁夏农村信息化建设顺利通过试点被验收，并被工信部列为全国第一个社会主义新农村信息化省域示范点。宁夏作为一个西部省区，适时顺应全球信息化发展的滚滚潮流，紧紧抓住农村信息化建设的良好机遇，“小宁夏”在农村信息化建设领域取得了“大作为”，破除了小省区难有大作为的惯有状态，在全国率先实现了农村的信息化全覆盖，促进了农民生产方式、生活方式和思想观念的转变，有效地促进了城乡统筹发展的进程，为欠发达省区走上新型农业现代化道路提供了良好的示范，故其农村信息化建设模式被称为“宁夏模式”。宁夏农村信息化建设典型做法如下。

① 仝志辉，董筱丹．改革以来中国涉农信息化政策的范式转移 [M]// 岳经纶，郭巍青．中国公共政策评论．上海：上海人民出版社，2007.

（1）平台上移：促进资源整合，实现“一网打天下”。在农村信息化的建设过程中，由于农村信息化的建设主体大多依赖于地方政府，尤其是县级地方政府，也就是说，农村信息化的投资主体和建设主体都是县级政府，这与中国的行政体制高度一致，在县级政府行政区域内，县级政府拥有绝对的权威，可以决定农村信息化建设的方案与建设计划。这容易导致几个比较严重的问题，首先，容易导致重复建设的问题。由于每个县级政府都是建设主体，都可以决定农村信息化建设的方案，这就会导致许多县级政府建设的信息化平台内容相同或重复，完全丧失了互联网互联互通的节约资源的精神；其次，容易导致信息隔离的状态。由于是由县级政府主导建设，每个县级政府行政区划内所采用的信息化建设模式各不相同，信息化形式也不一致，使得信息整合存在较大的困难，导致信息融合比较困难，许多县级政府主导建设农村信息化容易成为信息孤岛，从而无法完全发挥信息化的优势或作用。有鉴于此，全区建设一个统一的“信息中心平台”，摒弃了传统的层级复制、逐级建设的做法，把市县乡难以开展的平台、网络及数据库等建设工作上移到自治区层面来统一开展，即“平台上移”，既克服了既往信息化建设中出现的平台林立且互不连通兼容的“信息孤岛”和“信息烟囱”现象，又避免了由其带来的重复建设和人财物等各种浪费。依托自治区信息中心平台，将农村党员干部现代远程教育、文化信息资源共享工程等在一个平台上运行；建设涵盖农村科技、农产品供求、气象与防灾减灾、文化信息等内容的全区统一的涉农信息共享资源库；实现“三网融合”，建设了Internet IPTV分平台，向全区农村用户提供互联网服务等，从平台、网络、数据库到终端全部实现共建共享、互联互通，对信息资源、平台资源、网络资源、组织资源、资金资源和社会资源等进行了有效整合，提高了农村信息化建设效率。

（2）服务下延：建设基层信息服务站，实现信息服务到家。在平台上移解决信息化重复建设和信息站点缺乏联系的问题之后，还存在着另一个急需解决的问题，即信息源和信息需求都在基层的问题。毫无疑问，农村信息化的主要目的是服务农村、农业和农民的现实需要，也就是说农村信息化的服务对象在基层，信息平台上移最终目的是服务于三农的现实需要。除此之外，农村信息化建设还需要大量的信息来源，例如专家数据库、农业生产经营信息和农村社会需求信息等，这就需要基层工作人员在基层采集信息，转化为可储存传播的数字信息，也就是说，农村信息化必须做出服务下延。因此，宁夏在设计农村信息化建设框架时，提出“将信息化建到农民家门口”，因此宁夏将新农村信息服务站直接建到社会最底层—— 行政村，让农民最便捷地接受信息服务，直接感受农村信息化建设成果。由于取消了市县乡等中间环节的信息服务站和平台，在区（省）级信息中心平台与基层信息服务站和农户信息终端之间进行直接对接，实现区（省）级的信息服务体系与各行政村乃至各农户间的“直通车”，真正实现“信息服务到家”。宁夏现已建成2 800余个新农村信息服务站，每个信息服务站均集电子商务、视频点播、专家在线等多种功能于一体，能接入各种网站与网上图书馆及网上电影院提供综合性服务。

（3）个性服务：建设“三农”呼叫中心，实现信息惠民。在平台上移以避免重复建设，集约有效资源，服务下延以满足三农现实的信息需求的前提下，农村信息化建设还面临着一个急需解决的问题，那就是每个地区或每个行业或每个农民都对农村信息有完全不同的需求，传统的以建网站平台的方式来满足三农信息需求的方式已经不能满足农村个体化、差异化和多样化的需求，为了提高农村信息化建设的绩效，必须将农村信息化建设过程中以提供个性化服务为导向的内容整合进来。有鉴于此，宁夏在整合原有各类涉农呼叫服务中心的基础上，建设了全区统一的“三农”呼叫中心，通过其所具有的视频服务系统、语音服务系统和网络常规座席服务系统三大子系统为全区农村居民提供视频、语音和网络服务。宁夏现已建立起了一支由300多位专家组成的服务队伍，利用视频、语音和网络等形式，通过点对点地为农村居民提供生产和生活中的技术难题、销售和加工问题、医疗卫生问题、政策法规问题等各种各样的信息咨询服务，准确、及时、有效地满足其个性化的需求。

（4）长效机制：“公益服务”与“企业运营”相结合，实现良性运转。在农村信息化建设过程中，传统模式是由政府主导，以财政资金进行投入。这种模式在我国的政治体制下有一定的问题，首先其受制于政府领导人，如果政府领导人重视，那么就可能会获得较为长远的投入或支持，反之就可能出现人走茶凉的局面。如果采用私人投资经营的形式，那么也可能会出现稳定性的问题，因为一旦私人在投资之后一定时期内无法获得足够的回报，就可能会丧失继续投资的信心或决心，无法保持农村信息化建设的持续稳定性。而如果采取公益服务与企业运营相结合的模式，就可以有效地避免这种不稳定局面的出现，企业运营能够为农村信息化建设带来管理或动作上的活力，而公益服务可以为政府使用财政资金提供法定的理由，政府完全可以采用购买公共服务的形式来达到长期支持农村信息化建设的目的。为此，宁夏在农村信息化建设过程中，建立起了由国家相关部门、各级政府、承建企业、帮扶单位及其他社会力量组成的多元化投资机制，为其提供了扎实的财力支撑；在前期资源整合和市场培育的基础上，引导和帮扶企业在农村信息化建设和服务中充分发挥作用，使其在确保公益服务的同时，运用企业经营的方式在市场机制的作用下维持农村信息化建设与服务的有效开展；借鉴开展科技特派员创业行动的成功经验，分批引导农村信息员转变为信息科技特派员，鼓励其面向市场，开展经营与服务活动，建立起信息科技特派员服务机制。

（5）领导重视：强势推进农村信息化建设进程，有力保障各项举措的落实。在我国的行政体制下，领导重视对于推进任何工作都具有非同寻常的意义。因为决定领导是否能够获得升迁的重要原因在于其能否获得足够多的政绩，以获得上级领导的信任和支持。如果一项工作不是上级领导所愿意看到的，即使其做出了很大的成绩，也可能无法获得为上级政府或领导所认可的政绩，从而会影响下级政府领导的升迁。一项工作如果能够同时获得上下级领导的重视，那么这项工作在中国就可能会获得超乎寻常的发展，其进步的速度肯定会超出自生自发的其他项目。有鉴于此，农村信息化建设在宁夏回族自治区被明确列为“一把手工程”，在自治区层面由党委书记任组长、主席任第一副组长，分管副主席任副组长兼办公室主任，其他自治区副主席和涉农的相关部门的一把手担任副组长和成员的十分强势而有力的农村信息化建设推进领导小组。在市、县、乡镇等各级政府及涉农部门一把手亲自抓，负总责，分管领导具体抓，相关部门紧密配合，协调合作的领导管理体制，实现了农村信息化建设中各部门间的统筹协调，避免了各自为政和相互扯皮的现象，有力保障了农村信息化建设的秩序和效率。

3.2.2　山东国家农村农业信息化示范省建设

山东处于我国东部沿海、黄河下游，下辖17个地级市，面积为15.71万平方千米，人口9 580万人，是我国人口第二大省，为我国温带水果之乡，GDP位居于我国前列，是我国的经济大省，同时山东也是农业大省，主要农产品的产量与经济效益均处于全国领先，农业总产值和增加值也在全国排在前列。农村信息化在山东历来备受重视，建设基础比较扎实。在2009年，科学技术部、工业和信息产业部、中央组织部联合发文共同启动了一项新的农村信息化建设工程——国家农村农业信息化示范省建设，山东成为全国范围内第一个试点省份。山东省主要通过以下几个方面展开国家农村信息化示范省建设。

3.2.2.1　大力推进省级综合信息服务平台建设

（1）按照“平台上移”的原则，全力打造省级综合信息服务门户网站。由于县级地方政府的财政、人力和信息资源相当有限，也由于县级地方政府建设平台可能会存在重复建设的问题，由县级地方政府主导投资建设农村农业信息化综合服务平台门户网站不太合适，只有由省级政府来主持建设农村农业信息化综合服务平台门户网站，才能既发挥省级政府的资源优势，同时，也能够充分保留地方政府的地域或文化特征，还能够避免县级政府之间的无序的竞争，保持农村农业信息化综合平台信息量充分同时又具有自己的特色。基于这个原则，山东省政府已开发建设了齐鲁三农网作为山东省农村农业信息化综合服务平台门户网站（www.qlsn.cn）。门户网站包含科技服务、电子商务、综合服务、党员远程教育、农家百事等25个栏目、10大专业信息系统和短（彩）信、视频、移动互联、电话等多渠道接入接口。

（2）按照“资源共享”的原则，加强建设省级涉农数据中心。在县级政府主持的行政区划内，尽管也有农业类科研机构，但是受制于体制和资源限制，专家的类型和级别都达不到进入专家数据库的要求，而且即使进入专家数据库，也不符合互联网资源共享的精神。而在省级政府区域内，由于拥有较多的省属甚至教育部属的大学和科研机构，同时，拥有较多的与农村农业相关的专家，这些专家的水平相对而言水平较高，如果能够进入专家数据库，那么就可以使全省的农村农业信息化用户都能够享有这个资源，真正实现资源共享，这无疑是符合信息化时代精神的。有鉴于此，山东省结合优势产业发展现状和需求，依托优势单位，整合建立了10大产业数据中心，一期数据容量达到10TB，数据记录超过100万条。

（3）建设了十大产业专业信息服务系统。针对农村农业信息化的特征，农村农业信息化建设实际上包含了较多的内容，如果将所有的内容整合在一起进行建设，那么就可能会造成信息服务缺乏针对性，无法形成专业化的信息服务系统。如果要解决这个问题，只有在对农村农业信息化进行大量调研的基础上，对农村农业信息化的需求进行仔细分析，按照农村农业信息化需求的不同，对农村农业信息化建设进行分门别类的建设，形成不同的专业信息系统，使其能够更好地服务于农村社会。有鉴于此，山东省政府在十大优势产业领域建设专业信息服务系统，专门针对相关产业链中的每个相关环节，提供专业化的信息服务。

3.2.2.2　积极推进“三网融合”信息服务通道建设

在中国网络化发展过程中，由于行政体制的原因，在建设初期就存在着先天不足，因为中国的信息化建设是在不同的行政主管部门的主持或推动下进行的，其中电视和广播信息由广播电视总局管理，广电总局不仅对电视和广播网络进行直接管理，而且还对电视和广播网络所传播的内容进行管理，广电总局在业务上还要接受宣传部门的指导，以利于党和政府的方针政策的传播，同时，掌握政治意识形态宣传的话语权；而固定宽带网络和移动网络的建设则由信息行政部门主管，尽管中国成立了三大电信集团公司来建设和运营基础网络通信工程，但是在建设初期却只有中国电信一家，后来接连分出了中国移动和中国联通两家公司参与竞争，但是其各自主管的业务重点却有所区别，中国电信强在固定宽带，中国移动强在移动信号覆盖面广，中国联通则使用了最新的移动网络制式，移动网速度比较快，这就造成了不同基础网络之间相互联通的问题，由于相互之间存在的竞争关系，导致固定宽带网络与移动网络之间存在着人为的障碍。除此之外，在固定宽带入户之后，由于网速提高，网民完全可以不通过电视网络而达到收看电视的目的，这又引起了电视网络与固定宽带网络之间的相互竞争关系。在缺乏国家统一指导的前提下，上述几大行政部门及运营商之间为了争夺客户，经常进行恶性竞争，导致资源浪费比较严重，效率比较低下。有鉴于此，国家决定实施三网融合工程，以解决这个问题。于是，山东省政府按照示范省实施方案部署要求，按照国家“三网融合”的有关精神和山东省政府有关“三网融合”的相关安排，展开信息服务通道建设。一是宽带网络通道建设，实现宽带网覆盖全省所有行政村；二是移动网络建设，通过手机为载体，降低农民信息化使用门槛，方便农民便捷使用综合信息服务平台提供的服务；三是

IPTV平台建设，使农户能够通过“电视机+机顶盒”的方式浏览综合信息服务平台的信息；四是宽带流媒体建设，面向广大农户，提供清晰、流畅的视频服务等，实现农户与专家在电脑、电视、手机之间的多屏互动。

3.2.2.3　加快构建基层信息服务体系

按照“政府主导、社会参与、整合资源、共建共享、合理布局”和“成熟一批、认定一批”的原则，依托农村党员远教村级站点、星火科技12396等各类农村信息服务站点建设基层综合信息服务站。主要包括以下服务站：

（1）突出站点资源整合，搭建农村综合信息服务站。所谓突出站点资源整合是指紧紧抓住信息化建设过程中的关键节点，突出农村农业信息化建设的效率。在一个信息化站点中，应当包含各种信息化资源，否则就可能会出现基础资源闲置的问题，而一旦将各种信息化资源整合在一个站点时，通过合理地安排或调配，可以保证信息化的基础资源获得充分有效地利用。基于这个原理，山东省政府按照“共建一个庙，各拜各的神”的原则，将农村党员远教站点、农村文化共享工程、农村技术推广站、村委会等进行整合，按照“五个一标准”（一处固定场所、一套信息设备、一名信息员、一套管理制度和一套长效机制）建设农村基层的开展涉农综合信息服务的站点。

（2）突出产业之间的融合，加速建设专业信息服务站。所谓突出产业之间的融合是指针对农村农业发展的现实需要，将农村农业发展过程中的所有相关产业按照一定的标准进行划分，分类建设的同时又要保证产业之间的有效联络或沟通。这样做可以达到既保证产业发展的专业化和精细化，同时也可以保证产业发展之间的互补关系。基于这种理念，山东省政府决定与十大产业专业信息服务系统建设相结合，充分利用农民协会、合作社、农业龙头企业、运营商农村代理点和农资店等开展专业信息服务站建设。

（3）一员多能，重点开展基层信息员培训。农村农业信息化建设过程中，最重要的环节是培养信息化方面的人才，这是农村农业化建设中最为薄弱的一个环节。在农村农业信息化建设过程中，由于有政府的大力推动和支持，资金也比较充足，可以吸引大量优秀的人才参与农村农业信息化建设，而一旦政府验收合格之后，由于政府支持和推动的力度减小，同时提供的资金也在减少，导致大量优秀人才不愿意从事农村农业信息化的维护工作，使得建好的信息化工程无法维系，这是全国许多地方在建设农村农业信息化过程中经常出现的问题。为了解决这个问题，唯一的办法是对基层工作人员进行信息化业务方面的培训，提高基层工作人员的操作信息化设备方面的素质，利用现有基层工作人员来达到维护农村农业信息化工作顺利进行的目的。为此，山东省政府结合基层站点建设，在党员远程教育、经信、农业信息员和基层农技人员、科技特派员、乡土人才和应届毕业大学生中选聘业务骨干人员组建了基层信息员队伍，以各级星火学校、培训基地、阳光工程培训机构、县乡农技服务机构、成人教育培训学校等为依托，加速基层信息员的培养。到目前为止，这些基层信息员的培养收到了应有的效果。

3.2.2.4 积极开展三个重大示范工程建设

按照三部委部署要求，在专家组的指导帮助下，重点抓好三个重大示范工程建设。

（1）开展科技信息服务示范工程建设。在农村农业信息化建设过程中，由于缺乏建设经验，各种建设规范和标准都没有完全成熟，为了避免各地方政府在信息化建设过程中各自为政，导致农村农业信息化形成无法完全对接的系统，影响农村农业信息化的实际效果，政府采取建设示范工程的做法有利于其他地方政府掌握建设的要点，避免对统一的建设规范可能会存在的漏洞与不足。通过信息化建设的示范工程，不仅可以加深建设人员对建设规范和标准的理解，同时，示范工程本身给建设人员提供了一次难得的实践机会，使建设人员能够深入了解和掌握农村农业信息化建设的标准和要求，并为他们的建设工作提供必要的经验。为此，山东省政府充分整合和利用综合服务平台、专业信息服务系统、专家服务队伍、基层信息服务站点和基层信息员队伍，组织开展卓有成效的农村农业科技信息服务。

（2）开展农村电子商务示范工程建设。电子商务是信息化过程中发展起来的一种重要的商业流通或消费模式，目前存在着B to B、C to C和B to C等模式，例如著名的阿里巴巴公司就是C to C的典型代表，目前已经在美国证券市场上市，成为中国在美国证券公司上市的市值最高的公司之一。客观地说，电子商务的兴起促进了一些新的行业的兴盛，其中最为重要的一个行业就是物流行业，同时，电子商务的兴起使得传统商业模式中起决定作用的商业门面或地产变得不那么重要了，也就是说，传统的地理位置决定租金的时代已经被电子商务模式所取代了。在这个意义上，农村更应当发展电子商务，因为在中国传统的社会结构中，农村一般是落后和交通不便的象征，即使有非常良好的农产品，也由于交通不便而无法很好地销售，而一旦进入电子商务模式之后，这种障碍就消失了，在电子商务的信息网络中，城市与农村实际上处于同等的竞争状态，城市的地理优势并不如传统模式下明显。有鉴于此，山东省政府依托专业公司，整合建设农村电子商务系统，重点面向农民、农村经纪人、合作组织、农业龙头企业等开展服务。

（3）开展农业物联网示范工程建设。物联网是信息化技术的最新发展趋势，尽管在20世纪50年代开始，就有信息专家提出了物联网的概念和范畴，但是受制于当时的软硬件条件，物联网很难在当时建立起来。而随着各种感应器和无线技术的快速发展，例如GPS信息、各种遥感信息、Wifi以及最新发展起来的4G无线技术等，为物体之间信息的互联互通提供了足够的硬件支撑，而随着信息领域的云平台等概念的提出和建设，制约物联网发展的软件限制也逐渐被突破了。如果物联网建设到位，那么人们就可以借助手机或电脑等终端设备，来了解所有物体在当前的信息状态，可以更方便地收集大量的信息，形成相关物体的大数据，有利于人们做出正确的决策等。考虑到物联网技术已经非常成熟，而且发展前景非常好，山东省政府依托山东联通和中国农大等优势单位，搭建农业物联网全省统一服务平台，为行业提供应用和服务支撑。

3.2.2.5　积极探索可持续发展服务模式

在农村农业信息化建设过程中，如果完全依赖政府主场进行投入建设，那么一旦政府的财政收入受到影响，或者政府有大量的不可预计的财政支出，那么就可能无法保证政府能够稳定地对农村农业信息化建设进行持续性的投入。不仅如此，在我国的行政体制下，行政领导的升迁需要靠引人注目的政绩，而一旦升迁完成，换新的行政领导，那么前任所留下的工作后任可能不会完全接受，后任也需要做出新的政绩来实现升迁的目的，这将会导致农村农业信息化建设的不稳定性。为了保证农村农业信息化建设的稳定性，一个非常重要的办法是引入社会力量加入到农村农业信息化建设过程中来，由政府采取适当的措施，以保证社会力量获得适当利润的方式引诱社会力量参与农村农业信息化建设，只要使参与的社会力量达到有利可图的目的，那么自然就会有社会力量愿意长期进行这项工作，保证农村农业信息化建设工程的稳定性。有鉴于此，山东省政府将市场机制引入到农村信息化建设过程中来是山东省的一大探索和尝试，有关通信运营商、具有丰富经验的信息技术企业和信息服务企业在政府引导下参与了示范省平台建设。在农村基层综合信息服务站方面，尝试“有偿农资销售+免费信息服务”服务模式，探索其可持续发展，使基层农村信息化建设与服务能够良性运转。

3.2.3　浙江“农民信箱”“万村联网”工程建设

浙江省地处中国东南沿海长江三角洲南翼，陆域面积10.18万平方千米，下辖2个副省级市和9个地级市，人口5 477万。浙江是中国经济最活跃的省份之一，至2013年人均居民可支配收入连续21年位居中国第一。浙江农村信息化建设起步早，分别于2005年和2007年在全省范围内开展“百万农民信箱工程”和“万村联网工程”，取得了良好的成效。

3.2.3.1　大力推进“农民信箱”工程建设与应用

“浙江农民信箱”工程是在Web1.0时代由浙江省最早推出的农村农业信息化建设工程。在Web1.0时代，无线网络还不太发达，移动终端还停留在概念阶段（因为移动网速太低，设备也比较昂贵），信息化建构的主要方式是建立网站平台，网站平台既是信息收集与发散的中心，同时，利用网站平台提供的网络资源，网站平台的使用者可以注册使用网站平台的网络资源，电子邮箱是其中最为重要的一项应用，相对于商业网站提供的邮箱服务，专业类网站平台提供的邮箱服务具有专业化的特征，还可以提供身份信息识别等诸多功能，另外，由于网站平台可以有效整合大量资源，使网站平台的使用者获得更方便的信息渠道。有鉴于此，浙江省有效推进农村信息化建设的重要途径，也是浙江省农村信息化建设的一大标志性成果。“浙江农民信箱”是在浙江省委、省政府领导下，由浙江省农业厅负责推动，在“数字浙江”总体规划的指导下，按照“以用促建”的建设思路，由浙江移动通信公司具体承建，于2005年9月开始在全省范围内正式实施的一项农村信息化建设工程①。

1）“浙江农民信箱”及其主要功能

“浙江农民信箱”（以下简称“农民信箱”）可分为系统信箱和普通电子信箱两个部分，均是实名制信箱。农民信箱的服务对象是农村居民、农业科技服务人员、各类农业企业及相关组织与人员。系统信箱是一种具有相应管理功能的电子信箱，注册用户可在任何有互联网接入地上网，收发信件，也可通过系统信箱发送手机短信；注册用户可以通过系统信箱非常便捷获取免费而可靠的科技服务信息、农产品供求信息和系统平台提供的服务信息等各类信息，也可以通过邮箱系统进行信息发布活动。普通电子信箱是注册用户用于与系统信箱用户以外用户进行邮件收发和信息交流的普通POP3电子信箱。由于“农民信箱”实行的是“实名制”，在邮箱系统发布的任何信息均能追溯，有据可查，这就有效地解决了长期以来困扰广大农村干群的信息不对称问题、农产品供求对接难问题、信息真伪问题及农产品网上交易中的诚信问题等各种信息服务难题。系统邮箱实际上是一个上下级之间的交流管理平台，在系统邮箱内可以整合许多的信息化功能，达到快速传递文件和相互传达信息的目的，不仅可以使上级更好更快地了解来自基层的信息，而且还可以使基层更好更快地了解来自上层和农村农业专家的信息，也可以有效地降低上下管理层之间的交流成本与费用，达到准确快速相互传递信息的目的。

“农民信箱”由注册农民自己掌握和使用，能够准确、真实而有效地反映农民生产和生活中的各种需求，促进了涉农企业、合作组织和农民需求之间的有效对接，同时，“农民信箱”也成为各级政府部门与广大农村居民之间进行联系和沟通的桥梁。“农民信箱”主要有以下六大功能。

（1）农产品的网上推销。农民通过注册农民信箱，可以通过农民信箱中的公开与自动推送功能，将农民生产的农产品通过农民信箱的渠道向网站平台传播，达到网上推销农产品的目的。这种方式不收取任何费用，只要农民学会了上网发邮件就可以实现农产品网上推销的目的，是一种非常方便的农产品推销方式。

（2）农产品和其他各类物质的网上采购。与此同时，农民也可以通过网站平台，利用发送邮件的功能来达到农产品和其他各类物质网上采购的目的。尽管在当今这个时代，这个功能已经被各种类型的电子商务网站所替代了，但是在当时电子商务网站还未改善的时代，农民信箱的这个功能设置确实起到了充当实际的电子商务网站的功能。

（3）用户间网上联系与沟通。除此之外，农民还可以通过农民信箱进行方便的联系

① 浙江省人民政府办公厅. 浙江省人民政府办公厅关于全面实施百万农民信箱工程的通知. http://www.zj.gov.cn/art/2005/10/14/art_12461_8439.html.

与交流，使得距离和空间不再是阻碍农民发家致富的主要因素。通过网上联系和交流，农民可以及时掌握各类商品信息，方便利用所掌握的信息安排来年的农产品生产，或者通过网站平台来联系工作。据统计，农民的工作机会绝大多数都是通过农民朋友相互之间的联系与交流实现的，这在中国既是传统文化的具体表现，实际上也体现了农民信箱功能的价值。

（4）农技服务、气候和农产品供求等信息的网上获取。在传统的农技服务中，农民在农业生产过程中，如果发现了自己无法解决的问题，都只能求助于农业技术服务人员，而如果农技人员距离较远，那么农民可能无法及时向农技人员求助。而一旦采用了农民信箱之后，农民只要发现了难以解决的农业技术问题，就可以通过农民信箱向农业技术人员发邮件求助，甚至可以直接向著名的农技专家求助。

（5）网上统计考核功能。在传统的农村社会调查活动中，调查研究者需要实地走访大量的地区和人口，才能获得足够多的一手资料，即使如此，这种获取资料的方式效率还是非常低下。如果能够合理利用农民信箱，那么就可以在很大程度上替代实地的调查研究，调查者可以方便地获得其想要获得的第一手资料，并且对获得的资料进行统计分析，方便做出正确的决策。

（6）政民间联系与沟通功能。中国共产党在联系群众方面有着非常悠久的传统。然而，在新时代，政民之间的联系与沟通却遭遇了许多问题，其中一个重要的方面是，农民的流动性增加了，农民不再固定在一个地区了，这加大了政府与人民之间沟通与联系的难度，使得干部和群众之间确实很难当面的沟通与交流。但是，通过农民信箱却可以在很大程度上改变这一趋势，通过电子邮件，政府与农民之间可以做到非常方便的沟通与交流。

2）*建设目标和任务实施*

浙江“农民信箱工程”的初期设计规模为100万用户，同时在线1万人，其基本建设目标是，通过三年左右的建设和推广后，到2008年年底，实现整个浙江省的注册用户达一百万户及以上，故该工程又被称为“百万农民信箱工程”。在此基础上，进一步通过软件升级、系统优化和功能拓展，力争将“农民信箱”系统建成为融农业科技服务平台、农产品电子商务平台与电子政务平台于一体的农村综合信息服务平台，推进三农事业多快好省地发展。为推进“农民信息工程”的建设与实施，浙江省规定了2005—2008年各个地区每个年度的具体任务指标，逐步有力推进农民信箱工程建设进度。其具体任务由省农业厅根据各市、县（市、区）的实际安排落实，并以各地使用“农民信箱”的实际效果为主，制定验收办法。

自从2005年浙江省启动实施百万农民信箱工程以来，三年多时间里，注册用户已经突破200万户，达成交易额51亿元以上，仅2008年年初举办的网上农博会就成交了2.7亿元。现在农民信箱已经成为浙江省“三农”领域最为普及的信息工具。

3）分步推广与应用

“农民信箱”系统平台的建设主要由浙江省农业厅和浙江移动通信公司承担，此外的通信运营企业参与部分建设任务；“农民信箱”系统平台建成之后主要由省、市（地）、县三级政府的农业部门承担日常维护和管理工作；“农民信箱”的关键任务则是推广和应用，这部分工作主要由广大乡村干部、农业科技服务人员、涉农工作者等来负责。

（1）制定实施方案。浙江省各市、县在省级统筹安排下，根据“一次规划、分步实施”的原则，因地制宜地出台本辖区详细而具体的实施方案，力保“农民信箱”系统的应用。所谓一次规划是指在省级政府的统一安排下，对农民信箱的建设工作进行统筹安排，合理规划各地区的建设计划，避免各地区之间建设工作因为相互竞争的原因而导致不兼容情况的出现，或者出现各地区之间为了相互竞争的需要而相互拆台情况的出现。但是，在一次规划到位的情况下，在实施过程中，还需要考虑具体实施的方案。在当前中国具体的国情下，如果完全按照规划方案来实施，可能在人力、物力和财力无法完全保障，结合中国的实际情况，只有分步实施才能完全满足规划方案提出的建设方案要求。这种实施方案不仅能够在实施过程中积累经验，而且可以根据实施情况随时进行调整，以效率和公平为基本准则来实现规划方案所确定的建设计划。

（2）注册登记。普通农户、种养营销专业户、农民专业合作社理事人员、涉农企业人员、农林水技术人员、涉农服务人员、机关工作人员等都可申请注册登记，由乡镇政府或县级以上农业行政主管部门审核后予以开户（根据系统运行情况，适时发展一批信誉良好的省外农产品购销加工企业为注册用户）。为方便农户申请，可由经过“农民信箱”基本知识培训的各乡镇联村干部、农村工作指导员、科技特派员、志愿人员、乡镇中学师生等，协助农户填写申请表。在注册登记的过程中，可能遇到的最大问题在于，如何让农民改变早已形成的习惯，让农民能够将自己寻求帮助的注意力从传统方式转移到电子邮箱的方式上来。事情的改变必然有一个过程，为了实现这一点，政府需要采取一系列的措施，通过积极引导农民来做政府所鼓励的事情，来达到引导农民做政府所期望做到的事情。在农村农业信息化建设的事情上，政府必须动员一切可以动员的力量，来引导农民对农民信箱进行注册，并通过对农民进行适当的教育，来达到逐渐培训农民习惯以农民信箱的方式来达到目的的习惯。

（3）组织培训。按照“分级负责、分类培训”的原则搞好“农民信箱”系统的应用培训，即从省到乡镇，分别由上级相关部门负责其下级部门的培训，对系统管理员、信息员、注册用户等培训对象进行分类培训。无论如何，农民在被政府进行系统培训之前，实际上既没有兴趣，也没有相应的能力来使用农民信箱实现既定的目的，为了实现政府确定的目的，政府需要对农民进行系统的培训。对培训的方案，可以采取分级负责、分类培训的方案。所谓分级负责是指对于不同的培训内容和培训对象，政府应当采取由不同层级的政府进行培训的方式，因为不同级别的地方政府掌握着不同的资源，只有通过分级培训才能合理地调用不同的公共资源，并以此实现政府所确定的不同目的。所谓分类培训是指对于不同的信息化内容，政府必须采用不同的方式进行培训。因为信息化的内容太多，如果不进行分类培训，那么农民实际上根本无法完全在一次性的培训中掌握信息化的内容。只有以分类培训的方式进行培训，才能保证农民充分掌握信息化技术所要求的技能，从而最终实现政府所预定的目标。

（4）完善有关政策。即使政府在实施上述政策之后，还是存在着许多无法预测的问题。因为在信息化建设实践过程中，总是存在着许多在建设之初所无法预测的问题，这些问题只有在实践过程中才能发现，而一旦在实践过程中发现了这些问题，在法治社会中，政府并不能如个人在社会生活中一样马上进行修补，而必须通过制定相关规则的方式进行修补，也即是制定相关政策对政府先前制定的建设政策进行完善。这种做法在中国政府执政过程中拥有悠久的传统，而且这种传统在中国的社会体制下有特定的作用。在农村农业信息化建设过程中，存在着与此类似的问题，为了解决农村农业信息建设过程中存在的问题，浙江省政府在系统运行的前两年，由浙江省政府对系统平台建设给予一定数额的建设运营补助，“农民信箱”的各项功能和服务对农民群众等注册用户完全免费。系统运行满两年后，“农民信箱”的基本功能和服务对注册用户原则上仍免费，而发送手机短信则根据具体情形在给予优惠的情况下收费。

3.2.3.2 积极推进“万村联网”工程建设

万村联网工程是浙江省成功实施百万农民信箱工程之后，推进和拓展农村信息化应用的又一载体。“万村联网”工程是浙江省在2007年开始提出并在该省全面实施建设并推广应用的一项新的农村信息化建设工程。“万村联网”工程以网站集群技术为依托，建设乡村基层网站群，并以此为基础建立起农村基层信息服务体系，有力促进涉农信息资源的整合，也便于农村信息化建设过程中统一规范、统一建设和统一监管。万村联网工程实际上是在Web1.0时代由政府推动建设的一项信息化工程，其建设思路主要沿用Web1.0时代的标准思路，以建立各种类型的网站为基础，并以网站为节点，用互联网将这些网络节点联系起来，一方面可以起到宣传的作用；另一方面可以方便其他主体查找相关的信息，也就是说，能够有效地宣传自己，同时也能够使自己更好地从这种宣传中受益。根据农村农业信息化建设的要求不同，农村基层网站的主要类型有三个，即行政村、农业企业和涉农服务性企业。不同类型的主体对网站有不同的功能需求，为了解决这个问题，浙江省政府为此提供了三个完全不同的建设模板，以达到分类建设的目的。

浙江省万村联网工程是浙江省农村信息化建设的实事工程，主要是为行政村、涉农企业和农家乐建设网站提供模板，为其提供自助建站服务，促进基层信息主体上网，相应地根据建站主体角色的差异，分为新农村、农业企业、农家乐三个模板。建立网站、注册域名是免费的，网站的维护也由省里统一买单，是一项全力惠农的服务。浙江省万村联网工程的建设和推进，极大地解决了农村信息化“不接地气”的难题，有助于涉农企业、农家乐等组织拓展新的经营途径，树立良好的网上形象，开辟新的农产品营销方式；同时，也有利于行政村的村务公开及行政村之间的交流沟通，促进特色产业发展等，积极推动农业增效、农民增收和农村发展。

根据2014年3月统计结果，已经有26 725个行政村（约占浙江省行政村总数的93.8%）通过浙江省万村联网工程建立起了子网站（网页），实现了“万村”的联网目标[①]。但是，在万村联网工程建设过程中，正值移动互联网发展兴盛的时代，这种以Web1.0时代的理念为基础的联网工程，遭到了许多人的质疑。首先，在农村基层建设网站，由于信息源头比较少，容易导致网站更新速度不快，甚至有些网站从建好之后就再也没有更新过，成为所谓的“僵尸网站”。其中的原因可能并不是经费问题，而是将网站层级建立在最低层，有先天性的信息来源不足的缺陷，如果采用物联网的形式则可以合理解决这个问题，也即是将基层相关对象作为信息的源头而形成的高级网络系统。其次，万村联网工程的建设理念比较落后，没有做到与时俱进。在移动互联网兴盛的时代，完全没有必要在基层建设网站节点，而应当采用另一种建设模式，即物联网的建设模式，将农村基层对象当作信息对象，以无线设备追踪这些对象的行踪信息，然后在高层级建设信息平台或者移动信息平台，使任何拥有手持电子设备的人都可以随时追踪信息对象，达到收集信息，对信息进行统计分析的目的。

3.3 大数据背景下我国农村信息化建设现状

3.3.1 我国农村信息化建设的主要成就

3.3.1.1 农村信息化建设环境不断改善

（1）政府对农村信息化建设的重视程度不断提高。由于长期的“城乡二元”经济社会结构的存在及农业产业本身的“弱质性”、农村区域的“封闭性”与“落后性”及农民的“低素质”和“保守性”，我国三农发展长期受到各种因素的制约。农村信息化建设为三农发展提供了前所未有的发展机遇，也为城乡统筹发展提供了一条切实可行的途径，特别是国际信息化浪潮冲击下和其他领域信息化快速推进的带动下，农村信息化建设经过近三十年的发酵，越来越受到各级政府的高度重视。自2004年中央1号文件要求为三农发展提供信息和提供信息服务以来，到2014年连续十一个中央1号文件均将农村信息化及相关内容作为三农发展的重要内容，而且文件对农村信息化的重视程度日渐

① 董越勇．增强万村联网工程新农村网站信息交流功能实现途径的探讨 [J]．浙江农业科学，2014（6）：943-945.

深化。2014年中央1号文件继续延续了对农村信息化建设的重视，文件指出要“建设以农业物联网和精准装备为重点的农业全程信息化”，还特别提到“启动农村流通设施和农产品批发市场信息化提升工程，加强农产品电子商务平台建设”。所谓农业物联网是指将能够感应并传递农业对象信息的传感器固定于信息对象上，通过信息收集设备对信息对象发射的信息进行统计分析，形成关于农业信息对象的大数据，同时，还能够跟踪农业信息对象的即时信息，达到即时有效监控农业生产过程的目的。例如在生猪生产过程中，在每一头仔猪出生后，就由政府投资在每一头仔猪上植入GPS的定位装置，然后在生猪生产监控部门建立生猪生产的监控中心，通过对GPS信息的统计、分析和跟踪，达到生猪安全生产的目的。在后期，如果还能够在GPS芯片中加入其他传感器，例如体温、心率和其他生猪体感信息，就可以监控生猪是否患上了疾病，达到及时医治或预防疾病传播的目的。所谓农产品电子商务平台是指建立农产品展示、销售、物流三位一体的农产品网上平台销售渠道或模式，扩大农产品销售途径或渠道，达到增加农民就业和农民收入的目的。应当说，这都体现出中央对农村信息化建设的认识由最初的一般性、原则性的指示向更具专业性、可操作性和可行性发展。各级政府部门也纷纷在各自的职能范围内探索农村信息化建设，全国各地也根据各自的实际情况积极探索适宜本地的农村信息化建设模式，各级各地政府对农村信息化建设的财政投入也日渐增大，农村信息化建设的宏观环境得到了极大的改善。

（2）各类社会力量纷纷助力农村信息化建设。农业科研院所、农业院校等涉农科教单位利用自身优势深度通过涉农信息技术开发与推广、信息咨询与服务及人才培养与输送等形式深度介入农村信息化建设，如湖南农业大学承担了湖南省国家农村农业信息化示范省综合服务平台的研发，并在湖南省农村信息化服务方面承担了特殊地位。各类企业逐渐认识到农村信息市场的深厚潜力，开始着眼于长远利益，积极参与和主动布局农村信息化建设，通过建设农村信息设施与项目、搭建交流与交易服务平台及提供农村信息产品和服务等形式，实现业务运营与社会责任的双赢。湖南农业大学建设的信息化综合服务平台，主要是利用湖南农业大学作为农业科研的优势地位，努力实现湖南农业大学服务社会、服务三农的社会定位，在湖南农业大学设立网站平台，利用最新化的信息技术，设立三农信息服务的呼叫中心，在收到三农信息的呼叫之后，信息平台调用专家数据库的相关成员，由相应的专家对呼叫的信息进行专门应答，达到服务三农的目的。毫无疑问，湖南农业大学建立综合信息平台的做法，不仅顺应了时代的要求，更体现了党和政府对农村农业信息化建设的关心和支持。除此之外，各类农民专业合作组织、专业大户和个体农户的信息化意识和信息化素养不断增强，通过信息化改善生产和生活条件的技能不断增强，对信息化接受程度也不断提高。农村信息化建设微观环境和具体环境也得到了极大的优化。随着三大运营商在农村逐步加大了农村农业信息化基础设施的建设与投入，现在的农村也如同城市一样，能够享有原来城市才能享有的信息化基础设施，例如宽带和移动互联网络等，现在的农村与城市之间的差距就远不如以前明显了，这无疑是作为国有企业，同时，也是最重要的社会力量的参与所导致的结果。

3.3.1.2 农村信息化基础设施建设扎实推进

为推进农村信息化建设，我国政府投入了大量的人力、物力和财力致力于农村信息化建设的“最后一公里”问题的解决，通过电话村村通工程、广播电视村村通工程、宽带村村通工程等一系列重点工程项目的建设，不断夯实了农村信息化发展所需的基础设施。

（1）农村电话网络覆盖面继续扩展。农村电话网络主要是指农村固定电话网络和农村移动电话网络。中国农村的电话网络建设速度一直不太理想，在城市优先的政策下，城市率先建立了固定电话网络，在城市已经完全普及固定电话网络之后，才开始向农村倾斜建设固定电话网络。而实际上，在这个时期，固定电话网络已经在全世界开始走下坡路了，世界正在被移动通信网络所主导。在这种情形下，农村电话网络建设如果要赶上时代的步伐，必须是固定电话网络与移动电话网络同时建设，同时，还要以移动电话网络为中心进行建设，否则就可能出现这样的局面，即刚在农村建好的固定电话网络就有面临着被淘汰的风险。有鉴于此，由信息产业部于2004年推行的“村村通电话工程”成绩显著，到2012年年底，全国范围内全部行政村达到了村村通电话的建设目标，95.2%的20户以上的自然村实现了“村村通电话”目标。信息产业部所主场的这些建设工作，很好地贯彻了上述精神，在条件较好的村，固定和移动电话网络并重，而在条件较差的村，则以移动电话网络为优先建设的项目。

（2）广播电视网络覆盖面持续扩大。农村相对于城市的一个最大的区别在于，城市人口密度大，居住比较集中，广播电视网络的建设比较容易形成固定的有线网络，城市居民也能够更好地享受电视服务。而在农村地区，由于农村居住比较分散，建设固定的有线网络投资太大，不符合建设的经济效率原理。为了提高农村的广播电视网络覆盖面，使每个自然村都能够看上电视，同时，又能够以合理的投资规模来实现，政府就必须采用多种不同的模式来建设广播电视网络。例如在城市郊区结合部，由于距离城市较近，可以采用固定有线网络的建设方式，而在距离城市较远的村，则可以采用微波传送的模式，而在一些更为偏远的地区，政府则可以推广使用卫星接收的模式来达到电视直通村庄的目的。正是基于这种建设模式，截至2013年年底，12个省（区、市）已提前完成“十二五”广播电视村村通建设任务，8个省（区）基本实现户户通，全国农村广播电视由村村通向户户通升级[①]。

（3）农村互联网普及推广速度加快。在互联网建设初期，大多数网络基础设施建设都采用普通电缆进行数据传输，容量比较小，从而导致信息传递速度相当低，即使是

① 杨明品．中国广播电影电视发展报告（2014）[D]. 北京：社会科学文献出版社，2014.

在城市，居民们所享受的互联网质量也不太高。而进入21世纪之后，随着互联网传输技术的提高，传输基础网络一般都由光纤进行替代，这大大提高了信息传递的速度。而恰恰是在这个时期，中国政府提出要在农村实现信息化，因此，实际上农村信息化建设赶上了一个好时代，赶上了一次可以与城市信息化齐头并进的机会，不仅可以借助这个机会大举提高固定网络的传输速度，而且可以赶上移动互联网发展的最佳契机，实现城市与农村信息化建设的一体化。2010年，我国实现了“乡乡能上网”的目标，3G网络覆盖到全国所有乡镇，到2013年年底宽带覆盖了91%的行政村，宽带接入农村用户超过了4 700万户。截至2014年6月，我国网民中农村网民占比 28.2%，农村网民规模达 1.78亿，较2013年年底增加 169万人①。14部委联合发文实施宽带中国2014专项行动，目标之一是继续推动农村宽带普及，帮助农村和偏远地区的民众跨越地理鸿沟，享受和城镇居民同等的数字机遇，农村互联网将得到进一步的普及与推广。

（4）信息终端设施拥有量增长迅猛。在信息化基础设施建好之后，还必须向农村大力推广各种信息化终端设备，才能帮助农民真正过上信息化的生活。但是，考虑到农村的消费能力有限，可能无法负担更多的信息费用，为此政府可以采用大量的补助政策，例如家电下乡的政策，来达到大力推广信息化终端设备的目的，不仅能够提高农村信息化终端设备的普及程度，而且有利于扩大内需，促进中国电子制造业的快速发展。随着农村经济社会的发展，农村信息化发展所依赖的电视机、移动电话及电脑等信息化终端设施拥有量大幅增长。截至2012年年底，每百户农村家庭彩电拥有量达116.9台，比2007年的94.4台增长了23.8%；移动电话达197.8部，比2007年的77.8部增长了154.2%，手机不仅是农民进行通讯和信息沟通的主要工具，还是其上网的主要设备，截至2013年12月，农村网民中手机上网的比例达83%，比城镇还高3.3个百分点；计算机达21.4台，比2007年的3.7台增长了478.3%②。

3.3.1.3 农村信息化资源开发取得实效

所谓农村信息化资源开发是指涉及农业、农村和农民的信息数量和类型，涉及农业、农村和农民的信息采集渠道，涉及农业、农村和农民的信息数据库以及涉及农业、农村和农民的网站平台等与信息化相关的资源建设与发展。农村信息化资源开发与农村信息化的基础设施建设构成了农村农业信息化建设过程中的两个方面，一方面为农村信息化的硬件部分（农村信息化的基础设施建设），另一方面为农村信息化的软件部分（农村信息化的资源开发）。农村农业信息化缺少其中任何一个部分都不可能获得快速有效健康的发展，在农村信息化基础设施建设已经到位的前提下，农村信息化资源开发具有非常重要的意义。经过长期的努力，我国农村信息化资源建设取得了显著成绩。主

① CNNCI：《第 34 次中国互联网络发展状况统计报告》，2014 年 7 月 .

② 国家统计局 .2014 中国统计摘要 [D]. 北京：中国统计出版社，2014.

要表现在以下几个方面。

（1）各类涉农信息资源数量和种类日渐丰富。在未信息化之前，农村要获得与三农相关的数据资源，一般需要到城市的图书馆去查找相关的资料，考虑到城市在人口和资本密集的优势，图书馆一般都建设在城市，也只有建设在城市，才能充分发挥图书馆的应有作用。然而，信息化时代的到来可以彻底改变这一点，因为可以将城市图书馆所拥有的书面资源，通过一定的技术手段转化为电子数据，然后通过网站平台或其他方式来进行传播。这种数据的电子化，彻底改变了农村与城市之间的生态状态，城市在地理区域上的优势不再存在，农村同样可以享有只有城市才能享有的数据资源。有鉴于此，国家在农村建设了一大批农村电子文献馆藏目录、涉农电子书刊、涉农电子参考工具书和一批涉农数据库。农家书屋建设取得明显成效，在2012年农家书屋实现了全覆盖，全国共建成达到统一规定标准的农家书屋600 449家，2013年农家书屋开始探索数字化转型，经过一年实践，全国各地目前已建成各类数字农家书屋1.75万个，其中卫星数字农家书屋超过1.5万个[①]。

（2）涉农信息资源采集渠道更加完善。在传统的农村信息采集渠道中，一般需要在农村基层社会设立信息采集员，由信息采集员在完成采集之后，通过层层上报，将信息汇总至一定的行政部门，由行政部门对信息进行归纳分析统计，然后形成报告供决策部门参考。然而，这种传统的信息采集方式具有一些难以克服的弱点，首先是信息采集比较慢。由于信息采集之后需要传递的层级和距离比较多，因此信息传递是比较慢的。其次，信息采集或统计口径不统一。不同地区的基层工作人员可能采用不同的信息采集或统计标准，导致最终形成的信息源在形式上不统一。最后，信息在传递过程中可能存在着失真现象。然而，这些问题在信息化时代来临之后都会得到很大的改善。因此，自1990年以来，我国逐步加强了农村信息采集工作，建立起较为完善的农村信息采集渠道和网络，农业部在全国农业系统内建设了近40条农业信息采集渠道，涵盖了农村主要行业和领域，部署信息采集点8 000余个，建立了涉农信息资源采集制度和机制，及时报送和发布农村各行各业和各个环节与领域的信息。

（3）涉农信息数据库逐渐成体系。在中国传统的政治哲学中，没有调查就没有发言权是一个至关重要的指导思想。然而，即使是做出了大量的调查研究，也可能由于数据本身不全面等原因而导致无法做出正确的决策。而在信息化时代，只要人们将大量的数据整合为电子数据，形成大规模的数据资源，就可以形成可供方便查询的数据库。在数据库建设方面，我国城市已经走在了前列，受农村政策环境的影响，三农数据库的建设相对于城市而言已经远远落后了。为此，我国现已建成大型涉农中文数据库达1 000余个，涵盖了农业生产、国土资源、环节保护、民生管理等农村经济社会发展的各方面。

---

① 盘点 2013 农家书屋工程 .http://www.chuban.cc/special/17952/17980/201312/t20131230_151709.html.

（4）涉农信息网站建设健康发展。尽管在Web3.0的时代，建立涉农网站平台似乎已经无法跟上世界信息化发展的步伐，现代社会中，移动互联网才是世界信息化发展的主流，然而在中国现实的环境和条件下，涉农网站的建设发展还是具有相当重要的意义。即使移动互联网现在已成为发展的主流，但是无论如何，如果离开了网站平台，那么移动互联网也会成为无源之水、无本之木。只有保障涉及信息网站平台的健康发展，才能更好地在此基础上发展新一代的移动互联网平台，紧跟世界信息化发展的潮流。因此，随着互联网不断向农村扩展和渗透，三农网站驶入发展“快车道”。目前，我国涉农网站已达4万多家，形成了包括政府农业网站、涉农企业网站、农民合作组织网站、涉农信息服务网站、农民个人网站等各种类型的网站体系，涉农网站涵盖了种植业、水产养殖业、园林花卉业、农副产品加工业等各个行业及农业生产和生活的各个领域与环节，提供社会新闻、涉农政策、农产品价格与行情、农业科技服务、教育培训、日常生活等各方面的信息资源。

3.3.1.4　农村信息化服务组织体系逐渐完善

农村信息化服务组织体系是指为了保证农村信息化作为一项公共品或公共服务满足三农发展的需要而必须设立的组织机构及相互关系，也是农村信息化运转过程中作为信息化服务的提供者和管理者按照何种方式进行组织的问题，以及提供者和管理者具有何种法律身份的问题。农村信息化基础设施建设是农村信息化建设的客观基础，而人却是农村信息化建设过程中最为重要的因素。如果农村信息化组织机构不健全，那么农村信息化服务的水平将会受到严重的影响。

（1）农村信息化服务组织管理与协调机构不断健全。一方面，建立起了农村信息化建设管理与服务的日常组织体系，形成了从中央到地方[部委、省（区、市）、市、县（区）]呈金字塔状的农村信息化管理服务队伍，专门负责本辖区和职责范围内农村信息化建设与服务的组织管理工作。为了加强农村信息化建设的管理与服务工作，国家加强了农村信息化管理与服务队伍的建设工作，不仅在各级政府配备了相应的农村信息化管理和服务人员，而且增加财政预算，将这些人员的工资或补贴纳入财政支持的范围。另一方面，建立起了一些非常设的农村信息化建设的协调和服务机构，为整合农村信息化建设的力量，各级各地政府纷纷建立了由政府主要领导或主管领导挂帅的农村信息化建设协调领导小组（名称不尽相同）。在中国的行政体制下，由于行政区划的原因，农村信息化建设过程中难免会出现相互重叠或相互冲突的情况，经常导致农村信息化的重复建设，或者导致比较严重的利益冲突（可能会演化为人身或财产上的矛盾与冲突）。为了解决这个问题，在农村信息化建设过程中，配备农村信息化建设协调和服务机构是完全必要的，这个机构的存在可以起到相互沟通与协调的作用，将农村信息化建设过程中可能会出现的矛盾与纠纷解决在开始阶段。

（2）农村基层信息服务组织体系日益完善。经过长期的努力，我国现已建成了“县有信息服务机构、乡镇有信息服务站、村有信息服务点”的农村基层信息化服务组织体系。农村基层信息服务组织体系应当采用金字塔状的结构，即在村设立信息服务点，方便村民使用信息化设备；在乡镇设立信息服务站，遇到村信息服务点无法解决的问题，则可以到乡镇信息服务站寻求帮助；在县设立专门的信息服务机构，配备专业的信息服务人员，将村和乡镇两级信息服务机构无法解决的问题提交县级信息服务机构解决。采用这种信息服务体系，可以有效地利用有限的信息资源，同时，还可以方便农民使用信息化服务。

（3）搭建了各类惠农信息服务平台。在农业部领导下，各地农业部门充分利用电话、电视、互联网等信息载体，搭建了适于当地农村经济社会发展需要的信息服务平台。中国移动、中国联通、中国电信等电信运营商也因时而动，顺应农村信息化建设的潮流，打造了“农信通”“农业新时空”“信息田园”等信息服务平台。越来越多的涉农企业、农民合作组织也通过自身的信息服务平台开展电子商务、农业科技信息服务等活动。由于有电信运营商的加入，使得以前完全由政府推动的农村信息化建设有了社会力量的参与，这同时也体现了我国的国有企业所应当具有的社会责任。为了促使电信运营商有足够的动力加入到惠农信息服务平台的建设中来，政府采取了一定的补贴政策，即对在农村进行信息化建设的电信运营商，如果其建设的信息化服务平台收到了一定的绩效，那么政府将按照一定的标准对其进行财务上的补贴，以激励电信运营商为农村信息化提供更好的服务。

3.3.1.5 农村信息技术应用日渐深入

（1）现代农业信息技术得到了更为广泛的推广和应用。以GPS、GIS、RS等技术为核心的精准农业逐步得到了推广和应用。GPS是一种卫星定位工具，由美国航空航天局开发，原来是作为军事用途，后来被广泛使用于民事用途。通过接收GPS卫星信号，可以确定接收器在地球上的位置（可以经纬度表示）。利用这个原理，GPS可以广泛使用于农业领域，尤其是农业安全生产领域，例如通过在生猪体内植入GPS定位器，可以监控生猪生产、流通和消费的整个环节。GIS是地理信息系统，是一种特定的十分重要的空间信息系统。它是在计算机硬件、软件系统支持下，对整个或部分地球表层（包括大气层）空间中的有关地理分布数据进行采集、存储、管理、运算、分析、显示和描述的技术系统。位置与地理信息既是LBS的核心，也是LBS的基础。一个单纯的经纬度坐标只有置于特定的地理信息中，代表为某个地点、标志、方位后，才会被用户认识和理解。用户在通过相关技术获取到位置信息之后，还需要了解所处的地理环境，查询和分析环境信息，从而为用户活动提供信息支持与服务。RS为遥感技术，通过人造地球卫星上的遥测仪器把对地球表面实施感应遥测和资源管理的监视（如树木、草地、土壤、水、矿物、农家作物、鱼类和野生动物等的资源管理）结合起来的一种新技术，即使用空间运载工具和现代化的电子、光学仪器，探测和识别远距离研究对象的技术。

（2）农村信息化公共服务向村镇延伸或扩展。越来越多的地方通过开发电子政务平台为广大农村居民提供信息化公共服务，利用电子政务平台或依托乡村网页、信息服务站、信息终端设施等渠道，将服务窗口和网络向乡村延伸和扩展，提供民政、医疗、社保、治安等“一站式”公共服务，并可实现村务、政务公开透明，有利于民主管理和有效监督，极大地便利了农村居民的生活。农村公共服务信息化是公共服务提供在农村发展的一种新趋势。在传统情形下，由于城乡二元体制的限制，加之城市与农村在地理位置上的差异，资源集约程度的不同，导致公共服务在城市与农村之间出现不均等的状况，而农村公共服务信息化有助于改变这一点。因为在农村公共服务信息化之后，只要农民拥有信息化终端设备，农民就可以与城市居民一样享有几乎完全均等的公共服务，在信息化平台面前，城乡二元体制和城乡地理位置上的差异几乎可以忽略不计。正是由于这个原因，政府大力推进农村公共服务信息化。在政府的大力推动下，农村信息化公共服务逐渐向村镇延伸或扩展，这种延伸或扩展获得了农村居民的支持和赞赏。

3.3.2　我国农村信息化建设存在的问题

在中共中央、国务院的重视，各级党委政府的支持下，近十多年来，我国农村信息化建设取得了比较显著的成绩，为农村信息化的大发展、大繁荣，为三农问题的解决打下了扎实的基础，但是也面临着一系列亟待解决的问题。

1）当前社会对农村信息化建设存在认识误区

（1）对农村信息化建设的重要性程度认识不足。由于信息化建设开始于城市，而且是率先从发达国家发展起来的，在世界许多国家中，信息化也主要相对集中于城市，因为只有在城市中才能达到信息化建设所需要的人口和资源集约程度，投资者才能从信息化建设投资中获得相应的收益。在人口和资源都不太集中的农村进行信息化建设，在许多资本主义国家的投资者看来是不符合市场规律的。实际上，这种观念也在中国许多人的头脑中存在，认为在农村投资建设信息化基础设施没有投资上的价值，其投入和回报严重不成比例。不仅如此，就是身居农村的农民也认为这种投资是可有可无的，因为在现在的农村，青壮年劳动力大部分都在城市打工，在农村中主要的常住人口是老年人和未成年人，对于老年人而言，没有使用信息化资源的习惯，也没有实际必要性，对于未成年人而言，其使用信息化资源的主要目的是学习和娱乐，学校建设的信息化设备完全可以满足这些人的需要，完全没有必要再在农村进行大规模的信息化基础设施建设。另外，在相当部分农村基层干部和群众看来，信息化还比较罕见和陌生，存在一定的疏离感，大家普遍对农村信息化在农村生产生活、城乡统筹发展、公共服务和社会管理中的重要作用认识不清，尤其是农村信息化建设周期长、见效慢，建设过程中并不能马上带来经济效益，对GDP增长作用不明显，于是认为农村信息化不高也罢；也有人认为从长远看来农村信息化建设很有必要，但目前搞农村信息化还为时过早；还有人认为农村信息化建设在发达地区搞搞还可以，落后地区就没必要搞了等。

（2）对农村信息化建设主体认识不清。在对农村信息化建设存在误区的情况下，对农村信息化建设主体的认识也存在着相应的问题。尽管在每年的中央1号文件中，中共中央国务院都提出了要加强农村信息化建设的口号，要求各级党委政府加强认识，切实提高农村信息化的水平。然而，这些政策并没有配套的措施或资金支持，导致各级党委政府之间相互推诿责任。在这种情形下，即使有基层政府做出了成绩，也可能会因为权责不一致，而将功劳归于上级党委政府。而在农村社会中，由于农民对农村信息化建设本身没有直接的需要，如果政府要求农民支持经费来进行信息化建设，是不会获得农民支持的，如果强行推广，则有可能会被认为是在加重农民负担。因此，有人认为农村信息化作为一种公共品，理应完全由政府负责，所有投入由政府承担，忽略发挥社会力量的作用；也有人认为农村信息化完全可以交由市场建设，可以经由市场化的途径实现信息化资源的配置，这种观点完全忽视政府在农村信息化建设中的责任。一段时间内曾有一些企业盲目进入农村信息化服务领域，结果得不到期望的经济效益，不得不退出，甚至走向另一个极端。也有人认为农村信息化建设是一项宏大的工程，经费不菲，所以跟农民个体没什么关系，农民在农村信息化建设中起不了什么作用，甚至有人认为农民只要不起反作用和阻碍农村信息化建设就可以。

（3）在农村信息化建设过程中重硬件建设轻软件建设，重开发轻应用，重建设轻维护。除了上述两点之外，农村信息化建设过程中还存在着重硬件建设、轻软件建设的现象。这种现象的出现与中国传统的行政体制紧密相关，因为在基层政府的管理活动中，领导是需要政绩来为自己的升迁做准备的。中央号召的农村信息化建设无疑给出了政策上的支持，然而基层政府的政绩还是需要一些看得见、摸得着的东西来显现的，在这种情况下，农村信息化硬件就是能够显示政绩的最好东西了。相对于信息化硬件，信息化软件具有看不见、摸不着的特征，而且还容易采用一些盗版的软件，不容易量化为基层政府所需要的政绩。除此之外，信息化软件建设需要长期的投入和维护，例如农村信息化网站平台建设，除了一些最为基本的硬件设施之外，农村信息资源的采集就需要长期维护，否则网站平台就不会产生应有的作用，更重要的是，这种长期维护不容易显示为领导们的政绩。一些人认为，所谓农村信息化建设就是建几个网站或网页，配一些电脑和设备，搞几个机房和中心，所以有些地方把从上级千辛万苦争取来的经费热衷于买电脑、建网站、建机房等，然而一段时间后这些设施逐渐瘫痪，因为有了电脑，人们的操作和维护技能跟不上，有了网站却没有适合三农发展的信息资源，甚至由于没有维护，一些网站长时间没有更新进而成为“僵尸”网站，一些机房或中心没有相应的制度和机制而被闲置等。

2）农村信息化建设的“最后一公里”问题依然存在

以农村信息化基础设施建设和信息进村入户为主要内容的农村信息化“最后一公里”问题依然是我国农村信息化建设有待攻克的一大难题。农村信息化建设的“最后一公里”是指农村信息消费者通过终端接入互联网从而享受农村信息化公共服务的情形。“最后一公里”问题主要表现在农村消费者缺乏足够的意愿接入互联网，互联网接入地点距离农村消费者的终端之间的信息化网络无人愿意投资建设，在某些地区，即使有足够的农村消费者愿意接入到互联网，由于使用者不愿意学习信息化使用技术而导致终端设备被闲置或者用作其他用途。尽管目前我国在农村信息化基础设施建设方面取得了丰硕的成果，但是这绝不意味着“最后一公里”问题已得到彻底解决，现在为之欢呼还为时过早。当前我国农村信息化基础设施建设还存在以下几大难题。

（1）农村信息化基础设施建设的失衡。首先是在地区失衡，东部地区、中部地区、西部地区由于在经济发展水平、资源禀赋、地理区位、交通状况、人力资源数量和质量等各方面存在差异，这使得我国农村地区信息化基础设施建设在地区间呈现出失衡的现象，特别是广大西部地区和偏远山区、边境地区农村信息化基础设施建设水平还比较低。农村信息化基础设施地区失衡的原因与以下几个因素有关。

① 与地方政府的财政收入相关。尽管对于农村信息化建设地方政府负有直接的建设责任，而且中央政府还对地方政府专项财政转移支付，但是由于在某些贫困县地方政府财政收入非常紧张，挪用专项资金是常有的事情，导致本就资金严重不足的农村信息化建设资金更加紧张。而在地方政府财政收入较为宽裕的地区，不仅中央政府的财政转移支付可以获得充分利用，而且地方政府还可以对其进行配套补贴，由于资金充足，农村信息化基础设施建设就自然不可同日而语。除此之外，不同地区的农村消费者对信息化的需求也是导致地区之间失衡的主要原因。在经济较为发达的地区，农村居民不仅有更加旺盛的信息需求，而且文化水平素质也普遍较高，农村居民对信息消费的强烈需求不仅给当地政府以巨大压力，而且也可以吸引电信经营者对农村信息化基础设施建设进行投资。

② 城市与乡村间失衡。农村的宽带普及率、计算机、手机、固定电话等设备的拥有量、广播电视覆盖面仍在相当程度上低于城市的发展水平。农村与城市间的这种失衡在一定程度上是正常的，毕竟城市的人口多、对信息资源的需求大，而且城市消费者能够利用信息资源创造更多的社会财富。将更多的信息化资源配置到城市无疑是满足信息化建设效率原则的。然而，值得注意的是，农村的信息化建设问题不仅仅是一个效率问题，同时也是一个公平问题。因为在历史上，中国农村对中国城市化建设做出了巨大的贡献，即使在现在，农村也充当着保障粮食安全和吸纳农民就业等社会功能。因此，即使农村信息化建设不符合效率原则要求，政府也必须加强农村信息化建设，提高农村信息化水平，缩小城市与农村在信息化水平方面的差距。

（2）基层农村信息化基础设施建设水平低。广播电视、宽带、电话很大程度上实现了“下乡进村”，但是往往没能“入户”，由于信息终端设施的价格太高、功能不实用或者农民购买力低等，导致农民的信息终端设施特别是电脑的拥有量低，使农民接受现代网络信息极为困难，由村到户这“最后500米”的任务依然艰巨。出现这种状况的原因主要有：一是农民的人均纯收入确实很低，在满足基本日常需要的情况下，根本就没有足够的剩余钱来消费信息化服务。二是农村也确实没有信息资源方面的强烈需求。在很多农村地区，还是采取传统的耕作方式，不需要借助现代农业科技来提高产量，而且即使有这个方面的需求，农业科技能够提高产量的范围也非常有限，远远不能与信息资源消费的成本相比。三是政府并没有对信息化终端的消费进行足够的现金补贴，也就是说，政府并没有以巨额补贴的方式来引导农村进行消费信息化服务。

（3）农村“三网融合”实施难度大。“三网”在农村难以融合的主要原因可能在于，一是不同网络由不同和利益集团操纵，既得利益者都不想放弃自己的利益，导致“三网”在有利可图的地区进行大规模的重复建设，而在无利可图的地区则都不参与建设，使之成为信息化的不毛之地；二是有许多农村地区确实没有信息化方面的强烈需求，农村信息化建设是在政府的强力主导下推进的，为了配合政府的建设甚至是政绩需要，“三网”可能会参与进行一定规模的建设，但是如果要将“三网”完全融合，统一信息化可用资源却不是地方政府单独能够做到的事情，必须要有高层政府做良好的顶层设计。实现广播电视网、互联网、通信网的“三网融合”，避免多头建设和重复建设，是一条低成本、高效率的农村信息化建设之路。但是由于不同主体间存在部门体制利益分割、运营商行业保护与垄断行为及相关政策与法律的缺位等方面的掣肘，导致“三网融合”的推进速度在一定程度上受到了延缓，破除“三网融合”的发展障碍的难度依然很大。

3）*农村信息化建设的“最初一公里”问题依然严峻*

所谓“最初一公里”是指可以转化为电子信息的实体资源比较稀缺的状况。农村信息化的目标是将实体性资源电子化，然后借助于互联网传递信息快速无差异化的特征达到公共资源共享的目的。在这个过程中，最为重要的是如何将实体资源转化为电子资源，在农村信息化建设过程中，这个最重要的步骤同时也是最困难的步骤。因为在农村严重缺乏相关技术人员，也缺乏信息采集汇编人员，这些都直接导致农村信息化建设过程中信息传播无法最终落地，出现了许多无法使用或者使用价值不高的网站平台。相比于易于得到广泛关注和受到重视，并已取得一定成效的农村信息化建设的“最后一公里”问题，以信息资源开发和利用为核心内容的“最初一公里”问题也已成为制约农村信息化建设的最大瓶颈[①]。其具体包括：

（1）信息资源开发利用程度低。一方面，农村信息资源供给总量不足。这里所指

① 李道亮．农村信息化新阶段的“最初一公里”[J]．中国信息界，2008（3）：52-53.

的农村信息资源主要是指电子资源或者由实体资源直接转化为电子资源的信息资源，例如将图书馆的纸质图书通过扫描转化为电子资源，然后存放在网站平台上供有需求的人下载阅读，或者将纸质报纸通过拍照或扫描转化为电子资源供人们在各种终端（现在主要是移动终端）上阅读，加速信息传播的速度。而恰恰在这些方面农村信息化资源的供给问题是严重偏少的，如农村居民人均图书拥有量、人均报刊拥有量远低于全国平均水平；涉农信息资源数据库数量少规模小；涉农网站规模小，数量上还不到网站总量的1%等。另一方面，有效农村信息资源供给不足。所谓有效农村信息资源供给不足是指各类网站平台供给的农村信息资源不具备一般互联网信息资源的显著特征，能够为网民利用的资源相对较少。出现这种状况的原因是多样的，有可能是农村信息消费者对农村资源相关资源没有真实的需求，也有可能是政府为了政绩而对农村信息化基础设施等信息化硬件兴趣比较大，而对培训农村信息化技术人员，以及加强对农村网站平台的维护工作不太重视所导致的。因此，导致各类涉农网站信息资源雷同严重，符合实际需求的信息少，信息更新速度慢，一手资源少，信息用户往往得不到有效的信息。

（2）涉农信息资源开发利用意识差，信息资源开发利用技术素养缺失。涉农信息资源开发利用意识差，信息资源开发利用技术素养缺失是指农村信息资源的使用者或消费者没有针对涉农信息资源进行开发利用的意识，仅仅将其作为一种实现政绩的手段或工具，或者没有有效利用涉农信息资源的意识。除此之外，在农村信息化建设过程中，由于农村基层信息化技术人员比较少，在农村的常住人口由于文化水平不高，也很难将他们培养为合格的信息化技术人员，导致信息资源开发利用技术素养缺失。许多单位和部门信息资源的开发管理还处于低级阶段，信息的采集、加工、存储和传输水平低，大多还采用传统的方式，电子化程度低，以致信息利用率不高，信息化服务效果差。广大农户获取和利用信息意识差，缺乏信息利用的基本素养和应有技能。

（3）信息资源整合难，共享程度低。所谓信息资源整合难，共享程度低是指各地方政府在农村信息化建设过程中，由于行政体制和投资主体的原因，地方政府各自为政，按照本地区的要求或标准来进行建设，没有考虑与其他地区之间的信息资源对接或共享的问题，导致农村各地能够共享的信息资源相当有限，使农村信息资源没有达到应有的有效利用程度。在这种情形下，要对各自为政的农村信息资源进行融合还存在比较大的难度，因为这主要是由现行的行政体制所决定的，即下级政府主要对上级政府负责，同级政府之间存在着业绩竞争的关系，哪级政府都不愿意放弃在本行政区域内的农村信息化建设的主导权。因此，在涉农信息资源建设过程中缺乏统一的标准，如各种数据库建设标准、信息网站和基层信息服务站点的建设规范缺失，导致信息资源在各地区、各部门间难以对接，同时，还缺乏统一的资源共享与管理机制，信息资源开发缺乏牵头单位和统一规划及彼此间的协调合作，故常造成重复建设和资源浪费，在信息资源建设和开发利用中各自为政的“信息孤岛”现象。

4）农村信息化服务队伍建设滞后

在农村信息化建设过程中，人们的焦点往往集中在信息化的软硬件设施和信息传输的物理网络等“物化”层面上，而对使农村信息化得以“接地气”的信息化服务队伍——“人网”的建设却滞后得多。农村信息化得以实现最终还是得靠人，即需要有一大批懂得信息化经营管理、掌握信息化技能、知晓涉农信息资源的多层次专家、服务和管理人员所组成的农村信息化服务队伍。主要表现在以下几个方面：

（1）对农村信息化服务队伍建设的重视不够，建设思路不清晰。在中国的行政体制中，由于缺乏自下而上的制约力量，基层政府领导获得升迁的主要途径就是要做出符合上级要求的政绩，而不是符合基层群众需要的政绩，因为基层领导的上级也需要向更高的上级汇报以获得升迁的政绩，也就是说，中国的行政体制具有对上而不对下负责的特征，这导致了一个比较严重的问题，任何事情或问题，只有领导重视了，才有做好做强的可能性，如果领导不重视，那么基本上是不可能做好的，即使有可能有部分公务员认真努力地在做，可能得到的结果却是领导不认可，不仅不认可，领导还可能会设置许多障碍，例如在人力、物力和财力上不予支持或者卡扣。在农村信息化建设过程中，也存在着类似的问题，基层政府领导只愿意做那些能够带来显著政绩的事情，例如对农村信息化基础设施进行建设（这可以通过定量的方式予以衡量），而对农村信息化队伍建设却不太重视，因为即使在这个事情上，基层政府做出了巨大的努力，能够用来被量化考核的东西却不多，对基层行政领导而言，这显然是一个费力不讨好的事情。实际上，众所周知的事实上，农村信息化建设过程中最为重要的事情恰恰是培养一批农村信息化专业人士，农村信息化基础设施再好，最后还得依赖人才来支持或维系，也就是说，人力资源才是农村信息化建设中的重中之重，这是农村信息化人才队伍建设的正确思路。

（2）当前从事农村信息服务的人才数量严重不足。与城市中信息服务人才的数量相比，农村信息化服务人才严重不足，其原因当然是多方面的，有可能是农村信息化服务的需求较少，或者其需求不足以养活如此多的农村信息化人才，也就是说，如果根据市场规律来判断，农村信息化建设是完全没有必要的。而农村信息化服务恰恰不是由市场机制决定的，而是由政府应急提供的公共服务决定的，在这种情况下，政府应当为农村信息化专业人才制定一个合适的工资，否则就必然留不住所需求的专业人才，而能够留下来的，必然是专业知识严重缺乏的浑水摸鱼的人。因此，农村信息化专业人才尽管表现为总量不足，同时缺乏大量专职信息服务人员，农村信息化服务队伍在层次结构、专业结构和年龄结构等方面分布很不合理，但实际上真正缺乏的是有真才实学的信息化专业人才。

（3）由于编制难落实、工资待遇低、工作经费无保障等原因，以致农村信息服务队伍工作积极性不高。工作积极性不高肯定与待遇直接相关，政府一般将这些信息化专业人才当作临时工，一般是为了满足上级检查才招进来的，政府其实并没有认真对待这些农村信息化专业人才，而将他们当作满足农村信息化建设中人数指标要求的工具。也就是说，政府本身就是不太重视农村信息化人才队伍建设，被招进来做这项工作的人也知道这一点，相互之间有利用的关系，因此都知道这项工作是为了应付上级检查才存在的。当然，除此之外，在农村信息化服务队伍的日常管理和培训方面还存在很多问题，诸如对农村信息化服务队伍过程管理缺位；由于培训观念上的误区、培训规划的缺失、培训基地建设的落后及培训组织实施方面的难度等导致农村信息化服务队伍培训力度不大，难以培训出符合农村信息化建设实际需要的人才队伍。

5）农村信息化建设的体制机制不顺

体制与机制是不同的。所谓体制主要是指农村信息化建设过程中的组织方式、权责能力等事项的制度性安排，这种制度性安排已经形成了一定的惯例，任何人都难以在短时间内对其进行较大的改变，例如中国的行政体制一般是纵向采用金字塔状结构，横向采用模块结构，形成了中国特有的上下级领导和同级政府领导的体制。在这种体制中，下级政府或部门需要对上级政府或部门负责，同级不同政府不同的部门之间可能存在着利益冲突关系，这需要同级政府或上级政府进行协调，或者成立联合办事机构进行协调，否则就会形成有利相争、无利漠视的局面。农村信息化建设体制是中国行政体制中的一个部分，当然具有中国行政体制的所有特点。由于农村信息化建设涉及的主要部门比较多，如果中央政府没有财政补贴，那么相关部门可能都不会对农村信息化建设工作感兴趣。当今的现实是，中央政府每年都对农村信息化建设投入大量的金钱或物质资源，这肯定会引起许多相关部门的兴趣，然而这又会出现另一个问题，即不同部门之间相互争利，甚至会出现上级部门与下级部门之间争利的情形，例如上级部门克扣下级部门的农村信息化建设资金或经费。所谓机制是指农村信息化建设应当遵循的基本原理，具体而言一般是指为了实现农村信息化建设的效率，根据农村信息化建设的所有相关事情或情形，形成最有利于实现农村信息化建设效率的制度设计。与体制不同的是，机制一般不是主动创造出来的，而是发现的，也就是说，体制是被人们主动创造出来的，而机制就是能够最佳实现农村信息化建设效率的制度设计，是一种客观化的制度设计。农村信息化建设的机制就是在综合考虑与农村信息化相关的所有事实的情形下，发现农村信息化建设效率的最佳制度设计。根据农村信息化体制机制的上述分析，我们认为农村信息化建设的体制机制主要存在以下问题。

（1）没有建立起有效的农村信息化建设的管理体制。管理体制的无效性与中国当前的行政体制直接相关，即有利益则相互争夺，无利益则相互不管。由于国家对农村信息化投入较大，农村信息化管理体制的主要问题多头管理。当前，各级各地政府部门对农村信息化建设越来越重视，越来越多的政府部门如农业部门、科技部门、组织部门、工信部门、财政部门等，都在其职责范围内开展相应的农村信息化建设活动，但是这些部门间并没有建立起有效的协调和管理体制，都是在农村信息化建设中“各行其是”，形成了农村信息化建设的“多龙治水”的混乱局面，没能形成农村信息化建设的合力，重复建设、资源浪费在所难免，难以实行整体功能大于部分之和的农村信息化建设的有效建设管理秩序和状态。

（2）没有形成社会力量参与农村信息化建设的引导机制。在农村信息化建设过程中，尽管有社会力量的参与，但是主要集中在电信类国有企业上，其他社会力量的参与是非常罕见的。各级政府引导各类企业、事业单位及社会组织参与农村信息化建设是大势所趋，也是市场经济条件下农村信息化建设的必然要求。但是究竟该如何调动社会力量参与农村信息化建设的积极性，如何为其保驾护航，如何协调农村信息化建设中各社会力量的关系等方面的问题还需要进一步的解决。

（3）针对农村信息化建设的政策乏力，如在农村信息资源管理、农村信息市场的规范化、隐私权的保护等方面缺乏相应的政策法规的支撑；在农村信息化建设过程中缺乏相应的技术标准、管理规程和工作规范；在鼓励企事业单位开发面向农村信息化的技术产品和服务方面的产业政策缺失；没有面向农民的信息补贴优惠政策等。

第4章　大数据时代农村信息化建设绩效评价目标构建

当农村信息化建设经过初级阶段、中期发展，再到持续发展阶段时，对其建设的效果进行评价是必不可少的环节。通过评价信息化建设的阶段性结果可以发现当前农村信息化建设的优点或者不足，并进一步改进建设方案和途径，促进农村信息化建设的可持续发展。对绩效的评价首先要看最终的结果是否达到预定的目标？这些目标是在什么基础上设定的？是否科学并具有可操作性？而这些疑问正是本章要考察的主要内容。因此，科学合理地选择农村信息化建设的目标，以目标为标准对农村信息化建设效果进行测评，这对于提升农村信息化建设效率具有重要的意义。

4.1　大数据时代绩效目标构建的原则及方法

所谓目标就是指人们通过一定的行动从而达到的特定目的，获得的特定结果。目标是人具有主观能动性的表现之一，也是人区别于动物的主要表现之一，还是人具有理性的表现之一。根据一般的看法，人的理性体现在两个方面，其一是目标理性或实质理性；其二是手段理性或形式理性。所谓目标理性是指人类可以选择对自己最为有利的关于真善美的价值观念；所谓手段理性是指人类在确定了自己的目标之后可以选择最有利于实现特定目标的手段或措施。在传统的哲学观念中，目标理性或实质理性的争议比较大，甚至有些哲学家认为，所谓的目标理性或实质理性其实是非理性的，因为一个人所选择的目标与其他人所选择的目标之间并没有可比性，一个选择过清贫生活的人没有资格指责一个不愿意过这种生活的，反之亦然。从社会目标的角度而言，效率与公平是两个主要的社会目标，对于哪个目标更好的问题，同样具有非理性的特征，有些人更偏好效率，而另一些则更偏好公平，因为偏好本身不可能是理性的，而仅仅是个人喜乐情绪的正常反应而已。对于这个问题，现代哲学观念一般是这样回应的。哲学家们相信或认为，作为人类都具有一些最为基本的倾向，例如人一般都会对权利与机会、物质与财富有更多的偏好，而不是更少的偏好，当然也不能否认有些人确实存在相反的偏好，但是在大多数人的日常观念中，这个设定绝对是正确无误的。因此，对于人类目标或社会目标的设定就具有一定的理性基础，即这种目标至少不能脱离人类社会生活的实际情形过远的距离，或者应当与人类社会生活的实际情形保持足够的相似性或一致性，凡是偏离了这一基本设定的社会目标都可能是非理性的。在此基础上，对农村信息化建设绩效设定目标，能够使建设和发展思路完整、明确地表达出来。绩效测评的目标是指“预先做出的承诺，它试图达成已经明确展示的服务水平”。一般情况下，绩效测评的目标包含两个最为主要的内容，其一是科学、有效的绩效评价目标体系是具体落实绩效评价活动的依据，是确保工作有效开展的重要途径。Ryan（1970）提出，“人类行为受有意识的目标、计划、意图、任务和喜好的影响”。其二是对农村信息化建设的绩效进行评价必须要依据其原定的目标，政府服务绩效评价的过程及评价标准的设置一定是在一整套目标体系的规范之下完成的。目标可以自上而下地对服务绩效评估形成参照，它不是单纯的一个，而是一整套的体系，并在政府绩效评价的全过程中都发挥着作用。在不同时期，政府服务所遵循的目标体系是不同的。在农村信息化建设之初，目标是政府绩效评估的指导者；在建设之中，目标是政府绩效评估运转的实施者；在建设之末，目标是政府绩效评估的反馈者。这些阶段并不是清楚界定，而是相融合在一起的，所以，目标体系决定着政府公共服务绩效评估的核心。

4.1.1 绩效目标构建的原则

各国开始重视政府服务的绩效开始出现在发达国家，在不断实践的过程中，美、英等国家首先以公平、效率、效益、经济为核心确立了“4E”原则，并将之界定为对政府服务绩效进行评估的基本原则。所谓公平原则（Equal）是指政府服务绩效评价要做到公正平等。这个原则中最重要的一个观念是平等，然而关于何谓平等的问题充满着争议，迄今为止至少存在着两种基本不同看法或观念，其一是形式平等的原则，即只要政府保证了政府服务使每个人都有公平享有的机会，不设立任何歧视性的政策或障碍，就视为达到了公平原则的要求；其二是实质平等的原则，即政府不仅应当要保障每个人有获得政府服务的平等机会，政府还应当保证每个人都享有政府服务的平等能力，政府应当努力消除影响公民平等享有政府服务的不利因素，努力使公民在享有能力和机会上保证平等，努力消除各种影响公民平等享有政府服务的偶然性因素，使公民真正平等享有政府服务。

所谓效率原则（Efficiency）是指政府所提供的服务应当达到成本最小收益最大的状态。效率原则是政府服务绩效评价中最为重要的原则之一，因为在人类一般的社会生活中，社会资源相对于人类需求而言总是处于稀缺状态，保证社会资源配置到最佳状态，使每个人都享有其应得的社会资源无疑是人类社会生活中最为重要的一个原则。在一般的私人产品中，由于产权清晰的原因，决策主体与决策后果直接相关，效率原则的实现相对比较简单，人们只需要比较不同决策方案的成本与收益方案就可以做到，而且借助于自由市场的优势，不同决策方案的成本收益方案可以直接被货币化的数据所替代。而在公共品或公共服务中，由于其具有非排他性和非竞争性，产权主体、利益主体与配置主体的分离，导致其成本收益核算存在着许多难题，尤其是产出方面，有许多产出是无法使用货币化数据进行衡量的，这就导致了公共服务或公共品效率评价的难题，因此，许多学者认为，效率原则也许并不是政府公共服务绩效评价的基本原则之一。然而，计量经济学的发展，使人们重新看到了效率原则成长为政府公共服务绩效评价基本原则的希望。

所谓效益原则（Effectiveness）是指政府公共服务在非经济领域所起到的作用。相对于效率原则主要作用于经济领域而言，效益原则主要作用的领域在政治、社会和文化等领域，也即是传统上根本无法使用效率原则进行衡量的领域。也就是说，一般的私人产品主要关注其产品或服务的经济利益，而对其产品所可能产生的外部效应则不太关注，而作为公共品或公共服务，则将其关注点主要集中在其产品经济利益之外的难以用货币进行数量评估的领域。在现代社会中，效益原则也可以包含在效率原则之内。

所谓经济原则（Economy）是指组织设计的传统原则之一，指组织要以较少的人员，较少的层次，较少的时代达到管理的效果。经济原则相对于效益和效率原则而言，其内涵和外延更加广泛，不仅可以包括一般的决策活动，还包括一般的组织行动的原则。这四个原则经过一段时期的竞争性发展，到了20世纪70、80年代，发达国家的政府绩效评估更加注重效率和经济原则，到90年代后，随着新公共服务理论的出现，开始更注重公平和效益原则。Neely等学者提出了建立评价体系的科学性、有效性、可操作性、简洁性和系统优化等8项原则。尽管所提出的评价体系的8项原则并不是直接针对农村信息化建设绩效而言的，但是其建议极具启发性，在构建农村信息化建设绩效评价目标体系时，除应体现上述基本原则外，还应具体遵循下述原则。

1）动态性原则

所谓动态性原则也称为弹性原则，是一种相对于传统组织原则的重要组织原则，强调人才与岗位要求的适应性。也是在岗位要求发生变化时，在相应岗位上的人才也应当随之变化，或者进行调整，或者进行培训使人才能够适应岗位变化的要求。动态性原则的核心思想是使组织结构具有弹性，使知识与职权更密切地配合，使决策由拥有知识的个人和团体来制定，从而保证决策的正确性以达到组织目标。农村信息化建设绩效评价的动态性原则也需要遵循动态性原则的上述要求，在评价过程中，应当将农村信息化建设过程中的组织结构的人才与岗位是否适配作为一个主要的评价指标进行评价，才能正确体现动态性原则的要求。这个原则实际上体现了农村信息化建设的一般特征，即农村信息化建设不是一成不变的，由于信息化建设要依赖于一定的科学技术和专业知识，在社会不断发展的进程中，科学技术的创新和信息化的推进必然成为农村信息化持续发展的基础，因此，在不同社会阶段下、在不同科技水平的支撑下，农村信息化建设绩效评价目标体系也应该相应地加以调整。

2）整体性原则

所谓整体性原则是指在绩效考核过程中，应当将考核对象作为一个整体来考察，而不能仅根据对象的某个部分或某个方面而对整体进行考察，从而得出以偏概全的结论。之所以如此，是因为在被考察的对象中，存在着许多种不同情况，使得如果仅从一个方面来考察可能就会出现以偏概全的问题，例如在一个被考察对象中，也许会出现对象的一个部分可能完全没有绩效甚至是负绩效，然而从整体上来考察却非常有绩效，因为这个部分的负绩效也许恰恰起到了刺激其他部分正绩效的作用。因此，考虑农村信息化建设的目标时，应当从整个社会的角度来考察。由于农村信息化建设不仅涉及政府服务，还包括社会组织、专业大户、养殖户等，涉及面较广，贯穿了全社会的经济、文化、教育、人口及科技等诸多要素。在评价绩效时，只有把所有要素都考虑进来，才能准确地描述农村信息化建设的水平。

3）集中性原则

所谓集中性原则是指在农村信息化建设绩效评价过程中，应当将评价指标集中在几个关键领域或部分上，不能将评价指标分散在过多的要素上，尽管在不同的人或者在不同的地区看来，许多分散性的因素也具有相当程度的重要性，然而这种分散评价指标的做法却不利于政府集中人力、物力和财力进行高效的建设。当然，坚持集中性原则并不是否认被集中指标之外的其他要素不重要或者不会影响农村信息化建设绩效，而仅仅是说，在农村信息化建设绩效评价过程中，抓住几个最为关键的因素对农村信息化建设绩效评价最为有利，也使得政府的工作更有重点。农村信息化建设绩效评价目标涉及面很广，除保证整体性地考虑外，在评价具体领域、具体项目时，更应该认真调查、仔细分析，把握主要方面，将与绩效评价关联度不高的要素精简掉，重点评价核心指标，并对各项指标设置不同的权重。只有这样，才能突出重点，集中开展，进一步提高和改善农村信息化建设水平。

4）比较性原则

所谓比较性原则是指在确定农村信息化建设绩效评价目标体系的过程中，应当将农村信息化建设绩效评价目标与其他相关的绩效目标进行两个层面的比较，即纵向和横向比较。所谓纵向比较是不同政府层级的绩效建设目标体系进行比较，以协调上下级政府部门之间对于绩效评价目标体系设定上的一致性，保证政府全国农村绩效评价目标体系的统一性。所谓横向比较是指在同级政府部门的不同建设项目或任务的绩效评价目标体系之间进行比较，以协调不同建设项目绩效目标体系之间的合理关系。在设定农村信息化建设目标时，在整体性、统一性的基础上，还要关注评价目标的纵向进展和横向进展。从纵向进行不同层级的比较可以把握信息化建设的步伐；从横向进行不同部门的比较，可以明确信息化建设的优势与缺陷，从而有利于改进提高。

5）用户满意原则

所谓用户满意原则是指在农村信息化建设绩效评价过程中，将农村信息化的服务对象（主要为农民或农业企业）的满意程度作为绩效评价的重要指标。用户满意原则是在新公共管理运动兴起之后逐渐发展起来的一个评价政府绩效的原则，根据这个原则，评价者可以设计一些调查问卷，通过对服务对象的主观调查，然后再对主观调查的结果进行统计分析的方法，来达到对政府工作绩效进行评价的目的。在这个原则中，有一个重要的理论假设，即民众都是理性自利的人，都会根据自己对政府工作的基本判断进行满意度回答。然而，用户满意原则还在许多方面存在着缺陷，到目前为止，人们还是不能将用户满意作为一个结构性的或主要的衡量政府绩效的关键原则，因为这可能会导致政府主动迎合民众的一些不健康或不现实的需求，从而将国家引入一个无法控制的境况。传统的政府服务在很大程度上单纯追求效率，而忽视了服务对象的需求。现代的用户满意原则正是基于公共服务部门绩效评估而提出的，也是面向传统服务出现的问题而提出的。新公共管理视角下的政府管理渐渐从过去的“管理、管制”开始转变为“服务”，社会群体和公众自然是其潜在的服务对象，也是政府公共部门的服务中心，在每一个工作领域，都要考虑到他们的需求，对其需求的满足或者使他们得到最大化的满意是公共服务的关键。因此，对农村信息化服务绩效进行评价，更重要的是应当从公众需求出发，满足公众的需要，提高公众的满意度水平。这不仅是服务的原则，也是公共服务的最终目标。

6）目标导向原则

所谓目标导向原则是指通过对农村信息化建设绩效目标的科学设定，希望能够达到促进农村信息化建设朝着目标努力奋斗的目的。目标导向原则隐含着一个至关重要的动机设定，即人如果知道自己想要什么，或者需要什么，就会根据自己的实际情况或者掌握的信息做出对实现既定目标最有利的决策。人最困惑的事情也许并不是如何通过努力奋斗实现目标，而是如何确定某个目标就是自己想要的。目标导向原则最有利于农村信息化建设工作的稳定性，因为在建设目标已经确定的情况下，农村信息化建设唯一余下的问题就是如何选择合理的建设措施或手段的问题。对农村信息化建设进行评价的最终目的不仅是简单地测算出农村信息化建设的高低水平，更重要的是通过测算结果，来发现建设过程中的漏洞，引导和纠正被评价对象的不足，改进他们的发展路径，不断改善和提高农村信息化建设的效果。

4.1.2 绩效目标构建的方法

绩效目标构建方法是指根据被评价对象的特征和所处的环境因素，结合社会共同体对被评价对象的一般要求，从多个可能性绩效目标中进行选择并进行适当论证从而最终确定被评价对象绩效目标的方法。绩效目标构建方法的选择要考虑多个要素。

首先，绩效目标构建方法的选择要考虑被评价对象本身的特征。这是选择绩效目标构建方法中最为重要的问题之一，只有对被评价对象有了深入的了解，才有可能选择比较适合的绩效目标构建方法，例如对于绩效目标的构建方法有两种基本方法，一种是定性研究；另一种是定量研究。对于究竟选择何种方法最好，这实际上取决于被评价对象本身的特征，有些被评价对象明显不适合进行定量研究，那么实际上选择定性研究就是最优的选择。

其次，绩效目标构建方法的选择要考虑社会共同体的一般要求。无论如何，任何被评价对象最终服务的对象是生活于特定社会或社区的人，人们不可能建立一种与任何人的生活无直接关系的绩效目标体系。而人类社会的形成具有鲜明的地方性特点，尤其是道德知识，所具有地方性知识更为明显，在一个地区或文化共同体中视为善的事情或行为，在另一个地区或文化共同体中却可能被视为恶的事情或行为，例如，西方国家有些人认为，中国与西方社会在宗教信仰上存在着巨大的差异，中国人的信仰更加世俗一些，把消除日常生活中的不确定性作宗教信仰的主要理由，而西方人的信仰则更加神圣一些，将追求道德上的完善作为宗教信仰的主要理由。这两种不同的文化下（当然是由生活于不同地区所导致的），人们对同一事物或行为必然会产生不同的看法，有些看法甚至可能会完全相反。因此，在一种文化下适合的绩效目标，在另一种文化下却可能并不合适。解决这个问题的最好办法只有一个，那就是对特定地区的人们进行深入细致的调查研究，掌握这个地区的人们主要的道德、宗教和文化观念，了解他们的世界观、价值观和人生观，在设定绩效目标时，应当尽量争取获得生活于该地区人们的一致认同，尽管这种认同并不能保证绩效目标的绝对正确性。

最后，绩效目标构建方法还需要考虑人们对绩效目标的选择过程。众所周知，可能存在的绩效目标是具有多样性的，人们如何在具有多样性的绩效目标中选择一个合理的目标体系是一个理性化的问题，而且是形式理性的问题。即在确定了所要实现或达到的目标的前提下，如何选择一个最为有效的或合适的手段或措施来实现相应的目标。绩效目标构建方法的问题是要选择一种能够最佳评价被评价对象绩效的方法，这种方法必须具有足够的客观性，以消除评价主体的任意性主观评价。这种方法也必须具有足够的文化性，能够争取绝大多数人们对评价结果的认同。这种方法还必须具有足够的合理性，不能违反一些最为基本的理论常识。

农村信息化绩效评价目标体系是为了实现建设目的，达成建设效果的最优化。对农村信息化绩效测评进行科学的目标设置，是保证服务绩效测评能够顺利开展并取得成功的有力措施。由于农村信息化的实施要依赖于多元化的服务主体，对于不同主体的绩效管理都是必不可少的一部分。特别是政府在实施农村信息化服务时，由于时间较长，在评估建设效果时，必须要依据一套固定的目标体系作为参照。目前，实践界制定的绩效目标体系内容主要侧重于对合规性、经济性、效率性的考量，缺乏一些反映项目效果性、公平性的目标，进而导致难以反映农村信息化真实绩效水平等。上述诸多不足在一定程度上可以归咎于绩效的多维性及农村信息化实施中的多要素性，导致不能有效明晰农村信息化绩效形成机理进而影响了设计的绩效评价目标体系，而绩效目标的设定无疑可以解决这些问题。一旦确定了绩效评价目标，然后围绕该目标设计评价指标，最终形成一个具有可操作性的、递进式的测评体系。反之，如果没有确定好良好的目标，就很有可能使绩效测评工作显得混乱无比，甚至有可能降低评价的精准性，造成评价结果失真。因此，必须设计一个统一并且容易操作的目标体系。本部分结合农村信息化建设流程的特殊性，构建了农村信息化绩效评价的三维结构模型、目标管理方法，同时，应用逻辑模型法分析农村信息化建设绩效形成机理，最后建立农村信息化绩效评价目标体系。

4.1.2.1 绩效评价系统的三维结构方法

绩效评价系统的三维结构方法首先由美国学者霍尔在1969年提出。霍尔提出系统工程方法的三维结构模式主要是为解决大型复杂系统的规则、组织、管理问题提出一个统一的思想方法，也被称为硬系统方法论。霍尔三维结构是将系统工程整个活动过程分为前后紧密衔接的七个阶段和七个步骤，同时，还考虑了为完成这些阶段和步骤所需要的各种专业知识和技能。这样，就形成了由时间维、逻辑维和知识维所组成的三维空间结构。其中，时间维表示系统工程活动从开始到结束按时间顺序排列的全过程，分为规划、拟订方案、研制、生产、安装、运行、更新七个时间阶段。逻辑维是指时间维的每一个阶段内所要进行的工作内容和应该遵循的思维程序，包括明确问题、确定目标、系统综合、系统分析、优化、决策、实施七个逻辑步骤。知识维列举需要运用包括工程、医学、建筑、商业、法律、管理、社会科学、艺术等各种知识和技能。三维结构体系形象地描述了系统工程研究的框架，对其中任一阶段和每一个步骤，又可进一步展开，形成了分层次的树状体系。下面将逻辑维的7个步骤逐项展开讨论，可以看出，这些内容几乎覆盖了系统工程理论方法的各个方面，如图4-1所示[①]。

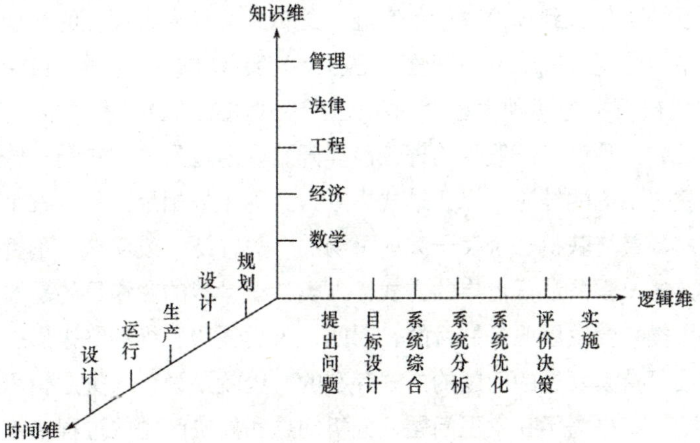

图 4-1 霍尔的三维结构模型

① 孙宗福. 经济系统论 [M]. 北京：人民出版社，1994：101-102.

所谓时间维就是把系统中的研究工作、设计工作、制造和使用的全过程，按照时间顺序分成七个阶段，这七个阶段由规划阶段、设计阶段、研制或开发阶段、生产或建设阶段、装配或组建阶段、运行阶段、更新阶段组成。所有工作都从事先的规划开始，没有规划就意味着这项工作或任务就不是一项有意而为的行为，而可能仅仅是一项凭借着偶然性而成功的行为。规划体现着人类在从事某项工作或行为中的理性特征，也是时间维中排在第一位的要素。在规划的阶段之后，紧随的第二项工作或任务是设计。设计与规划是不同的，规划仅仅停留在想象层面，与具体实施无关，而设计则主要是为实施服务的，也即是要设计出能够切实指导具体行为的方案，在这个意义上，设计是对规划的落实。研发是对设计方案的进一步落实，是将设计方案中提出的设想，以最符合现实要求的方式设计和制造出来。研发相对于其他阶段而言具有非常重要的意义，因为能够实现设计方案的产品可能不止一种，而研发能够保证效率最高或者最符合人们要求的产品被设计出来。生产、装配和运行是时间维中最为关键的三个阶段，因为再好的设计方案或产品，如果不能够在实际的生产或运行过程中运行，那么就可以视为根本不成功。而落实设计或研究确定的方案或产品，不仅需要方案或产品本身比较合理，更为重要的是，这三个阶段也必须受到自身运行规律的支配。更新是时间维度中的另一个比较重要的方面，因为人的理性是有限的，不可能在一次的设计中就将所有预想的问题解决，人必然是在逐渐发展的过程中找到问题，并且达到相应的解决办法的。更新的重要性就在于能够帮助人们发现其规划、设计或研发过程中没有发现的问题，通过及时的反馈，有助于人们快速修复没有预想到的问题。

所谓逻辑维就是在研究系统工程的每一个阶段中，按照我们的思维逻辑将其分为七个步骤，这七个步骤就是首先提出问题、然后进行目标设计、再进行系统综合、到系统分析、到系统优化、到评价决策、实施。逻辑维度是人类理性的典型表现之一，在古希腊的文字中，逻辑（logic）与理性（逻各斯）实际上是同义语。自启蒙时代之后，逻辑的思维方式被概括为两种类型，一种是演绎式思维方式；另一种是归纳式思维方式。演绎式思维方式从设定一般性的理论前提开始，通过形式逻辑的一些基本范畴，层层推理，最终获得相应的结论；而归纳式思维方式则正好相反，从观察个别现象或事实开始，逐层抽象，最终获得一个关于某些事物的一般性认识或看法。不管是演绎式还是归纳式的思维方式，都是认识世界的方式，人类认识世界的最终目的是改造世界，为我所用，达到为人类社会发展服务的目的。因此，人类逻辑思维的终极形态应当是以解决威胁人类生存或可持续发展的问题的方式存在的，也就是说，人类逻辑思维中的演绎式或归纳式的方式，都是为了在发现问题、分析问题和解决问题的过程中被合理地使用，以达到改造世界为人类社会发展做出相应贡献的目的。因此，人类社会逻辑思维可以在以上三个基本阶段的基础上，发展出详细的七个步骤，这也正是霍尔提出逻辑维的关键点所在。毫无疑问，这七个步骤中首要步骤是提出问题，这是所有逻辑维存在的意义所在，没有问题就没有以后的所有步骤，或者说没有真正的问题，就没有现实意义的逻辑思维。在提出问题之后，就要分析这个问题的具体情形，为此需要进行目标设计，也就是要将目标解决到何种程度，这是必须在提出解决方案之前预先解决的问题。因为有许多问题实际上是人类到目前为止无能为力的，如果设定许多人类根本就无法解决的问题，那么这种逻辑思维也是毫无现实意义的。在目标确定之后，就是制定并优化方案，这是逻辑维度中最重要的一个环节，也是人类理性最能体现的一个环节，如果方案制定得恰当，不仅可以很好地实现既定之目标，而且还可以很好地节约人类社会的有用资源，相反则可能劳民伤财，使资源使用无效率。为了优化方案，就需要对方案进行反复的论证，这就是这七个步骤中的系统综合、系统分析和系统优化三个步骤所要做的事情，由于其重要性，提出优化实施方案的步骤占到了七个步骤中的三个。逻辑维度中的最后一个维度是实施方案，也就是将设计的方案最终落实的过程。这个过程也很重要，不仅是解决问题的关键所在，而且还具有信息反馈的作用，在实施过程中发现了一些在设计方案的过程中没有考虑到的问题，根据所反映的问题再一次对方案进行优化，达到进一步促进问题解决的目的。

知识维就是指在解决问题的七个阶段和七个步骤中，要用到的知识和技术。霍尔把这些知识进行了分类，如工程、医药、建筑、商业、法律、管理、艺术等。知识维度是霍尔三维绩效评价目标理论模型中的最后一个维度，也是最为重要的一个维度，因为不管是逻辑维度还是时间维度，都仅具有形式上的意义，只能保证绩效评价目标体系不会出现形式上的错误，例如出现自相矛盾的评价目标等，但是却不能保证绩效评价实质合理性，即可能会出现这种情况，绩效评价的目标符合逻辑和时间两个维度，但是人们却根本无法接受这样的绩效评价目标体系。为了纠正这个问题，必须要加上第三个维度，即知识维度。众所周知，知识一般可以区分两种基本类型，即人文和科学，讨论两者之间的关系是哲学家需要做的事情，在此不需要进行深入的研究，我们只需要知道，知识是人类理解世界和改造世界的工具或手段，而且是最有用的工具或手段就可以了。在现代大学的知识体系下，知识已经根据一定的标准被划分为不同的类型或专业，通过学习或研究这些专业知识，有利于人类快速掌握前人留下的知识或经验，并在此基础上进一步发展成熟。经过许多年的积累，就可以形成人类认识世界和改造世界非常成熟的体系。

霍尔的三维绩效评价目标体系模型经过适当的改造就可以适用于农村信息化绩效评价目标体系的结构。在改造的过程中，最为重要的是要掌握农村信息化建设的基本特征，将逻辑、时间和知识维度分别运用于农村信息化绩效评价中时，必须要考虑到农村信息化建设的特殊情形，不能直接套用霍尔三个维度中所使用的七个步骤。我们认为农村信息化绩效评价最为重要的特征有以下几个方面：首先，必须要将中国农村在中国社会中的特殊地位作为运用霍尔三维理论模型的首要考虑的因素；其次，必须要将信息化建设与其他工程项目建设的差异化特征考虑进来，不能简单地直接套用工程项目的话语来设计农村信息化绩效评价目标体系。在考虑了以上要素之后，如果将该模型应用到农村信息化的绩效评价目标体系中，相应地，可以用时间维来描述农村信息化推动工作的不同时期，这个过程包括决策阶段、设计阶段、施工阶段、运营阶段；逻辑维则可以用逻辑框架法的投入、产出、目的、战略目标来展现；知识维主要就是用来对农村信息化绩效加以描述和评价的理论基础。若使用该方法对农村信息化绩效进行测评，能够较全面地反映绩效测评的内涵。因而，依据该方法构建出农村信息化绩效目标体系的三维模型图如图4-2所示。

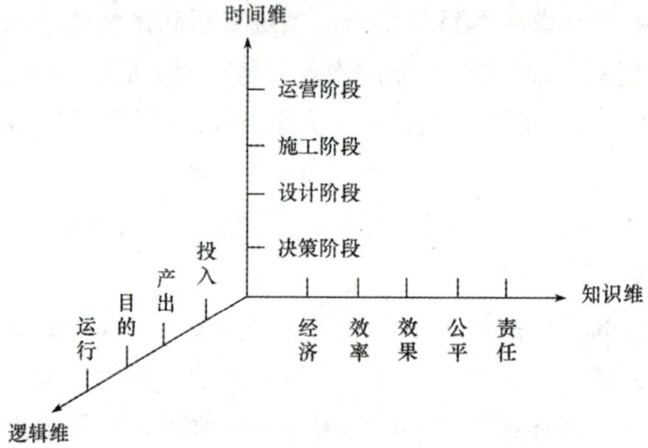

图 4–2　农村信息化绩效评价的三维结构模型

农村信息化建设本身是一项复杂且庞大的工程，由于建设主体多元化、建设过程动态化、建设进程持续化等特点，对它进行绩效评价时，最好按照建设过程的不同也分阶段进行测评。同时，因为设计阶段主要是针对农村信息化的功能进行设计，与农村信息化决策内容有共同的地方，我们将其与决策阶段合二为一。这样，我们将分别研究决策阶段、实施阶段和运营阶段的绩效目标指标。在农村信息化的每一个阶段，我们都可以按照逻辑框架法的思路分析农村信息化各阶段的投入、产出、目的、战略目标，然后按照绩效评价的标准来制定相应的绩效评价目标的指标体系。具体而言，在逻辑维度方面，农村信息化建设绩效评价可以采用投入、产出、目的和运行四个方面进行评价，投入和产出说明农村信息化建设是一项需要公共资金的项目，而不是一项仅仅依靠动员来发展的项目，目的和运行说明农村信息化建设是一项理性的行为，必须要确保其顺利进行；在时间维度方面，农村信息化建设绩效评价可以采用运营、施工、设计和决策四个阶段进行评价，在这个维度中，农村信息化建设与一般的工程项目建设存在类似之处，因此其时间维度上的划分也与其有一定程度上的类似；在知识维度方面，农村信息化建设绩效评价可以采用经济、效率、效果、公平和责任五个指标进行评价，也就是说，农村信息化建设至少需要信息学、经济学、法学和管理学等学科的专业知识。

4.1.2.2 目标管理法

美国管理学大师彼得·德鲁克于1954年在《管理的实践》一书中首次提出“目标管理（Management By Objective，MBO）”，该方法在管理学界是当前较流行的一种有效方法。他认为：“企业的规模越大，人员越多，可能发生的内耗和浪费的概率就越大，在这种情况下，企业原有的目的和任务就应该转化成目标。企业如果没有设置总目标及与总目标相一致的分目标，来指导职工的生产和管理活动，就会面临极大的危机。”也就是指，目标管理也即是使组织的管理人员及员工亲自参与制定目标，在工作中实行“自我控制”，最终完成工作目标。随后，目标管理开始成为美国和欧洲企事业单位等组织所熟悉和广泛采用的一种管理方式。依据德鲁克的观点，目标管理应遵循的一个原则是：每一项工作的开展都是为达到总目标而进行的。而在组织中，若要衡量一个管理者或员工是否合格，就要根据其达成总目标的份额。德鲁克将目标管理过程设定为目标设置、过程管理、结果形成与反馈三个环节，并对目标管理理论进行了深刻地探讨，提出了目标的“自我控制”“自我管理”，强调目标不是用来控制和管理下属，而是为了更好更有效地激励下级。

目标管理法的出现与超大型组织的管理需要相关。在一个小型的企业或组织中，决策层与执行层距离比较近，有时候甚至决策层与执行层是同一个人或同一个机构，这种组织机构由于不同层级的人员相互之间比较熟悉，信息沟通比较方便，在任何事情上，可以合力完成一些无法预料的事情。而随着企业或组织的大型化，决策层与执行层之间的距离越来越远，执行层所获得的执行信息需要经过多个层级才能被传达到最终的执行层，信息在传达的过程中可能会失真，更为严重的是，由于决策层与执行层之间在人际关系上不再熟悉，相互之间也不太了解，使决策层与执行层拥有了自身完全不同的利益。也就是说，作为整个企业或组织，决策层和执行层应当为了整体利益而行动，但是由于企业或组织规模过于庞大，导致不同层级的人员拥有了自身的部门利益，例如决策层由于与执行层沟通不够，两者无法形成合力，决策层可能会做出对自身最为有利的决策，但是却非常不利于执行层执行的决策，从而导致两个层级之间在实现整个企业或组织的目标方面无法协调一致，这就是所谓的管理边界原理，即管理效率随着企业或组织规模的扩大而扩大，但是一旦超过了一定的规模，管理效率就会下降，因为在现有的技术条件和人类能力条件下，人类无法突破管理能力上的极限。即使在这个极限条件之下，人们还需要为不同层级之间设定分目标，来约束不同层级人员的自我利益化倾向，使不同层级的人员为了一个共同的目标来实施自身的行为，这就是目标管理法的意义所在。

自19世纪70年代以来，目标管理法开始在政府管理绩效的测评中运用，最初只是用在单一部门，当目标管理理论日渐成熟后，它的使用范围越来越广，渐渐地从单个的领域扩展到所有政府公共部门，专门用来测评公共服务部门的管理水平。而且测评的宗旨也发生着变化，从早期的效率主导演变至如今的质量与效益的统一。同样，实际操作层面也面临着一系列的发展，从以前纯粹的经济手段演变到现在的经济、市场、技术等多元化途径，而参与测评的主体也从政府部门日益延伸到第三方组织。当前，目标管理方法不仅在公共部门，也在企业组织中被广泛采用，特别是在公共部门的绩效评价目标设置上也发挥着越来越重要的作用。

农村信息化建设绩效评价目标体系的建设也可以借鉴目标管理法的理论模型。首先要设定农村信息化建设的总体目标。总体目标的设定非常重要，因为在目标管理法的理论模型中，其方法论基础是演绎法，即从一个总的原则中演绎出具体的原则体系，如果总的原则不正确，那么具体的原则体系就不可能正确。一般而言，中国农村信息化建设具有公共品的性质，使用的是公共经费，其总体目标必然只有两个，一个必然是公平；另一个是效率。至于在这两个总体目标中，哪个目标是应当优先实现的，这是一个需要根据具体情形具体判断的问题，在此根本就不可能给出一个一般性的绝对判断。不过根据中国近几十年政治理念来看，我们在现阶段坚持的是“效率优先、兼顾公平”的原则，也就是说，在现阶段，效率是农村信息化建设的首要的总体目标，在保证了效率的前提下，才兼顾公平目标的实现。因此，农村信息化建设的总体目标当然也必须要与政策的总体目标保持一致，即以效率优先、兼顾公平作为农村信息化建设的总体目标。其次，要分别设定农村信息化建设的分目标或子目标。也就是说，要将农村信息化建设的两大目标，即效率和公平，层层分解，以农村信息化建设过程中的关键点作为分目标或子目标。这里需要注意的是，分目标或子目标与总体目标之间必须具有逻辑上的相洽的关系，不能出现总体目标与分目标或子目标之间相互矛盾或相互冲突的情形，或者出现了总体目标不能涵盖分目标或子目标的情形。

4.1.2.3 逻辑框架法

1970年，美国国际开发署（USAID）研发出了逻辑框架法（Logical Framework Approach，LFA），是当前较通用的一种方法，主要应用在各类项目的规划、实施、监督和评价过程中，具体包括对项目进行策划和设计、对可能遇到的风险进行评估、对实施过程进行检查、对监测过程进行评价和对项目的可持续性加以分析。逻辑框架法实质上是一种思维模式，通过整合和系统地探索问题和分析问题，将一个原本复杂的项目用一个层次化的框架图解释清晰，并能更明了地说明其含义和内容，通过这样的方式，可以帮助我们对关键因素和关键问题做出合乎逻辑的分析和判断[①]。从理论上看，逻辑框架主要是由4×4的模式构成。垂直逻辑阐述了各层次的目标内容及其上下层次间的因果关系，也包括了要达到目标需采用的手段。水平逻辑分析是指通过相关的指标，运用科学的方法来测算这些目标是否达到需要实现的水平，一般由指标、验证方法和相应的假

① 吴建南，杨宇谦，阎波．政府绩效评价：指标设计与模式构建 [J]. 西安交通大学学报（社会科学版），2007，27（5）：79-85.

设条件组成。水平逻辑的层次与垂直逻辑中各个层次的目标相呼应，并对各层次的结果加以具体说明。

实际上，逻辑框架法与数学中坐标体系有类似之处。在坐标体系中，一般由两上轴构成，分别代表描述事物的两个关键变量，用X轴或Y轴表示。使用类似于坐标体系的变量来描述事物，具有无可替代的优势。首先，这种描述方式使人们能够清晰地看到两个变量之间的相互关系，以及这种相互关系的变化如何具体地构成这个事物。如果将所有描述该事物的相关点使用线条联结起来，就可以直观地观察这个事物的演化或变化规律。其次，使用这种描述方式还有利于对该事物进行定性和定量的研究与分析。定性分析主要是通过体现在坐标系中的线条图案来确定；而定量分析则通过在将确定两个变量之间的函数关系来确定。在逻辑框架法中，与X轴和Y轴相应的两个变量分别用垂直和水平两个变量来表示。垂直变量一般采用目标层层分析递进的子目标或更低层次的目标来体现，垂直变量实际上是一个思维上的演绎过程，是从一个总目标或抽象目标出发进行推理，最终分析到一个不能再分的目标为止，总目标从逻辑上而言必须涵盖所有被分析出来的子目标。水平变量一般是对相关垂直目标进行定量测量的变量，由于每一层次的目标各不相同，因此所采用的水平变量目标也有所不同，但是值得注意的是，水平变量目标必须与相应的垂直变量目标保持相关性和一致性，否则水平变量就会失去存在的意义。在这个意义上，水平变量在优先性上是不如垂直变量的，或者可以说，垂直变量是自变量或自变因素，而水平变量是因变量或因变因素。通过垂直变量和水平变量的共同描述，再结合相应的定量分析，就可描述相关事物的逻辑关系图谱，使人们清楚地看到相关事物的性质。

逻辑框架法的目标体系由目标、目的、产出和投入四个方面构成。

（1）“目标”，一般是从宏观的角度来设置，包括国家、地区及组织发展的计划、规划、政策所设定的目标，大部分属于发展的远景目标。作为宏观目标，必须具备一般性、普遍性和公共性三个基本特征。所谓一般性是指宏观目标的设定不是为了某一个特定的人或组织，而是为了所有的人或组织。如果一个宏观目标的设定是为了某一个特定的人或组织，那么这个宏观目标就是具有了特定性，它可能是只为了某个特定的人或组织的利益服务的，也有可能是以牺牲某个特定的人或组织的利益为代价的，这种宏观目标对于社会整体而言是有害的，也是很难为社会全体公民所接受的；所谓普遍性是指宏观目标的设定应当适用于所有的人或组织，不能将某些人或组织排除在所设定之宏观目标之外，不能使某些人或组织拥有特权或者不能对某些人或组织进行有针对性的歧视；所谓公共性是指所设定的宏观目标应当向社会所有人公开，使所有的人知道宏观目标是什么，而且也知道别人知道宏观目标是什么，更应该知道自己所知道的宏观目标别人所知道的宏观目标是一致的。如果一部分人所知道或理解的宏观目标与另一部分人所知道或理解的宏观目标并不一致，那么这就说明宏观目标并未达到公开性的要求，至少未完全达到公开性的要求。

（2）“目的”，一般指项目运行可能产生的直接效果，项目实施后可能为服务对象带来直接结果，主要包括社会和经济方面的成果和作用。相对于宏观目标而言，目的不是从全盘来考虑项目需要行进的方向或者项目需要达成的状态，而是从更为具体的层面来考虑项目需要满足的要求。宏观目标具有一般性、普遍性和公开性，而目的则可能不完全具备上述三个特征。宏观目标要求为所有的人所有的事制定目标，而目的层次就不可能达到这个要求，因为目的是更为具体层次的东西，就必然会关注当阶段最为引人注意的事情，并将这些事情作为要实现的目的；宏观目标要求平等地适用于所有的人所有的事情，“王子犯法与庶民同罪”，不给予任何人以制度之外的特权，或者对某些人进行制度性歧视，而目的由于是实现一个更为具体的目标，有可能给予某些人以特权，也有可能对某些人进行适度规模的歧视，但是这样做却完全有可能对宏观目标的实现是有利的；宏观目标要求所有的人知道也知道别人知道宏观目标的具体内容，并且有根据这些宏观目标行动的正义感，而目的是更为具体的目标，是为了实现宏观目标而服务的，因而是一种手段理性意义上的目标，其终极目标是实现宏观目标，为此公开或者不公开对于目的的实现来说都是有可能的，只要有利于终极宏观目标的实现，公开或不公开都是被允许的。

（3）“产出”，是指建设项目运转后产生的效益，通常可以从经济层面衡量。产出相对于目的而言，更为具体而且个别。在目的中，有可能包含政治、经济、社会和文化等领域的目的，而在产出中，为了能够更准确地衡量建设项目运转的效益，一般只计算更为客观的经济指标，即建设项目运转后所产生的经济方面的效益。尽管以单一的经济方面的效益来衡量相对于以全面的目的来衡量而言可能会存在一定程度的偏见，但是以单一的经济效益方面的指标衡量也有其不可替代的优势。其首要的优势是客观。相对于政治、社会和文化方面的目的指标，经济方面的指标客观性相当强，可以使用的客观数据比较多，而且人为主观判断干涉的可能性也比较少；另一个优势是可操作性比较强。这个特征是与第一个特征客观性紧密相关的，正是因为经济效益指标的客观性，也使得其可操作性比较强，适合于衡量建设项目运转后的效益，而且引发争议或不满意可能性也比较少，对人们形成稳定的心理预期有极大的帮助，非常有利于社会形成共同的心理预期，从而达到维护社会共同价值观的目的。

（4）“投入”，是指项目的实施过程及内容，包括资源和时间等方面的投入。投入是相对于产出而言的一个衡量指标。在经济方面而言，投入是比较简单的概念或范畴，但是在公共服务或公共品的提供或建设中，投入却是一个相当模糊的概念，因为在公共服务或公共品提供的过程中，外部性比较明显（正负外部性都有可能），当我们使用货币进行投入核算时，由于正负外部性的存在，有可能会导致投入总额核算的不准确。即使在核算准确的情况下，还可能存在着一些有成本或投入但是却无法使用货币来进行衡量的要素，这些要素的存在使得投入作为一项衡量项目建设指标的依据不太精确，只有将投入与产出对应起来，采用投入与产出之间的百分比，才有可能更为准确地衡量投入指标可以传达的经济意义。

对农村信息化建设进行绩效评价的过程实质上是考察农村信息化建设目标与实际情况的相符合性，通过两者之间的对比，用最终的结果作为实施有效性的参考，因此，农村信息化建设绩效指标必须基于农村信息化建设。同时，农村信息化本身也是目标导向的一次性任务。在农村信息化实施前，一般都需要根据农村信息化建设的目标界定农村信息化建设的范围，从而布置相关的活动，从而优化农村信息化建设资源及进度，编制农村信息化实施计划，并按计划完成农村信息化建设任务。逻辑框架法下的这个过程就是按照“目标—手段”的逻辑关系展开的，应用逻辑框架法将农村信息化建设目标与农村信息化组成部分以及在不同的实施阶段的投入、活动和产出联系起来，通过这种思路建立的绩效指标能够充分体现农村信息化检核绩效的形成过程。这种逻辑模型展现了农村信息化的投入是如何产生直接的效果或产出，然后论证这些农村信息化的实施效果是如何有产生结果的，因而为制定绩效评价目标指标体系，提供了很好地指导。

在农村信息化建设进程中，逻辑框架法可以用来明确农村信息化建设中的因果关系和目标—手段关系，并且能发现制约农村信息化建设的外部条件。其目的是指农村信息化建设应该达成的直接和间接效果，多数是指农村信息化建设完成到某一阶段后应该达到的成果和影响。产出就是指对农村信息化有了一定的投入后得到的结果，包括经济和社会方面，通常采用数量化的方式来测算。最后投入就是指农村信息化具体的实施建设过程，就是指对农村信息化注入资源的过程，包括资金、人才、物资的投入量、时间等方面。从上面的分析可以看出，应用逻辑框架法进行绩效评价目标体系的设计能够很好地把农村信息化建设的目标和外部所依附的客观环境条件结合起来。将农村信息化建设的绩效评价目标体系按照逻辑关系进行分析，可以阐明农村信息化建设过程中投入和产出之间的关系，明确特定的人、财、物等资源的投入是如何进入农村信息化的实施，并了解该过程在不同阶段达到的效果。

结合上述逻辑框架法的理论分析，农村信息化绩效建设也应当按照宏观目标、目的、产出和投入四个方面来进行建构，只是需要结合农村信息化建设的实际条件进行整合。根据农村信息化建设的实际情况，可以将上述四个方面的逻辑环节分别应用于农村信息化建设的三个阶段，即决策阶段、实施阶段和运营阶段。在决策阶段，主要考虑农村信息化建设的目标、目的和投入三个方面，相应指标所衡量出来的是农村信息化决策绩效；在实施阶段主要考虑具体的建设活动和已经完工的项目，相应指标衡量出来的是农村信息化建设的管理绩效；在运营阶段主要考虑农村信息化实现的功能和影响程度，主要衡量的是农村信息化的结果绩效（图4-3）。

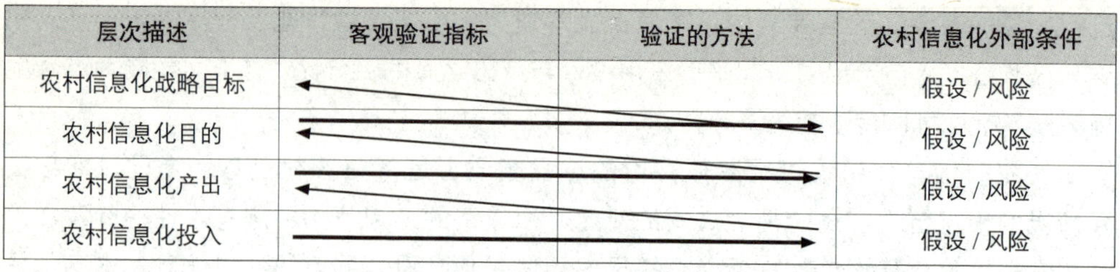

图 4–3　农村信息化的逻辑框架法的模式

运用逻辑框架法，可以从农村信息化功能与农村信息化目的的相关性角度评价其结果绩效。因此，农村信息化建设的绩效评价体系改造，如图4-4所示。

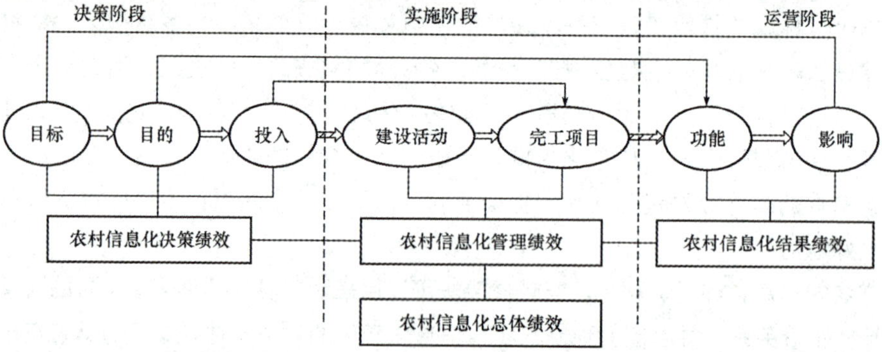

图 4–4　逻辑框架下的农村信息化绩效目标体系

4.2　大数据时代农村信息化建设绩效评价的目标

根据上述目标设置方法的综合，本研究从全国“三农”现状出发，以科学发展观为指导，根据《全国农业农村信息化发展“十二五”规划》和《湖南省国家农村信息化示范省建设实施方案》的要求，意图按照国家农村信息化示范省建设的总体部署，紧密结合“数字湖南”规划的建设目标和主要任务，以农民利益、农村发展和农业产业为核心，以“扶弱助强带中间”为宗旨（即以服务弱势的农村居民、弱势的农村中小企业和弱势的农村基层组织等弱势群体为重点，帮助农村大户，带动中层农村居民），以“政府、市场、社会和技术”为驱动力，主攻“最初一公里”和“最后一公里”，坚持“一体两翼”构架（一体是指综合信息服务平台；两翼是指两类重点服务群体，即“百万农户、万家企业”，及其相应的信息服务系统），构建公益化的农村服务体系、社会化的农村创业体系和多元化的农村科技服务体系“三位一体”的新型农村信息服务体系，推进“三产融合”战略（既指一、二、三产融合，又指农业产前、产中、产后融合），为全国系统推进农村信息化建设探索路径、积累经验、做出贡献。

为了更好地促进农村信息化建设的推进，对其绩效进行评价，可以从横向和纵向两个层面来进行设置。横向目标是为了同一截面上，同一时间序列上的目标组合；纵向目标即从时间纵向方面来对农村信息化建设绩效进行测评。无论是横向还是纵向，都是从综合到分支的目标，它们并不是不相关的两个目标，而是相互融合、相互交叉的目标。横向目标的设置和实施必然要考虑到纵向目标的发展性，纵向目标的实现也必须要依赖于横向目标作为基础。因此，应从两大目标共同来设置相统一、相联系的目标体系，如图4-5所示。

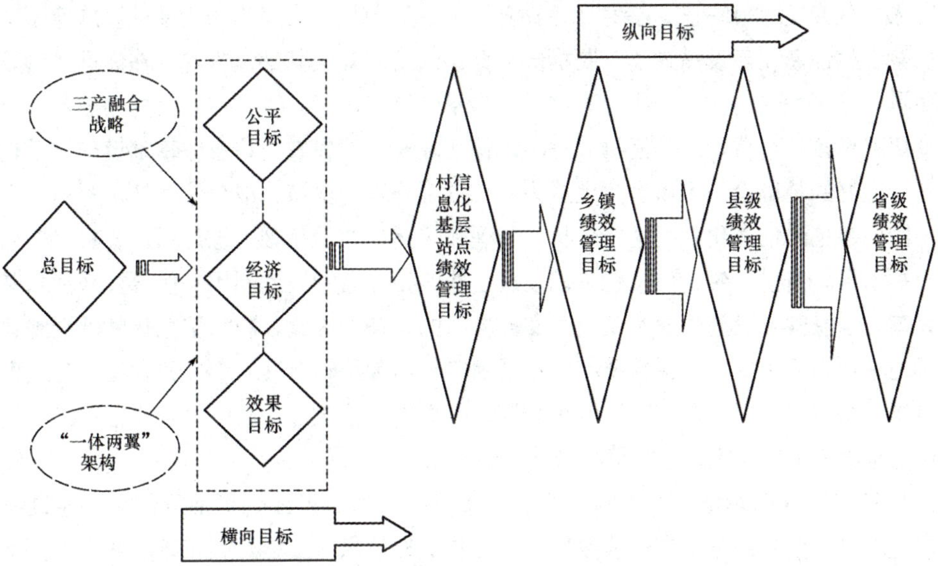

图 4–5　农村信息化建设绩效管理总体目标示意图

4.2.1　农村信息化建设绩效评价的横向目标

4.2.1.1　农村信息化建设绩效评价横向目标设置的依据

农村信息化建设的内容，包括信息化基础设施建设、农村信息资源、农村信息化技术应用、农村信息化信息产业、农村信息化信息人才、农村信息化外部环境六个方面。横向目标的设置主要是依据这六个内容的发展而设置的，在这些方面重点需考虑到农村信息化建设的公平性、经济性和效果性，只有在这三个方向上去衡量农村信息化建设的六个内容，目标的设置才可能具有可行性。农村信息化建设绩效评价横向目标设置的依据实际上就是农村信息化建设的具体内容，也可以说是农村信息化建设工程所包含的构成模块。一般认为，农村信息化建设必须包含六个模块，之所以如此是因为农村信息化建设必须要实现三个目标，即公平性、经济性和效果性。所谓农村信息化建设的公平性是指信息化资源的配置应当做到公平，应当保证城市与农村在享受信息资源方面一律平等，应当保证农村各地区居民之间所享有的信息资源基本平等；所谓经济性是指农村信息化建设应当做到在同等投入的前提下产出最大化，实际上就是要做到农村信息化建设过程的效率最大化；所谓效果性是指农村信息化建设除了要有经济效率之外，还应当产生巨大的政治、社会和文化方面的效益，例如可以丰富农村居民的文化生活，改善农村文化生活的条件等。根据这三个目标，再结合信息化建设的一般规律，农村信息化建设绩效的横向评价目标被设置为六个无论在形式还是在内容上都是合理的。

农村信息化基础设施是信息化活动开展的物质前提。农村信息化基础设施建设程度是衡量农村信息化建设绩效的首要横向目标。众所周知，基础设施建设在促进经济发展方面具有无可替代的作用，因为基础设施水平的提高，可以降低市场交易的成本，促进社会更好更多的消费，从而间接促进经济快速增长。而在农村信息化基础设施方面也是如此，良好的基础设施可以有效地成为信息资源开发的支持、成为信息技术利用和开发的手段。它是对信息化数据进行分析、处理和传播的物质基础，也可以提升农村信息化建设的水平。当前，农村信息化基础设施主要包括信息网络的利用、信息技术基本装备的完善、信息安全设施的保障及信息交换体系的完备。因此，农村信息化基础设施建设效果的单项指标由农村电话普及率（包括固定电话和移动电话）、农村电视机普及率、长途光缆覆盖率、每百户拥有计算机数量、设立农村信息服务站的县乡比重、设立农村经济信息服务站的比重六项指标构成。

信息资源数据库是整合农村的生产、市场、技术、产业、生活等信息，通过统一的数据入口，汇总到系统中形成数据库，它是农村信息化工程开展和建设的基本要素，也是必不可少的一个环节。因此，信息资源的单项指标由平均每天广播电视播出时间、农村公共图书馆总数量、百万人涉农网站拥有量、农民电话热线服务量四项指标构成。信息资源数据库的完善程度是农村信息化建设绩效评价中第二重要的目标，如果说信息化基础设施建设属于头等重要的目标，那是因为没有信息化基础设施，就根本不可能有信息化，而说信息资源数据库为第二重要的目标，是因为没有完善的信息资源数据库，信息化的基础设施毫无用处，必然会成为一堆无法被合理利用的废物。也就是说，信息化基础设施使信息化成为可能，而信息资源数据库使信息化真正有效地运转，使信息基础设施被合理使用，达到信息化所设定的状态。众所周知，信息在现代社会中有非常重要的作用，尤其是在经济领域，经济学甚至在古典经济学的基础上发展了一门信息经济学。在古典经济学中，尽管说明了自由的经济制度对于经济发展的因果关系，但是却是以设定信息完全市场为前提的，而忽略了信息不完全不充分是市场最真实的状态，市场中的大多数机制都是为了克服信息不完全不充分而存在的，例如价格配置资源的机制就是如此。而在信息化基础设施建好之后，如果能够将各类信息进行整合，缩小信息传播的时间和空间，那么就可能从根本上改变市场配置资源的机制或功能。

信息技术应用是农村信息化的关键，主要是测度农村信息化的实现程度，可以用农村互联网用户比例、网络使用率、广播收听率、电视收视率、邮政业务量、农村信息服务站服务量、万人农业数据库拥有量等指标来反应。信息技术是农村信息化建设绩效评价中第三重要的目标。因为信息技术的采用程度和比例等数据能够充分说明农村信息化建设的完善程度。当今世界，信息化技术日新月异，如果在农村信息化建设过程中，大量采用落后的信息技术，那么农村就不可能利用信息技术更新速度快的优势来缩小与城市在信息化建设方面的差距，成为某些利益集团消化落后信息技术设备或产业的地区，同时，还不可避免地使农村再一次落入极为落后的境地。因此，在考虑采用信息技术应用指标时，要将较为先进的信息技术作为衡量农村信息化建设绩效评价的重要指标，要增加其在绩效评价目标体系中的权重。

信息产业是农村信息化的保障，主要测度农村信息产业在整个农村经济发展中的地位和作用。因此，可以通过农村人均邮电业务量、农村电信业务总量、用于农业信息技术研发的科研经费比重、农业信息咨询服务业产值占农村GDP比重、信息产业基础设施建设投资占全部基础设施建设投资比重、信息产业研究与开发经费占各地GDP比重等指标来反应。信息产业不再是一个技术上的概念，而是一个经济上的概念，在农村信息化建设绩效评价中具有非常重要的地位。信息产业的繁荣或完善程度，一般可以反映一个地区的信息化可持续发展能力的程度，因为在缺乏相应产业支持的前提下，纯粹依靠政府的财政或政策支持，基本上不可能长期维系一项事业的发展。只有将农村信息化视为一项产业，存在一定的盈利空间，才能凝聚人心，促使大家共同维护该项产业的发展，使参与其中的人都能够感受到发展的必要性。也唯有如此，才能保证农村信息化建设成为一项可稳定发展的产业。

信息化人才队伍建设可以为农村信息化的发展提供重要的智力支持，它是农村信息化的必要支撑，信息化人才是信息化工作推进的要素之一。因此，我们可以通过农村信息中心从业人员比重、农村信息员数量、农业科技人员比重、年信息技术知识培训时间总量等指标来反应。农村信息中心从业人员比重是指在整个农村信息化从事人员中专门从事信息化工作的人员占总人员的比例，专门从事信息化工作的专业人员必须设定一定的标准（一般包括信息类专业毕业的本专科学生或者经过信息化培训的专业人员等），总人员是指在农村信息化过程中所使用的全部人员或劳动力。农村信息员数量与农村信息中心从事人员有所区别，后者主要从事农村信息化的专业技术工作，而前者主要从事相关信息的收集、整理与传递工作，只需要按照信息中心要求的格式或形式，对发现的相关事件按要求进行收集整理，并且采用约定的方式进行传递就可以了，这个工作并不需要过多的专业性，但是对于农村信息化建设具有相当重要的作用，如果没有这个工种，农村信息化建设就会成为无本之木、无源之水。农业科技人员比重是指从事农村科技的人员占整个农村信息化工作人员总数的比重。农村信息化建设的一个重要目标就是要缩小农村与城市在农业科技服务方面的差异，在传统的农业科技传播方式中，受制于地理位置的影响，农村在接受农业科技服务方面存在着许多劣势，而信息化的到来改变了地理位置的影响程度，只要存在着足够多的农业科技人员，通过农村信息化建设就可以使更多的人享受农村信息化服务所带来的好处。年信息技术知识培训时间总量也是一个非常重要的衡量农村信息化人才的指标，因为信息化人才队伍建设不是一朝一夕的事情，更重要的是，信息化技术的变化非常快，如果不进行及时培训，信息化技术人员所掌握的专业知识很快就会过时，严重影响信息化建设的效果。

农村信息化建设应该有完备的农村信息化发展环境作为支柱，包括经济、社会、政治和人文等方面，统称为农村信息化外部环境。信息化的发展必须要有一定的经济作为后备力量，它是信息化建设发展的成本；信息化的发展也要有一定的社会环境作为观念背景，它是信息化建设发展的思想；信息化的发展也要有一定的政治环境作为政策背景，它是信息化建设发展的支撑力量。在评价这些方面的因素时，可以由农村劳动力文化程度、农村教育经费投入比重、农村经济建设资金投入占各地财政的比重、信息化经费投入比重、信息化标准、规范、制度制定数量等指标来构成。农村劳动力文化程度一般使用中国教育体制中用于评价文化程度的学历证书作为主要标准，分为文盲、小学、初中、高中、专科、大学、硕士和博士研究生等几个类型。使用这个标准来衡量农村劳动力文化程度尽管可能会存在偏差，例如确实存在着一些没有获得国家认可的相应文凭，但是文化程度还是很高的人员，到目前为止，采用这套体系是最适合用于衡量农村信息化建设的社会环境或条件的标准。农村教育经费投入比重是指地方政府中用于农村教育经费占整个财政支出的比例，在当今条件下，农村教育经费投入对于提高农村文化水平有一定的促进作用，尽管两者之间直接的因果可能并不十分明显。农村经济建设资金投入占各地财政的比重一般用于衡量地方政府经济建设占总财政支出的比例，从而可以间接说明经济建设在整个地方政府管辖范围内的重要程度。信息化经费投入比重可用于说明信息化工作在整个地方政府全盘工作中的重要性或者政府对此的重视程度。在一个经费投入比重不太高的地方政府管辖的行政区划内，人们很难说地方政府对农村信息化建设是重视的，尽管重视的方式还包括其他措施，但是毫无疑问，加大经济投入才是最为重要的。

4.2.1.2 农村信息化建设绩效评价横向目标

依据目标管理的特征，根据农村信息化建设绩效管理总体目标，本研究确定的农村信息化建设绩效评价横向目标，是按照全国不同区域来划分横向目标，确定不同区域的农村信息化建设绩效管理目标，然后再根据农村信息化的内容，设立具体目标指标。

很多学者都将“公平、经济、效率、效果”指标（即4E），看作为政府服务绩效评估指标应达到的目标，同样也适合于政府对农村信息化建设绩效的指标的设计（图4-6）。

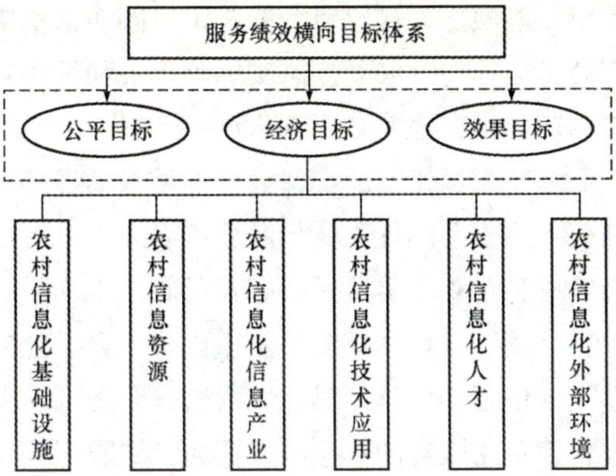

图 4-6　农村信息化建设绩效管理横向目标示意图

1）公平目标

弗雷德里克森说："公共管理者必须平等地对待所有的公民。公共服务分配中所存在的明显的不公平，是人们所不能容忍的，正如我们在其他地方已经强调过的那样，公共行政不仅要致力于效率和经济，而且要致力于社会的公平①。"在当前的社会转型期，不同领域的公平问题都受到极大的关注，它也渐渐成为衡量服务绩效的重要目标。然而，对于何为公正却存在着许多争议，人们至少在两种不同的理论取向之间选择，一种公正为实体公正观，另一种为程序公正观。作为一种实体公正观，由于农村信息化建设涉及公共品的分配，人们需要解决一个至关重要的问题，根据何种标准来配置信息化建设的资源？是根据人种、性别、能力、品质，还是根据贡献、需求和信仰来进行分配。无论根据何种标准进行配置，都有可能使一部分人受益，而使另一部分受损，那么问题的关键就在于，使哪部分人受益或者使哪部分人受损是合理的或者符合公正要求的呢？这可能取决于特定社会条件下人们所能够达成的共识，因为人们需要在特定的社会历史条件下进行选择，以做出对社会全体最为有利的决定，使社会能够保持可持续发展（这就是所谓的功利主义思想的主要观点）。功利主义的观点在特定的社会条件下所做出的选择其实是非常理性的，也是不值得人们去批判的。然而一旦脱离了这个条件，功利主义所指导的这种分配观就会出现一系列的问题，就会引发人们的怀疑，人们会怀疑，为什么有些人必须为了另一部分人而牺牲自己的利益呢？相对而言，程序公正观可能引发的争议比较少，因为程序公正观并不预先设定分配公共资源的实体性标准，而是预先设定人们进行理性选择的条件或环境，这种可供选择的条件或环境一般是由人们提前设定的，在这种条件或环境下，一个理性的无偏见的公民可能做出的资源配置的选择就是公正的选择或决定。在这程序公正观中，最为重要的设置是要保证公民做到无任何偏见，如果人们知道自己的特殊情况，也知道做什么对自己最为有利，那么人们就不可

① [美]弗雷德里克森．公共行政的精神[M]．北京：中国人民大学出版社，2003：42.

能做出公正的决定，而仅可能做出对自己有利的决定，即使这种决定可能对别人有害也是如此。因此，在设定公正目标时，必须要将实体公正观和程序公正观结合起来，而且还必须以程序公正观作为基础，在程序公正观已经被选择出来之后，然后再来考虑特定国情下的实体公正观，而在特定国情下的实体公正观相对于程序公正观而言没有选择的优先性，也就是说程序公正观是必须优先满足的公正观念，只有在程序公正观得到满足的前提下，才有可能使实体公正观获得满足。有鉴于此，十八届三中全会提出："让一切创造社会财富的源泉充分涌流，让发展成果更多更公平惠及全体人民"。在农村信息化建设中，作为服务绩效评估指标设计中目标体系的一个不可缺少的内容，公平目标要考虑的主要是：接受农村信息化服务的农户是否都感受到服务的公平性？农村信息化绩效建设目标的公正性也需要将实体公正观和程序公正观结合起来，构建一个实体与程序相结合的公正目标体系。

2）经济目标

与公正目标相比，经济目标具有较少的争议性，因为在经济目标中，有一项认识是存在共识的，即所谓的经济实际上就是指能够以最小的投入产生最大的产出，或者说是以成本最小化或者收益最大化的方式来行动或生产。在私产品生产过程中，投入与产出之间的比例很容易计算，因为所有的投入与产出都可以利用价格机制，最终换算为一定量的货币，人们在比较不同行动或方案的经济性时，只要将不同方案的这一比例进行比较就可以得出结论。然而，在公共品的投入与产出比较中，投入部分相对比较容易，尽管存在着人力、物力和财力上的区别，然而基本上还是可以换算为货币单位或数量。而对于产出则是所有公共品的难题，在私产品中，由于存在着价格机制，可以根据人们对某产品愿意支付的价格来衡量私产品可能获得的收益，产出比较容易量化，而在公共品中，由于不存在自由竞争前提下的价格机制，其价值就缺乏一个可以标准量化的要素，使得公共品的经济目标性难以被决定。近年来，公共品产出的量化评估研究获得了一些进展，人们通过采取其他措施来保证公共品产出的可量化评估的特性，例如通过公共品受众对公共品的主观满意度作为公共品产出的主要指标，也可以通过一些相关的其他的客观性指标来进行衡量，例如在农村信息化建设过程中，可以通过农民访问信息网站的次数来进行衡量等。尽管在公共品的产出衡量中存在着许多困难，然而经济目标在现代社会中的地位越来越重要的趋势却是获得公认的，因为公正目标在现代社会中有逐渐被融入公正目标的趋势。一般情况下，人们认为公正目标的首要特征是平等，然而人们对于什么的分配是平等却存在着许多争议，尤其在现代社会中，如果平等是一种绝对的平等，但是却是物质非常贫困的平等，那么这种平等也可能被认为是不公正的。在这个观念的基础上，人们认为，在更多可分配物质财富前提下的不平等，比非常少的可分配物质财富前提下的平等而言，前者不仅仅是一个效率的问题，而且也是一个公正的问题，但是公正的问题却被包含在效率的问题中，也就是说，公正目标被包含在经济目标之中，这种观念无疑是现代社会在衡量评估一项工作时的主流观念。因此，在评估建设绩效时，通常承担建设任务的主体都要考虑的主要因素就是：建设这个项目到底需要多少经济投入？实施过程中，这笔预算是否够用？类似的问题都是组织在面对经济指标时要关注的。经济目标是任务组织，包括政府都要关心的内容。因此，经济目标追求的是较低的投入或成本，获得较高的、最优的结果，而建设的过程却不是主体关注的主要方面。

3）效果目标

效果一般指项目实施是否符合政策目标的程度，又可成为服务对象对于项目实施的感受或者建设项目对服务对象的影响，是面向服务对象的目标。“如果服务工作没有取得理想的效果，那么完整的执行程序只是浪费时间和金钱而已[①]。”效果目标不同于公正目标和经济目标，公正目标强调目标的政治性和伦理性，经济目标强调目标的效率性或低成本性，也就是说，公正目标主要解决目标的正义性问题，是保证目标具有持续稳定性的关键所在，一个目标即使再有效率，如果不公正，那么也不可能持续存在，因为这种效率目标是可能以牺牲特定人群的利益为代价的，而被牺牲的群众无疑是不可能支持这种所谓效率目标的；反之也是成立的，一个目标即使是公正的，人们都是满意的，如果没有或严重缺乏效率，那么其存在也是不太稳定的，这是由社会资源不充分的客观条件所决定的。与公正和经济目标强调的方向不同，效果目标主要强调目标的社会性和心理性方面。所谓社会性是指项目实施能够促进社会结构的稳定或者社会秩序的和谐，或者促进社会结构的顺利变迁。所谓心理性是指项目实施获得了众人的热烈欢迎或者支持，从而可以保障项目实施的顺利进行。一般情况下，效果目标也可以通过所谓社会效益来衡量，也即是对社会结构的稳定或社会结构的变迁所产生的正贡献来衡量。农村信息化建设的最终效果是指原本的情况是否得到改进，包括农户的经济状况、农户满意程度、政策目标的成就程度等。它是衡量农村信息化建设绩效评估指标设计的目标体系中的一个主要内容，是以农户为中心的一项目标。农户经济状况是指在农村信息化建设过程中对信息化地区的农民经济状况所产生的正相关影响，农村信息化可能对农户经济状况并没有直接的影响，或者没有直接的因果关系，但是通过农民经济状况的指标可以间接衡量农村信息化的效果指标，也即是对农村经济结构所产生的影响。农民满意程度是指农民对农村信息化建设项目的心理满意程度，尽管是一项主观性的心理指标，但是却是非常有效的能够反映农村信息化建设效果的指标，这是一项具有新公共服务特征的指标。政策目标的成就程度是指农村信息化建设对于党和政府政策实施过程的促进作用。在传统的传播方式下，党和政府的方针政策可能需要通过政府逐级传达，在传达过程中不可避免地会发生信息失真，而

① 戴维・奥斯本，特德・盖布勒．改革政府[M].上海：上海译文出版社.1996.333.

在信息化条件下，党和政府的方针政策可以在第一时间直接传达到老百姓，保证了信息的真实度，而且增加了信息的时效性，可以有效地增强党和政府政策的贯彻力度，保证政策执行的有效性。

4.2.2 农村信息化建设绩效评价纵向目标

4.2.2.1 农村信息化建设绩效评价纵向目标设置的依据

我国自上而下的行政管理体制，是农村信息化建设绩效评价纵向目标设置的依据之一，自上而下的管理体制，决定了中央的指导地位，各级地方政府在中央的领导和指导思想下，落实做好各级地方工作。在我国的行政管理体制下，纵向目标的设置具有如下特征，首先在中央政府层面，必须提出若干个能够涵盖农村信息化建设绩效评价的目标，以作为指导下级政府或基层政府进行农村信息化建设的指导性方针或方案。在中央政府层面，农村信息化建设绩效评价目标至少具有两个特征，其一是目标必须要全面，因为作为需要指导全国农村信息化建设的目标，必须涵盖农村信息化建设的方方面面，如果顶层设计失败或者出现问题，那么基层政府的农村信息化建设是不可能做好的；其二是目标必须要抽象，因为我国是一个地区差异相对较大但是却又是中央集权制的国家，既然基层政府的农村信息化建设要由中央政府来指导，中央政府出台的指导性建议、政策或目标就必须要抽象，如果太具体，就有可能只适用于某些甚至是某个地区，而不适用于其他地区。不仅如此，太具体的目标还容易导致另一个更深层面的问题，即公正问题。如果目标太具体而特别适合于某个地区而不适合于另一些地区，那么中央政府制定目标的动机就值得人们去怀疑，这是否包含了某些领导人的个人意志呢？由于中央政府提出的目标建议具有上述两个特征，使得中央政府层面的目标具有一些先天性缺陷。其一是目标太抽象，指导性不强，或者根本缺乏指导性。众所周知，越是抽象的目标，人们能够从中获得的具体信息就越少，当目标抽象到一定层次之后，实际上根本没有留下多少可以借鉴的信息，到了这个层次，目标可能就仅仅停留在口号的层面上。其二是目标的自由裁量部分较多，可能导致基层政府实施的农村信息化建设脱离中央政府意图实现的真正目标。在中央集权体制下，存在着“山高皇帝远”的可能性，也就是说，中央政府与基层政府的距离太远，中央政府根本就没有能力对基层政府的行为实施管理，导致基层政府滥用权力，所实施的农村信息化建设与中央政府设定的目标差距甚远。在面临着中央政府或上级政府检查时，基层政府就可能会采取一些其他应付检查的措施，只要能够保证中央政府或上级政府检查没有问题，基层政府所实施的农村信息化建设就不会出现任何问题，也不会出现有人会被追究责任的情形。

当前政府绩效评估的纵向目标体系取决于政府服务绩效评估过程，其价值取向会影响着绩效评估指标体系的设计。因此，纵向目标的设计应紧紧围绕“服务”二字来进行设置。十八大指出“构建人民满意的服务型政府”，在此背景下，政府对农村信息化的建设路径会决定政府的服务不仅是以谋求经济利益最大化为标准，也会使政府更崇尚“民众本位”的服务方式。在农村信息化建设绩效评估纵向目标中，中国中央政府设定的纵向目标有三个，即服务、效率和满意。服务目标侧重于强调政府在农村信息化建设过程中的价值定位，即政府进行农村信息化建设不是为了政绩，也不是为了自身的要求，而是为了更好地满足农村居民对农村信息化服务的现实需求，服务目标也即是习近平总书记所强调的，“满足人民群众对美好生活的追求”就是中国共产党的追求的体现。除此之外，服务目标还与新公共服务运动在价值上有相近之处。在新公共服务运动中，政府对提供的公共服务或公共品运用了市场经济中私人企业对私产品的管理模式，借鉴以满足顾客需求为导向的产品生产模式，在公共品的生产中，运用满足公众需求为导向的公共品提供模式，以此来达到使公共资源获得最有效使用或利用的局面。在中国中央政府的纵向目标中，第二层面意思的服务目标并不在目标意义之内，这个层面的目标中国中央政府使用了另一个目标来表示，即所谓的效率目标，也即是如何以成本最低产出最大的方式来实施农村信息化建设。第三个目标也与第二个目标有相关性，在部分专家看来，能够用于测算农村信息化建设绩效的指标之一就是农村居民的满意度，尽管农村居民的满意度所能够反映的信息非常多，可以从多个不同的角度进行权衡，但是使用农村居民对农村信息化建设的满意度作为测算农村信息化建设绩效的产出指标之一，是近年来专家学者们在测算农村信息化建设效率方面的一个重要理论贡献。

4.2.2.2　农村信息化建设绩效评价纵向目标内容

根据我国自上而下的行政管理体制，本研究设定的农村信息化建设绩效评价纵向目标，就是按照中央到地方的分级管理，设定从中央到各级地方政府的农村信息化绩效评价目标，首先是确定中央关于农村信息化建设绩效评价的目标，然后层层分解，各级地方政府根据本行政区域的农村的实际发展情况，根据中央的指导思想，指定相应地本行政区域的农村信息化建设绩效评价目标。

随着社会、政治、经济环境的变化，政府所处的环境也显示出与以往的不同。在农村信息化建设中，政府作为实施主体和监督评价的主体，对其自身的服务测评也成为应该探讨的问题。政府的持续发展能力、服务改进和创新能力，是评价政府服务的重要环节。各级政府对农村信息化建设的扶持和监督将反映出政府的服务核心。只有为各级政府设置一套服务型目标，并掌握适度的技术及方法，才能实现投入、产出的最佳绩效，体现服务的高效快捷，进而提高政府信息服务的绩效水平。按照从中央到省级到县级到乡镇到村的层级结构设定农村信息化纵向绩效评价目标体系，图4-7所示为农村信息化建设绩效评价纵向目标示意图。

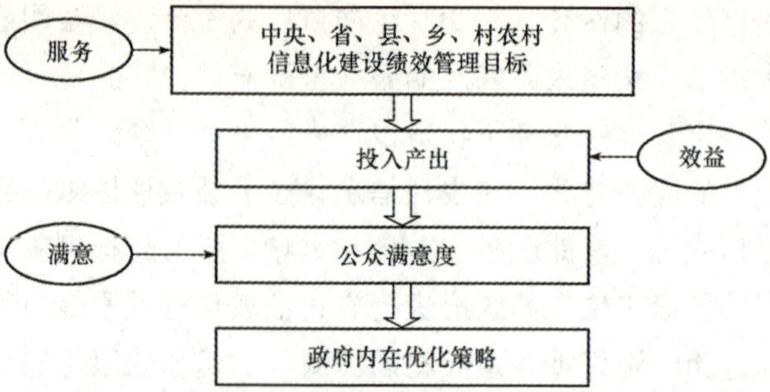

图 4–7　农村信息化建设绩效管理纵向目标示意图

1）服务管理目标

实施农村信息化建设绩效评估的服务管理目标，就是通过对信息化服务主体的有效管理和配置资源的能力进行评估，提高各级政府部门对农户需求的回应能力。在农村信息化建设过程中，政府在行使政府职能时，应以农民为中心，确保农户的利益得到保障。政府提供基本农村信息化服务的重要标准，就是给予农户、龙头企业等群体一定的服务和管理。这意味着政府与农户、组织之间的关系是服务者与被服务者之间的关系，但是，这种关系却呈现出双向沟通的特点。服务对象可以表达自己的需求，政府也有义务满足他们的需要。服务管理目标可以促使政府与农户共同面对农村信息化建设的问题，共同解决建设进行中的难题。同时，服务管理目标也使政府的服务更着重于顶层设计及从上到下的硬件和软件服务，以农户利益为核心，促进农村社会与城市的一体化发展，实现社会、经济的高效发展。服务管理目标无疑是以满足农村居民和农业企业的切实需求为导向的，但是在这个过程中，却存在一个难以解决的问题，即不同的农村居民和农业企业不会具有相同的需求，每一个农村居民和农业企业都有自身独特或不同的需求，人们可能会提出这样的疑问，服务管理目标到底以哪个农民或农业企业的需求作为满足的导向呢？毫无疑问，这里提出了一个非常严肃且难以解决的现实问题，同时，也是一个针对新公共服务理论基础的严重的质疑问题。对这个问题的回应应当分为两个部分，第一部分回应采取大数据的方式。所谓大数据是指通过对农村信息化服务地区的农村居民和农业企业进行大规模需求调查所获得的数据。通过对大数据的分析，可以获得该地区农村居民和农业企业倾向性的需求，农村信息化建设的服务管理目标就应当以大多数农村居民和农业企业的需求作为满足的导向，同时，也不能完全忽略少数农村居民和农业企业的需求。第二部分回应采用理性推理的方式。所谓理性推理是指根据一般人所拥有的信息化需求来进行推理所获得的需求方向。在理性理论的过程中，一般要做一定的理论假设，其中最为重要的理论假设是人性方面的，例如必须要做出人喜欢安全感等的人性假设等，才有可能进行进一步的推理。第一部分回应方式可能存在着忽略少数人需求的导向，也有可能存在着多数人的需求不符合国家法律或传统道德规范要求的导向，例如利用信息化设施进行赌博等。第二部分回应方式存在着主观武断，以推理人的需求强加于人的倾向，可能会忽略农村信息化地区人们真实的需求。最好的方式是结合这两种回应方式，即在大量调查的基础上，再结合规范性的推理过程，就可以既保证需求具有真实性，有良好的基础，同时还不至于脱离法律和道德的规范之外。

2）投入产出目标

这是一个面向服务主体的目标，效益简单的可以理解为投入与产出之间的比例关系，效益的核心是实施手段和方法，一般可以用货币方式进行描述。该目标所关注的是：经济投入后获得的收益如何？是否达到了预期的目标？因此，农村信息化建设的效益目标包括经济投入的收益、当地经济发展水平的提高程度、项目实施前后的比较等。所谓经济投入的收益是指根据农村信息化建设所投入资金能够产生的可以货币化衡量的产出，例如对农村居民人均收入增加的贡献，对农业企业营业收入的正相关影响等指标。所谓当地经济发展水平的提高程度是指农村信息化建设对农村信息化建设地区的GDP的贡献率或贡献情况。农村信息化建设在本质上可以等同于其他基础设施建设，例如交通基础设施，随着基础设施的改善，毫无疑问可以促进市场经济的快速发展，促进农村市场的繁荣。如果农村信息化建设对农村信息化建设地区的GDP有正相关的影响或者是正贡献率，那么就可以根据GDP增长的幅度来作为衡量农村信息化建设绩效的纵向目标之一。因此，我们应当要采取以下措施：首先，应着眼于提供满足于农村社会需求的信息化服务物品，并通过一系列制度和政策作为支撑；其次，提高服务主体建设的质量，不断优化服务的整体能力，改进原有的建设状况，增强服务实施的效果。

3）满意度目标

满意度（Satisfaction Degree）是用来衡量服务质量高低的主要标志，它反映了受益群体对服务的认可程度。十八届三中全会指出："促进社会公平正义、增进人民福祉为出发点和落脚点"。在项目建设政策、明确建设目标的同时，必须以农户利益为出发点，尽可能满足农户的需求。对于农村信息化建设而言，服务对象包括龙头企业、专业大户、农民、社会组织等，这些群体也是实施农村信息化建设的重点服务对象。各级政府对农村信息化建设的绩效评估实质上从传统的"政府本位"转向"民众本位"。这也使得提高农户对政府提供服务的满意度应成为评价服务的工作成效，即满意度的高低将成为衡量各级政府服务绩效的目标之一。因此，以农民生活质量的提高为核心，以提升服务能力为宗旨，为农户提供高质量的、可操作的信息化建设服务就成为不同服务主体的工作内容之一。

农村信息化建设的纵向目标是：构建以管理为核心，体现政府公共管理的精神，实现制度化管理、精细化管理及数字化管理的管理体系；以效益为核心，体现市场的自由交易本质，实现组织利益的最大化的经济体系；以服务为核心，体现社会服务的福利化内涵，实现社会群体的整体性、公平性活动的社会体系。

综上所述，作为农村信息化建设的初始环节，要考察其绩效评估的可操作性和最终效果，取决于农村信息化建设目标体系的设置是否科学合理。横向目标和纵向目标相结合将会促进农村信息化建设的更快发展。

4.3 本章小结

自古以来，我国就是农业大国，从传统农业到现代农业的过渡，对于新型农业技术的需求就变得十分迫切。自国家提出农村信息化建设的政策以来，越来越多的人意识到农村信息化建设的重要性和发展的潜力。因此，加强农村信息化建设绩效评价的研究与应用，已是大势所趋。农村信息化建设是国家建设的一项战略性的工程，必须要通过一套完整的目标体系来规范建设进程，并对农村信息化建设起到一定的监督完善的作用。建立农村信息化建设绩效目标体系的最终目的，无论是横向目标还是纵向目标，都是为了更好地评估农村信息化建设的效果，使现代科学技术更好地运用在农业领域，巩固农业在我国的基础地位。

第5章　大数据时代微观层面农村信息化建设绩效实证分析

农村信息化建设绩效既包括物质性绩效，也包括精神性绩效。前者是指电信网、广播电视网、互联网等信息化基础设施建设，农村信息资源的开发与共享，农村信息化服务平台与服务站点建设等物质基础建设绩效；后者是指农民、涉农企业、农业专业合作组织等对农村信息化建设的感觉效果，即用户的满意度，本文主要研究农民满意度。本章以满足农民对农村信息化建设的感知标准和心理为评价目标，选用农民对农村信息化服务满意度指标，深入研究农村信息化建设微观绩效及其影响因素。

5.1　“顾客满意度”理论与农村信息化建设绩效

5.1.1　满意度理论的起源与发展

顾客满意度理论是随着近现代商品经济的发展而逐步建立起来的衡量和评价企业服务（产品）质量的一种理论。美籍奥地利管理大师彼得・F・德鲁克（Peter F. Drucker）在其代表作《公司的概念》（1946）中提出，“公司的目标是谋取经济利益，因此，它必须有一个衡量效率的标准——一个客观的标准，不受任何人感情和意愿的影响。”由于市场环境不断在发生变化，企业为了能够确保从激烈的竞争环境中脱颖而出，实现谋取经济利益的目标，必须逐渐转变其经营理念、质量管理理念①。回顾企业服务（产品）质量管理发展过程，大致可以划分六个阶段：第一阶段是经验质量管理阶段。19世纪末资本主义工厂取代手工作坊前，工人既是产品的生产操作者，又是产品的质量检验、管理者，具有双重身份，工人的经验就是“质量标准”。产品质量管理主要靠工人的经验。第二阶段是质量检验管理阶段。企业质量管理随着现代工厂的建立而产生。1918年，科学管理派泰勒等人强调生产的严格分工和产品的技术标准，专职检验工序由此出现。产品质量进入检验管理阶段，但是这一阶段的质量管理缺乏系统理念。第三阶段是质量统计过程管理阶段。20世纪20年代至50年代，质量控制的统计方法在企业生产中逐步得到应用，预防为主的质量管理理念最终得以确立。质量控制的统计方法虽然减少了产品不合格率，但是存在统计技术难度大、忽视企业人本管理、

① 廖颖林. 顾客满意度指数测评方法及其应用研究 [M]. 上海：上海财经大学出版社，2008：1.

不能满足顾客需求等不足。第四阶段是质量保证阶段。20世纪50年代，美国军方制定的MIL-Q-9858A军用质量管理标准提出了“质量保证”的概念，引入第三方审核评估质量管理体系的有效性。依据质量手册开展质量策划、审核是这一阶段最大的特点，产品质量管理由此进入到系统质量管理阶段。第五阶段是全面质量管理阶段。美国A.V.费根鲍姆于1961年提出全面质量管理理论，重视满足顾客的需求，强调全面、全员、全过程的“三全”管理理念。第六阶段是质量科学管理阶段。科学的质量管理更加注重顾客满意度，强调以人为本和质量经营的理念，依靠企业本身和全社会参与，使用多元化的质量管理方法和运用现代计算机信息技术，不断提升质量①。总而言之，企业服务（产品）质量管理经过了六个不同阶段的发展，管理的理念不断适应市场环境变化和价值定位。当今的质量管理可以说完全是为了顾客满意服务的，顾客满意度成为企业服务（产品）质量好坏的关键。

真正意义上的满意度理论研究开始于20世纪30年代，德国学者Hoppe（1930）和美国学者Lewin（1936）创造性地运用社会学和心理学研究顾客满意度，并发现顾客满意与顾客自尊、信任、忠诚有密切的关系，为满意度理论研究的首开先河。在这两个学者的研究中，顾客对消费的商品是否满意并不仅仅是一个简单的需求满足的问题，还涉及非常复杂的伦理和心理问题。从伦理学的角度来看，一个人对所消费商品是否满意，除了这个商品本身能够满足顾客直接的使用需求之外，还要能够给这个顾客带来使用需求之外的附加价值，例如使商品消费者的自尊获得了极大的尊重，使商品消费者所认同的社会伦理价值在消费过程中获得了承认，一辆汽车除了要能够给消费者带来最为直接的作为交通工具的价值之外，还需要给消费者带来社会地位或尊严感的附加价值，使消费者觉得拥有这辆汽车不仅可以满足其基本的出行需求，而且还可以使其他人认同他存在的社会价值。当然，商品满足人们需求的这两种属性之间存在着复杂的关系，其与消费者本身的社会地位和价值观有关系，一个低消费能力的人可能非常在意商品所带来的满足直接需求的能力，而不太在意其带来的间接价值，那么生产者就应当提供更为实在的商品，使这些消费者的满意度达到最大，而不是大量提供消费者并不需要的间接价值，因为这些间接价值对这些层次的消费者而言太过于昂贵了，这些消费者必然会表达出不满意，这必然会影响到生产者的生产效率。

在上述两位学者提出以满意度作为指导企业生产的评价指标之后，满意度理论的深入和系统研究则是20世纪60年代之后。Cardozo（1965）首次在市场营销领域实证研究顾客满意度理论对顾客购买行为的影响，发现顾客满意度能够促进再购买行为的发生。这是一个非常重要的发现，在顾客满意度理论提出之后，受制于当时的技术水平，理论家们并没有实际数据来支持他们的结论。Cardozo在市场营销领域所做的实证研究，通

① 霍映宝．顾客满意度测评理论与应用研究 [M]. 南京：东南大学出版社，2010：3-4.

过对消费者建立消费档案，定期对消费者进行电话或其他形式的访问来获取消费者对商品的满意程度，再将这种满意程度与顾客的消费行为之间建立数量关系模型，运用调查所获得的数据进行检验。经过多次测试，他发现顾客满意度与顾客的再一次购买行为之间存在着直接相关的关系，这种相关性达到了足以形成因果关系判断的程度。Howard和Sheth（1969）从消费者对所付出的代价与分享的收益评判研究顾客满意理论，指出顾客满意是一种心理认知状态。这两位学者试图解释顾客满意度与顾客再次购买之间的因果关系的真正原因是什么。他们认为，顾客满意度可以由一些最为基本的要素构成，其中最为根本的要素有两个，其一是消费者所付出的代价，这里的代价不仅仅是指货币或金钱上的代价，而且还应当包括消费者为消费这件商品所付出的其他方面的非金钱方面的代价，例如是否需要花费大量的时间，或者是否需要付出巨大的精力或努力，或者所消费的商品是否耐用而使人们感觉到非常好等都可以算是非金钱方面的代价。其二是消费者所获得的收益，这里所指的收益并不是生产者层面意义上的利润，而是指顾客消费这件商品所带来的生活条件的改善程度，例如一件好的商品应当能够更多地改善一个人在某个方面的生活，一把好的菜刀就应当使消费者从麻烦的厨房事务中解脱出来，或者能够大幅度提高厨房事务的效率。Pfaff（1977）认为，顾客满意度源于产品组合的理想与实际差异的反差。Westbrook（1980）提出，顾客满意度是消费者对产品使用结果的主观评价。Oliver（1981）认为，满意度是顾客在产品获得和消费体验时产生惊讶的评价。Quelch和Takeuchi（1983）实证研究发现，顾客满意度受消费前、消费中和消费后三个阶段所涉及因素的影响。Fomell（1992）实证研究指出，顾客满意度是顾客对产品（服务）购买和使用后的一种总体评价。Kotler（1995）认为，顾客满意度是顾客对产品（服务）所感知的绩效与期望相比较的结果。

伴随着对顾客满意度研究的不断拓展，学者们相继提出了各种各样的顾客满意度评价模型，归纳起来主要有期望差异模型（Expectation Disconfirmation Model）、感知绩效模型（Perceived Performance Model）、规范模型（Norms Model）、多过程模型（Multiple Process Model）、归因模型（Attribution Model）、情感模型（Affective Model）、公平模型（Equity Model）等7种类型。近20多年来，影响顾客满意度模型当属CFI集团总裁、美国密歇根大学著名经济学家Claes Fomell教授及其领导团队推出的基于因果关系的顾客满意度指数模型。1989年，他们受瑞典委托，构建了瑞典顾客满意度指数（SCSB）模型，成为第一个全国性的顾客满意度指数模型。随后，借鉴SCSB，各国依据自己国情相继推出德国顾客满意指数（DK，1992）、美国顾客满意指数（ACSI，1994）、韩国顾客满意指数（KCSI，1998）、欧洲顾客满意指数（ECSI，2000）等。我国对顾客满意度理论研究起步比较晚，但近20年来，我国众多学者逐步关注顾客满意度理论并结合国情进行了较深入的研究，取得了一些研究成果。其中，最重要的成果是清华大学中国企业研究中心经过三年研究（2000—2003年）最终构建了中国用户满意度指数（CCSI）。在顾客满意度指数模型中，有几个至关重要的要素，其一是因果关系；其二是指数的确定。对于因果关系，主要是指顾客满意与消费对象属性之间的特定关系，也包括顾客满意与绩效提升之间的因果关系。很明显，对于第一种因果关系，即顾客满意与对象属性之间的因果关系，应当说是一种先验式的设定，只要是一个理性的人，就会对相应的对象消费感到相应程度的满意。但是，在这个过程中，可能存在疑问的是，是否所有的人对相同的对象会存在相同的满意反应呢？这应当是困扰先验式因果关系设定的最为主要的问题，由于人的天赋条件或自然条件不相同，而且人生活的社会经历也不相同，还有人的性格也存在着较大的差异，或者说人生活在不同的家庭条件之下，这都促使着人们对相同的事物可能会给出不同的满意程度，也就是说，顾客满意度实际上是一个充满着差异性的问题，不同的人必然会做出不同的反应，或者说顾客满意度是一个非常主观的问题，无法作为科学问题的答案。但是，对于这种回答，客观论者却有自己的不同的答案。客观论者认为，在不同的国家或地区的文化条件下，也许会存在着主观论者所阐述的情况，但是主观论者却容易忽视两个至关重要的方面，其一是人类社会的结构实际上是由人们长期共同合作形成的，人们对这种结构有共同的认识，这种认识与人们共同生活的条件或环境没有关系，而只与人类共同具有的思维结构有关系。只要人类是一个理性的人，那么人类就必然具有共同的思维结构，这就可以在很大程度上保证人们对某些特定事物所做出的主观判断的一致性。其二是人类是一种群体性动物，社会性是其本质特征，人类在社会交往中获得了思维认识上的共同性，否则人类就不可能形成社会，从而形成人类社会真正有意义的生活。在这个意义上，只有生活于不同社会中的人群，才有可能出现对特定对象满意程度差异极大的情形。在确定了因果关系之后，顾客满意度理论的另一个重要因素就是如何运用一定的数量关系来评价顾客满意的具体程度，将顾客满意程度这个看似非常主观的问题变得非常客观。实际上，上述七种模型之所以出现如此之大的差异，很大程度上都是对顾客满意度指数确定上的差异，不同的理论家对顾客满意度给出了完全不同的衡量或评价方法与指标。当然，每一种衡量或评价方法指标都有相对合理性，因为不同的方法是针对所评价对象的不同方面或者运用不同方法而展开的。

回顾整个顾客满意度理论的演变与发展过程，尽管学者们依据不同研究背景和研究目的，对顾客满意的含义、评价模型进行研究并提出各自的观点，促进顾客满意度理论研究取得丰富的成果，但仔细分析这些成果，就能够发现，它们之间并不是相互割裂和相互对立的关系，而是继承、发展和融合的关系。

随着顾客满意理论在企业产品（服务）质量管理中的应用以及取得重大成功，20世纪后期兴起的新公共管理派倡导将顾客满意度理论应用到改进政府公共服务的研究与实践中。新公共管理将政府服务的接受者视为消费者或顾客，“顾客就是上帝”的理念由此进入政府官员与公民之间适当关系的讨论之中①。支持将公民视为顾客观点的新公共管理派“是从经济学意义上来看待公民权的，因此，公民就被转变成为自主的顾客，他们可以寻找最有可能强化他们市场地位的一方或立场。他们像顾客控制商品的生产者那样通过购买或不购买他们的产品来控制其（国家的）官员②。”顾客服务的理念对新公共管理已经变得极为重要。奥斯本和盖布勒认为，与官僚制政府相比，顾客驱动的政府具有更负责任、更多创新、有可能产生更多服务选择同时更少浪费的优点，因而更具有优越性③。巴泽莱主张，根据顾客满意度理论来思考政府如何提高公共服务，这将有助于公共管理者明确关注公共服务的绩效问题，从而对公共服务中所出现的问题提出一些创新性的解决方案④。顾客满意度理论因此被广泛用于政府公共服务绩效评价与改进中。美国将企业服务的顾客满意度理论应用于国家绩效评价。“为顾客提供与企业的最佳服务相同的服务”⑤，就是美国国家绩效评审的一个重要目标。政府应该具有企业家精神，评估顾客的需求，制定公共服务供给的标准，同时采取满足那些标准所必需的手段。政府及其机构应该按照顾客驱动建立运作方式并进行重塑。

将顾客满意理论应用于公共服务或公共品的生产或提供的绩效评价标准，尽管获得了许多理论家的支持，而且理论家们的论证也收到了成效，这种成效不仅表现在理论方面，而且表现在实践方面，理论家们为了验证他们的理论，设计了一系列的理论模型，进行了大规模的实地调查，以获得足够多的第一手资料，运用这些第一手资料对理论模型进行验证，到目前为止，这些验证大体上都确认了这样一个结果，即顾客对政府提供的公共服务或公共品的满意程度与政府提供公共服务或公共品的绩效之间存在着一定的因果关系。但是，将顾客满意理论应用于政府提供公共服务或公共品的绩效，却可能存在着一些难以回避的风险。这种风险与民主社会中将社会公共决策完全将由社会大众根据表决人数来决定的民主制度所带来的风险是一致的。在民主社会中，由于采用多数决定制的民主决策原则，很可能会出现这种情况，即可以牺牲少数人的利益或权益为代价来使大多数人的利益或权益获得保障或发展（这种情况可能是功利主义支持的观点之一）。而在根据顾客满意度来评价政府提供公共服务或公共品的行为是否有绩效的标准之一，也可能会出现以满足大多数人的类似或相同的要求为导向的评价标准或过程而忽略少数人或少部分人需要的倾向，例如在提供医疗服务时，只注重人口多的大城市而忽略人口少的农村地区，因为在相同的条件下，不同地区的人群可能对医疗服务的需求并

① 珍妮特·V·登哈特，罗伯特·B·登哈特.新公共服务[M].丁煌，译，方兴，丁煌，校.北京：中国人民大学出版社，2011：42.

② Walzer, Michael. The Civil Society Argument[M].Albany: State University of New York Press,1995:160.

③ Osborne, David and Ted Gaebler. Reinventing Government: How the Entrepreneurial Spirit Is Transforming the Public Sector. Reading, MA:Addison-Wesley，1992:180-185.

④ Barzelay,Michael.Breaking Through Bureacracy[M].Berkeley:University of California Press,1992:6-7.

⑤ Gore,Al.From Red Tape to Results. Washington,DC:The Review,1993:44.

不一样，相应地对政府提供的医疗服务的满意程度也不一样。为了避免这种情况，顾客满意度理论出现了两种完全不同的分歧，其一是强调规范优于顾客满意度理论的倾向，其二是强调顾客满意度的理性过程。规范优于顾客满意度的倾向认为，在根据顾客满意度对政府行为绩效进行评价时，必须要先制定相应的规范，引导符合规范要求的顾客满意度评价，而不是将任何内容的顾客满意度作为评价的标准，换句话说，只有符合先在规范要求的顾客满意度才是真正的满意度，可以作为评价顾客行为的满意度。强调顾客满意度的理性过程的倾向认为，在所有经验性的顾客满意度内容中，要重点强调顾客满意度内容中的理性部分，将引起非理性部分的内容予以排除。

5.1.2 满意度理论的应用

近年来，随着顾客满意度理论研究在我国兴起，其也被应用到公共服务绩效评价和改进中，不少学者也将顾客满意度理论应用到包括农村信息化服务在内的农村公共服务绩效评价和改进中。

丁卫、孙宪华[①]（2000）应用顾客满意度理论，从评价的意义、机理、方法、指标构建等方面，对公民评价政府的经济行为进行了探讨和研究。朱国玮、黄珺、汪浩[②]（2004）在分析美国采用的公共部门满意测评模型的基础上，探讨了我国公共部门满意度测评的实施要点、适应性、评价体系等问题。刘武、朱晓楠[③]（2006）借鉴国内外地方政府顾客满意度指数，构建了地方政府顾客满意度指数模型，对沈阳市七个区行政服务大厅为例进行实证研究，并提出构建地方政府满意度指数模型的建议。郑方辉、雷比[④]（2007）提出，我国地方政府绩效评价不仅要强化政府成本导向，更重要的是关注公众满意度，将公众满意度调查作为中国公共政策评价的基本路径，构建客观指标与主观评价于一体的中国地方政府绩效评价指数模型，促进政府绩效提升。张欢、张强、陆奇斌[⑤]（2008）运用顾客满意理论实证研究了汶川灾区群众对政府灾后工作满意度的情况，并指出群众满意度下降的主要原因是不恰当的“期望”。陈俊星[⑥]（2011）研究指出，公众满意度测评已逐渐成为我国地方政府绩效评估的重要内容和手段，但在实践上刚刚起步，比较容易陷入工具化、封闭化和简单化的困境，对此，必须重新定位地方政府职能和牢固树立公众满意理念，完善公众满意度测评的体制和机制，强化制度保障。

① 丁卫，孙宪华．公民对政府经济行为满意程度的测定 [J]. 现代财经，2000（12）：9-12.

② 朱国玮，黄珺，汪浩．公共部门公众满意度测评研究 [J]. 理论与改革，2004（6）：42-45.

③ 刘武，朱晓楠．地方政府行政服务大厅顾客满意度指数模型的实证研究 [J]. 中国行政管理，2006（12）：32-35.

④ 郑方辉，雷比．基于公众满意度导向的地方政府绩效评价 [J]. 中国特色社会主义研究，2007（3）：47-52.

⑤ 张欢，张强，陆奇斌．政府满意度与民众期望管理初探——基于汶川地震灾区的案例研究 [J]. 当代世界与社会主义，2008（6）：99-104.

⑥ 陈俊星．地方政府公众满意度测评的困境与出路 [J]. 东南学术，2011（4）：103-110.

赵大海、胡伟[①]（2014）在借鉴国内外有关公共服务公众满意度的测量方法、指标体系等研究成果的基础上，研究了我国大城市公共服务公众满意度，优先提高公众对政府效能、信息公开和公众参与等满意度是提高公众满意度总体水平的重要途径。郑方辉、周雨[②]（2013）认为，公众满意度在法治政府绩效评价中居于核心地位，他们依据广东省的调查数据，运用满意度理论与模型对建设法治政府的成就与效能进行综合测量与评判。

中国学者对顾客满意度问题应用于政府行为绩效的研究尽管来源于国外，但是还是存在着一定程度上的创新，主要是对理论模型进行了适度的调整，以更好地适用于中国的现实国情，整体来看，中国学者对顾客满意度应用中国政府行为绩效的研究具有以下特征：首先，对于顾客满意度的理论基础问题，中国学者更多将其与中国传统政治哲学中的伦理观念相结合，赋予顾客满意度研究以更多的伦理意义，使之能够有效摆脱其名称中所带有的商业气息，将顾客满意度研究中以注重金钱利益为首要价值的倾向，调整为经济、社会和政治效益同时兼备的倾向。也就是说，顾客满意度理论由于在理论起源于私有企业或商业企业加强企业管理的一种有效对策，尽管在理念上有保护或保障消费者利益的意思，但是其根本目的还是企业想在激烈的市场竞争中，通过提高顾客满意度来达到保持竞争优势从而最终获得巨额利润的目的，在将这种理论应用于政府行为时，在西方国家可能并不会存在多少问题，然而在传统的中国政治哲学中，人们往往将商业行为看作是低于政府或公共行为的，认为后者具有更好的价值，这就会导致在应用顾客满意度理论时，可能会引起部分人群的反感或不支持，如果能够对这种反应进行适当调整，赋予其传统政治哲学所支持的价值，那么这种局面将会得到很大的改善。而在传统中国政治哲学中，最适合充当这一角色的，无疑是“为人民服务”的政治理念。自中国共产党成立以来，就一直倡导“为人民服务”的政治理念，而顾客满意度的理论只要加以一点点改造，就可以很好地与“为人民服务”的理念相吻合。除顾客满意度理念与中国传统政治理念相吻合外，中国学者对待顾客满意度理论还采取了分而治之的理论态度，也即是在对待农村和城市居民的满意度上采用了不同的指标体系或者研究倾向。这实际上也是符合中国国情的一种理论研究方法。实际上，中国最大的国情就是农村、农业和农民的“三农”问题，曾经有人认为，谁搞懂了中国农村，谁就掌握了治理中国的优先权。国外的一些研究方法或理论，被拿到中国来之后，如果适用于城市，那么其适用性可能会好一些，但是一旦拿来直接适用于农村，那么其结论可能就会存在许多问题，原因就在于这种理论不是基于中国农村的实际情况发展出来的，不具备对中国农村进行研究的经验基础。为了很好地动用顾客满意度理论，必须对该理论进行适合于中国农村文化或国情方面的改造。

① 赵大海，胡伟．中国大城市公共服务公众满意度的测评与政策建议 [J]. 上海行政学院学报，2014（1）：23-29.

② 郑方辉，周雨．法治政府绩效满意度实证研究——以 2012 年广东省为例 [J]. 广东行政学院学报，2013（6）：16-21.

顾客满意度理论虽然在信息服务和农村信息化服务的绩效评价中的研究和应用比较晚，但仍然取得一些成果。邓胜利、况能富[①]（2005）认为，信息消费强度与满意度水平对企业竞争力有很大影响。他们在分析企业信息消费满意度指标各个要素的基础上，构建了企业信息消费满意度的指标体系。焦玉英、雷雪[②]（2008）运用e服务质量评价模型，从信息资源类网站的便捷性、信息内容质量、个性化、站点美学等方面实证研究用户整体满意度的影响因素。段尧清[③]（2010）运用结构方程实证分析了公众感知价值、公众预期、政府形象等因素对政府信息公开的公众满意度的影响路径及其机理。谢兆霞、李莉[④]（2011）以信息质量和系统质量作为主要测量维度，构建基于预期-比较范式的网站用户信息满意测评模型，采取PLS结构方程建模方法实证研究网站用户信息满意度，得出网站用户信息满意的影响因素、影响程度的有关结论。汪卫霞、汪文章[⑤]（2011）构建了社区信息化系统用户满意度评价模型，依据安徽省合肥市300户居户调查数据进行实证研究，分析公众的预期、差异感知、质量感知等与满意度的关系。陈岚[⑥]（2013）借鉴SERVQUAL等相关模型，构建了电子政务信息服务公众满意度模型及指标体系，运用结构方程模型方法对南通市电子政务信息服务公众满意进行实证研究，总结其影响因素和提出相关改进建议。陈忆金、曹树金[⑦]（2013）依据广州的调查数据，实证研究了民众对电子政务网站的政务服务的具体需求、用户满意度、使用意愿及影响因素，以此探讨民众从潜在用户向实际用户转变的条件及相关策略。寿志勤、郭亚光、陈正光、高勋炳[⑧]（2013）运用结构方程方法，以合肥市政府门户网站为实证研究对象，分析了评估模型进行了模拟路径，给出了信息公开满意度指数计算公式并进行运算。

刘霞[⑨]（2005）指出，关注农民信息需求是提高农民对信息服务满意度的关键。杨忠直、位志宇、赵学卿[⑩]（2008）构建了农村信息化公众满意度评价模型，并运用结构方程对上海郊区信息化农民满意度进行了实证研究。黄友兰[⑪]（2009）调查研究指出，不仅农村信息服务方式和内容未完全满足农村信息需求的针对性和及时性等要求，而且

① 邓胜利，况能富 . 企业信息消费满意度指标体系构建 [J]. 图书情报工作，2005（7）：33-37.

② 焦玉英，雷雪 . 基于用户满意度的网络信息服务质量评价模型及调查分析 [J]. 图书情报工作，2008（2）：81-84.

③ 段尧清 . 政府信息公开满意度研究（Ⅰ）——基于结构方程的公众满意度影响因素分析 [J]. 情报科学，2010（12）：1871-1875.

④ 谢兆霞，李莉 . 基于预期 - 比较范式的网站用户信息满意形成机理研究 [J]. 情报理论与实践，2011（12）：34-36，23.

⑤ 汪卫霞，汪文章 . 社区信息化评价：模型构建及分析——以安徽省合肥市为例 [J]. 情报理论与实践，2011（12）：95-99.

⑥ 陈岚 . 基于结构方程模型的电子政务信息服务公众满意度评价 [J]. 现代情报，2013（11）：95-99，113.

⑦ 陈忆金，曹树金 . 民众对政务网站信息公开与政务服务的需求与满意度分析 [J]. 图书情报工作，2013（6）：108-115.

⑧ 寿志勤，郭亚光，陈正光，高勋炳 . 基于SEM的政府网站信息公开服务公众满意度评估模型实证研究 [J]. 情报科学，2013（4）：76-83.

⑨ 刘霞 . 谁在关注农民的信息需求？[J]. 中国信息界，2005（20）：5.

⑩ 杨忠直、位志宇、赵学卿 . 上海市农村信息化公众满意度研究 [J]. 数理统计与管理，2008（5）：760-766.

⑪ 黄友兰 . 信息需求、服务提供与农民表达渠道 [J]. 改革，2009（2）：11-106.

农民信息需求也缺乏有效的表达渠道。朱学芳、曾娜[①]（2012）依据国内排名前100位农业网站的调查数据，运用满意度理论和方法，从应用形式与内容两个方面实证研究图像信息在农业网站中的应用情况及其效果，并有针对地提出提升农业网站建设水平的建议。李燕凌、甄苗[②]（2013）根据湖南调查的数据，运用Logistic模型分析了农村农业信息化公共服务中农户需求满意度及其影响因素。张莹[③]（2013）调查天水市部分农民信息需求的内容与特点、信息服务现状与问题，并提出相应对策建议。许竹青、郑风田、陈洁[④]（2013）实证分析了手机短信的农业信息服务与农民的销售价格之间的因果关系及内在作用机制，并指出，提供准确及时有效的市场信息和提高农民的信息获取能力是提高农民满意度的关键所在。

从上述对农村信息化农村居民满意度的研究中，我们发现以下的研究或理论倾向：

首先，学者们注重研究农村信息化消费过程中影响农村居民满意度的因素，并将这些因素设计成为可以进行评价的量化指标。很明显，这种研究思路是有价值的，通过大量的实证调查，发现农村居民对什么样的信息最有兴趣，认为什么样的信息或者获得信息的渠道对自己最有用处，相对于其他途径而言，农村信息化所提供的信息是否具有快速性和准确性方面的优势，以至于人们更愿意选择信息化消费而不是其他类型的消费。但是，这种研究也会存在着规范性不够的问题，即将农村居民对信息化消费的满意度作为唯一的评价标准，很容易会引导政府行为进行一个盲目的境地，例如如果农村居民对网络提供的黄色信息很感兴趣或者感到很满意，那么政府的农村信息化建设是否应当尽量满意这些要求呢，如果政府大力删除网络上的这些黄色或不健康的信息，导致农村居民对农村信息化的不满意程度上升，那么会不会引导政府去提供这样的信息化服务呢？这无疑给农村信息化顾客满意度研究敲响了警钟。

其次，学者们对农村信息化满意度的研究还具有建构理论模型，再运用理论模型来评价或衡量现行的农村信息化服务，以提出相关解决建议或办法的理论倾向。这种研究方向与传统的中国学术研究中以问题为导向的倾向有关系，也就是说，理论研究是以解决实际中存在的问题为主要价值追求的，如果不能发现实际中存在的问题，或者仅仅是想解释不同印象之间的因果关系（可能需要运用理论模型再加上合理地推理），那么就可能并不符合这种研究传统。这种研究传统自有其优势或好处，例如能够更好地发现现存体制存在的问题，达到促进政府提高办事绩效的目的，当好政府的理论助手或帮手等，但是也可能存在着失去了中立前提，无法客观地看待农村信息化过程中存在的问

① 朱学芳，曾娜．图像信息在农业网站中的应用及其满意度分析 [J]. 图书情报工作，2012（10）：67-70.

② 李燕凌，甄苗．农村信息化公共服务中农户需求满意度研究 [J]. 中国行政管理，2013（10）：119-123.

③ 张莹．天水市农民信息需求与信息服务现状调研 [J]. 甘肃科技纵横，2013（10）：19-21.

④ 许竹青，郑风田，陈洁．“数字鸿沟”还是“信息红利”？信息的有效供给与农民的销售价格——一个微观角度的实证研究 [J]. 经济学，2013（4）：1513-1536.

题，从而做出有偏见性的研究结论，最终会影响政府做出的行为决策。但是，值得注意的是，如果只关注现实中的存在问题，然后试图提出所谓的解决方法，不进行更加深入的理论研究，可能会导致这种研究没有什么实际应用价值，而成为应景式的研究，在语言上非常的有新意或者是热闹，但是却根本无法解决任何问题，这无疑是农村信息化顾客满意度评价中最需要注意的问题，值得我们的重视。

5.2 计量模型、变量与数据处理

5.2.1 计量模型构建

本文将构建CSI-Probit分析模型，对农村信息化服务的农户和涉农中小企业需求满意度进行描述统计，并对其影响因素进行检验。其中，Probit的意思为“概率单位”（Probability Unit），最早在20世纪30年代由Chester Bliss提出并应用。Probit回归可用于对因变量为分类变量的资料进行统计分析。Probit回归存在因变量为二分类、有序多分类、无序多分类三种情况，但目前最常用的是二分类。

Probit回归建立的模型是：

$$\Phi^{-1}(p)=\alpha+\beta' X，或 p=\Phi(\alpha+\beta' X)$$

其中，$\beta' X$称为概率密度函数值，服从标准正态分布。Φ为累积标准正态分布函数，Φ^{-1}为其反函数，即概率密度函数。也就是说，Probit回归是正态分布的理论基础上进行的。Probit回归模型中偏向系数β_i的含义为其他自变量取值保持不变时自变量每改变一个单位，出现阳性结果的概率密度函数值的改变量。

5.2.2 变量选择

Simone[①]（2002）、Nirvikar.S[②]（2006）等在印度等发展中国家研究发现，农民的性别、年龄、农民受教育程度等因素，显著影响农民对信息需求满意度。Simone，C.[③]（2003）、Deunden，N.[④]（2006）、Faheem，H.[⑤]（2011）、B Harini，W.[⑥]（2011）等

① Simone,C.,Monica,R.Warana.The Case of an Indian Rural Community Adopting ICT. Information Technology in Developing Countries.Working Paper,April,2002.

② Nirvikar, S. ICTs and Rural Development in India. University of California, October, 2006.

③ Simone，C.，Chris，S. Can Information and Communications Technology Applications Contribute to Poverty Reduction ? Lessons from Rural India. Information Technology for Development，2003.

④ Deunden , N. Kittipong，R. ICT Sector Performance Review for Thailand. Thailand Development Research Institute，January 2006.

⑤ Faheem, H. ICT Sector Performance Review for Bangladesh. ECB Working Paper No. 581，January 2011.

⑥ Buddhika，B. Harini，W. ICT Sector Performance Review for Sri Lanka. ECB Working Paper No. 581，April, 2011.

分别对印度、孟加拉、泰国、斯里兰卡等国的农业信息化进行实证研究发现，农民的收入水平、家庭生产经营主业、家庭人均收入水平等是影响发展中国家的农业信息化农民需求满意度的重要因素。王彦等人①（2011）对湖北省恩施州利川市进行实证研究发现，虽然农民家庭人均收入水平对农业信息化农民满意度的影响并不显著，但农民自感家庭收入水平对农业信息化农民满意度的影响却具有统计显著意义。齐丹莉、汪伟全②（2009）研究指出，影响农民信息需求满意度的因素主要有两大方面：其一是信息服务的针对性、可靠性、及时性、简便性等；其二是农民自身的信息素质、信息消费能力等。徐艳霞③（2010）研究发现，新生代农民工的信息需求广泛，但现有的信息服务难以满足其需求。影响新生代农民工对信息服务满意的因素主要是新生代农民工信息获取能力弱、现有信息获取不平等、信息服务渠道狭窄等。井水④（2013）根据陕西省调研表明，除农业信息需求满意度为0.42外，民生信息、政策信息、生理卫生信息、金融信息、文化娱乐信息等均低于0.4，而影响农民信息需求满意度的主要因素包括服务针对性不强，农民消费能力有限，农民信息素质不高，信息服务的软件、硬件设施不完善等。李燕凌、甄苗⑤（2013）根据湖南调查的数据，运用Logistic模型分析了农村农业信息化公共服务中农户需求满意度及其影响因素，并针对不同地区农户的需求，对农村农业信息化公共服务内容进行了排序分析。研究结果表明，农民受教育程度、自感家庭收入水平、家庭生产经营主业等农户个体或家庭因素，政府农村农业信息化服务内容、宽带是否入户等公共服务因素，对农户需求满意度的影响具有统计显著意义。借鉴上述研究成果，本文以农民对农村信息化服务的总体满意度为解释变量，以农民的性别、年龄、婚否、受教育年限、农民自评家庭收入、宽带是否入户、是否访问过湖南省农村农业信息化综合服务平台、接受信息化培训次数、家庭生产经营主业等为被解释变量。

在选择农村信息化满意度评价变量指标时，有两种最为主要的方法，一种是统计分析法；另一种是文献研究法。统计分析适合于做原创性的研究与分析，适合于某个领域的研究资料或内容不太多的情形，在这种情形下，要确定农村信息化满意度评价的变量指标是有难度的，充满了太多的不确定性，研究者对何种因素可以作为判断农村信息化建设满意度的变量指标没有经验和先验的看法，研究者实际上对何种因素可以作为影响满意度的因素或指标是比较盲目的。在这种条件下，研究者如果要做相应的研究，就必须先进行大量的经验调查研究，获得足够的感性认识，凭感觉确定可能存在的变量指标，然后做一定量的调查和数据分析。数据分析的主要方法是做一些散点图，然后观察

① 王彦，李忠斌，毛中明．民族地区农村信息化与农民收入关系研究——基于恩施州利川市调研结果的实证分析 [[J]. 中国人口·资源与环境，2011（3）：102-106．

② 齐丹莉，汪伟全．面向农民需求的信息传递模式研究 [J]. 江西社会科学，2009（5）：218-231.

③ 徐艳霞．新生代农民工的信息需求及其实现途径 [J]. 理论探索，2010（2）：94-96.

④ 井水．陕西农民信息需求现状及影响因素分析 [J]. 西北农林科技大学学报（社会科学版），2013（5）：72-77.

⑤ 李燕凌，甄苗．农村信息化公共服务中农户需求满意度研究 [J]. 中国行政管理，2013（10）：119-123.

散点的特征，从散点图的分布特征预测相关变量之间的因果关系，并根据预测的因果关系，结合变量的类型，设计出相应的理论计量模型。至此，统计分析法已经完成了近一半的工作，剩下的工作就是进行大规模的数据实地调查工作，获取足够多的样本数据，对样本数据进行统计分析，在统计分析的基础上对设计出的理论模型进行验证，如果理论模型能够通过大数据的检验，那么就可以证明理论模型的适用性和正确性，也可以间接证明之前对变量之间因果关系的猜测是正确的，同时，也证明变量的选择是正确且合适的。如果出现了大数据与理论模型不一致的情形，那么就需要考虑两种情形，其一是大数据的可靠性出现了问题，需要对大数据的调查取得过程及分析过程进行研究；其二是理论模型的设计出现了问题，就需要对理论模型进行调整。经过这两个方面的检查之后，如果还是不能解决问题，那么就需要考虑之前对变量之间因果关系的猜测是否正确了，这时可以改变某些变量指标，再一次进行前述的程序，直到理论模型与大数据之间的因果关系被验证为止。第二种方法是文献研究法，这种方法相对比较简单，需要付出的时间精力都比较少。前期工作主要是前人已经做出的研究进行分析，了解研究者的研究工作，发现哪一些变量指标已经在相关的研究中获得了实证研究的认可，哪一些已经被实证资料所证伪，在此基础上，站在巨人的肩膀上，可以提出解决农村信息化满意度评价的变量指标。本文基本上采用了这种方法，因为前人已经对这个问题有了一定的研究，为本文的研究奠定了良好的基础，例如本文所选用的性别、年龄、教育程度和信息化的针对性等变量指标都已经获得了大量研究的一致认同，将其使用于农村信息化满意度评价是完全合适的。

5.2.3 调查设计

从农民层面评价农村信息化建设绩效的基本依据是农村信息化建设能够向农民提供需要的信息服务以及多大程度满意他们的需求。如果政府等农村信息化建设和服务主体向农民提供的信息化服务，农民认为这些信息化服务是无用的，那么，农村信息化建设也就是无效的。因此，我们选择农民对农村信息化服务满意度来评价农村信息化建设绩效。

在公共服务绩效评价中经常使用的方法是意愿调查价值评估法（Contingent Valuation Method，CVM）。意愿调查价值评估法又称为意愿调查法，是一种基于调查的评估公共（物品）服务价值的方法。该方法利用调查问卷直接引导利益相关人对公共（物品）价值进行主观意愿的判定，从而得到调查方案所描述的公共（物品）的性质及其供给绩效。实施意愿调查法至少满足三个基本假设前提：① 被调查者知道自己对公共（物品）服务的个人偏好；② 被调查者具备对环境物品或服务进行估价的能力；③ 被调查者对自己的支付意愿或受偿意愿的表达是自愿的和真实的。诺贝尔经济学奖获得者约瑟夫·阿罗（Kenneth Arrow）和罗伯特·索洛（Robert Solow）在美国国家海洋和大气管理局（NOAA）资助下，曾经领导成立专家组，对意愿调查法测试自然资源的非使用价值或存在价值方面的可行性进行了评估，最终认为，意愿调查法可以作为存在价值有限认可的参考[①]。应用顾客满意度（CSI）方法评价农村信息化建设绩效，应该设计简明扼要反映农村信息化服务实际的指标，保证农民客观准确地表达自己的真实意愿。

但是，意愿调查法也会面临着一些复杂难解的问题。首先，意愿调查法面临着道德上的疑难问题。因为当调查者向被调查者收集相关意愿信息时，被调查者是否会表达自己的真实意愿取决于几个不同的因素，调查者的中立身份是决定性的因素。如果调查者是由政府本身雇佣的，或者由政府工作人员陪同而来的，由于所调查的问题涉及对政府农村信息化建设的满意度问题，被调查者有资格怀疑调查者身份的中立性，认为调查者可能具有官方背景，如果被调查者做出对调查者不利的言论，那么被调查者就担心可能会遭到政府的打击报复，从而做出不真实的表达，使意愿调查的结论失去了客观性。除此之外，问卷设计的问题也非常关键。在问卷设计的过程中，必须要考虑到农村居民信息化生活的实际状况，所提出的问题必须与农村居民实际上享有的信息化生活有足够的相似性，这种相似性就可以保证农村居民可以在不用做过多思考的前提下就可以回答问题。如果所提出的问题与农村居民的信息化生活相距太远，那么农村居民可能对所提出的问题完全没有概念，出于礼貌农村村民可能会做出有违本意的答案，或者在调查者的诱导下做出调查者想要的答案，使意愿调查结论变得极为不可靠。因此，在做意愿调查之前，必须要努力做到保持身份的中立性，尽量不要让地方政府的官员参与到调查过程中来，同时，要先对调查对象有一定程度的了解，设计出与他们的日常生活紧密相关的问题，而不是与他们的日常生活毫不相关的问题。

具体来说，依据意愿调查价值评估法调查分析农民对农村信息化服务的满意度，以此作为农村信息化建设绩效的依据，也应该确定以下基本假设条件：① 农村信息化建设绩效能够被农民所感知；② 农民享受了农村信息化建设成果；③ 农民能够真实表达对农村信息化建设（服务）绩效的总体满意度。第一个基本假设条件农村信息化建设绩效能够被农民所感知。这个基本假设条件如果要成立，选择调查对象非常重要。现在的农村已经处于空心化的阶段，农村中以老年人和未成年人为主，这两类人实际上对农村信息化建设绩效是缺乏敏感度的，老年人对信息化的东西不感兴趣，也不知道信息化为何物，而小孩基本上在学校上学，虽然对信息化等新生事物接受得很快，但是大多沉浸在感性认识中，缺乏理性的思考和认识，不能成为被调查的对象。因此，第一个假设条件实际上已经预设了农村居民调查对象的特定化，即农村青壮年人口。对于第二个基本假设条件，农民享受了农村信息化建设成果，应当是一个相对而言比较成熟的条件，实际

① 张静. 可持续发展经济理论与实践 [M]. 北京：经济科学出版社，2007.

的状况是，农村社会确实在近些年享受了农村信息化的成果，一个典型的表现是，有线电视和宽带网络已经逐渐地进入了千家万户。第三个基本假设条件，即农民能够真实表达对农村信息化建设绩效的总体满意度，实际上就是上述意愿调查应当注意的问题，即要保证调查过程中调查者身份的独立性和中立性，要保证问题设计的中立性、客观性和易答性。

本文应用CSI方法分析农民对农村信息化建设（服务）绩效的满意度评价结果，采取如下技术路线：

首先，为了满足假设条件①，需要将评价对象定义为农民在生产生活中能够接受到的信息化服务，见表5-1。为了明确研究对象和方便进行研究，本文只选取农民和涉农中小企业对有代表性的农村农业信息化服务进行评价。

其次，为满足假设条件②，本文在问卷中仅要求农民对所有农村信息化服务给出一个总的评价，而对于具体农村信息化服务项目，我们的设计是，通过了解农民享受那些具体信息化服务的一些特征变量，从而实现这些特征变量与农民和涉农企业对信息化服务的最终评价结果之间的相关分析，最终判断各种具体农村信息化服务对农民和涉农企业满意度的影响。

表 5-1　主要农村信息化服务内容调查（农民用）

序号	类型	代表性信息化服务
1	农村民生信息化服务	农民就业信息化服务、农村文化资源共享、新型农村合作医疗和农村居民健康档案查询、远程挂号、气象为农信息服务、防汛抗旱信息服务等
2	农村科技信息化服务	水稻、生猪、柑橘、茶叶、油菜、蔬菜等科技信息化服务
3	农村商务信息化服务	农资配送、农产品物流、农产品市场交易等信息化服务
4	农村政务信息化服务	村务公开、民主管理、阳光政务（低保、社保、粮食直补、奖励补贴、良种补贴、农机补贴、农资综合补贴、家电下乡补贴、建材补贴、农民科技培训补贴等网上公示）、证件办理（身份证、出生证、房产证）等信息化服务
5	农村金融信息化服务	惠农卡、转账电话、ATM 机、POS 机、网上银行、电话银行、手机银行、短信通等农村电子化金融服务产品

本文采用里克特量表法将农民的最终评价结果分为五个等级，分别用0~4表示。对于农村信息化服务绩效评价，农民只要说出总体满意度的等级即可。其中，0表示很不满意，即农民根本没有享受农村信息化服务，因此对农村信息化建设绩效评价很差；1表示不满意，即农民虽然享受了农村信息化服务，但基本上没有获得收益和回报，因此对农村信息化建设绩效评价差；2表示一般，即农民享受了农村信息化服务，但基本上没有获得收益和回报，因此对农村信息化建设绩效评价一般；3表示满意，即农民经常接受

农村信息化服务且能够达到预期效果，因此对农村信息化建设绩效评价好；4表示很满意，农民经常接受农村信息化服务且能够比其他人获得更多的实际效益，因此对农村信息化建设绩效评价很好。通过以上问题的设计和答案标准的明确，在调查中既给农民明确的等级界定，又可让农民有较宽松的选择余地。

最后，为了满足假设条件③，在调查设计必须注意以下几点：第一，调查对象为20~65岁之间的智力正常者。第二，对调查员进行专门培训，让调查员充分领会调查意图。在具体调查中，实行调查员与被调查者实行面对面的访谈，并协助被调查者填写问卷，以保证被调查者能真实地理解调查问题与意图。第三，避免政府部门人员在场，并告知被调查者，对农村信息化服务是实行匿名评价的，以消除后顾之忧，能自由表达自己的意愿。

完成上述分析，本文设计了《农民对农村信息化建设绩效评价及其农户基本情况调查表》（表5-2）。

表 5–2　农民对农村信息化建设绩效评价及其农户基本情况调查表

问卷编号：　　　；调查地点：　　市（州）　　县乡（镇）　　村；调查员：　　　；调查时间：

序号	项　目	情况	序号	项　目	情况
1	性别（男性）X_1		11	家庭主要从事的工作：X_{11}	
2	年龄 X_2			种植业	
3	婚否（已婚）X_3			养殖业	
4	受教育年限（年）X_4			外出务工	
5	家庭人均收入（元）X_5			个体经商	
6	是否为村干部（是）X_6			其他	
7	农民相对收入自评：X_7		12	对农村信息化服务的总体评价 Y	
	中等以上			非常满意	
	中等（一般）			满意	
	低于一般水平			一般（中等）	
8	宽带是否入户（是）X_8			不满意	
9	是否访问过湖南省农村农业信息化综合服务平台（是）X_9			很不满意	
10	接受信息化培训次数 X_{10}		13	其他建议：	

在湖南省科技厅及市（州）、县、乡镇相关政府部门的大力支持下，特别是湖南农业大学公共管理与法学学院每年组织的寒暑假下乡调研团队的帮助下，完成了湖南省14市（州）农民对农村信息化服务满意度的抽样调查。

本文调查设计采用多阶段随机抽样方法，具体而言：将14市（州）的各个县分为上、中、下三个层次，每个市（州）选择3个县（区），每个县（区）选择2个乡（镇），每个乡（镇）选择2村，每个村调查20~25个农户。整个调查涉及湖南省14市（州）42个县（区）84个乡（镇）168个村3 778个农户，其中，有效样本数为3 460个，有效率为91.58%。

5.2.4 数据处理

在数据处理方面，本文根据调查设计方案，对湖南省农村农业信息化建设四个示范区的14市（州）42个县（市、区）84个乡（镇）的农户进行调查，基本调查数据描述见表5-3。调查期间，湖南省正如火如荼地进行国家农村农业信息化示范省建设，并完成了第一阶段的建设，所调查的数据具有较高的可靠性。

为了能够科学运用Probit模型对农村信息化服务农民满意度的影响因素进行回归分析，需要对调查的原始数据进行一些技术处理。本文运用Probit模型是为了测算农民满意度影响因素（解释变量）X对农民满意度（被解释变量）Y的变化效应，而Probit模型Y必须是一个二元变量。对此，本文将农民满意度评价数据中的“非常满意”“满意”两类合并归为“满意”一类，赋值为1；将“一般”“不满意”“很不满意”三类合并归为“不满意”一类，赋值为0，并作为参照系数。

对于解释变量，由于存在多项非连续变量，也需要进行一些处理。性别变量，将男性赋值为1，女性赋值为0，并作为参照系数。婚姻变量，正常婚姻状态赋值为1，以未婚、丧偶、离异为参照，赋值为0。身份变量，以普通农民为参照，赋值为0，村组干部赋值为1。农民自感收入变量，将“中等”“中等以上”合并为“农民收入中等及以上”，赋值为1，将“低于一般水平”赋值为0，并作为参照系数。宽带入户变量，未入户为参照，赋值为0，已入户赋值为1。访问湖南省农村农业信息化综合服务平台变量，以未访问为参照，赋值为0，访问赋值为1。家庭主业变量，将“外出务工”“个体经商”“其他”合并为“非农行业”，作为参照，赋值为0，将“种植业”“养殖业”合并为“农业生产”，赋值为1。

5.2.5 Probit模型及其回归结果

根据表5-3显示，农村信息化服务农民满意度评价的影响因素包括一组解释变量，$X=\{X_1, X_2, \cdots, X_k\}$，本文在模型中用各变量的英文缩写表示变量$X_k$。变量包括连续变量和非连续变量，在前面已对非连续变量进行了处理。根据前面的定义与假设，农民对农村信息化服务满意度Y是一个非连续变量，与X存在非线性关系，经过数据处理后的

Y变成了一个随机二元变量。在实际操作中，本文用SPSS20.0软件对不同的市（州）将处理后的数据运行Probit模型程序，得到各市（州）农民满意度评价Probit模型：

$$\begin{aligned}\text{Pro}(Y=1\mid X_{kn}) = \alpha_n + \beta_{1n}X_{1n} + \beta_{2n}X_{2n} + \beta_{3n}X_{3n} + \beta_{4n}X_{4n} + \beta_{5n}X_{5n} + \beta_{6n}X_{6n} \\ + \beta_{7n}X_{7n} + \beta_{8n}X_{8n} + \beta_{9n}X_{9n} + \beta_{10n}X_{10n} + \beta_{11n}X_{11n} + \varepsilon_n\end{aligned}$$

式中Pro（Y=1|X_{nk}）是随影响因素X_{nk}变化，农民对农村信息化服务“满意”（即Y=1）的概率。β_{kn}是第k个影响因素（自变量）的回归系数，ε_n是残差项。

本文依据湖南省14个市（州）农村信息化建设农民满意度评价抽样调查的数据，运用SPSS20.0版软件运行Probit模型程序。根据Probit模型运行的要求，采用计算预测概率的方法，检验了模型的拟合度，最终发现湖南每个市（州）的Probit模型都具有相对稳定性。具体回归结果见表5-4，本文对其进行相关解释和分析如下：

1）农民满意度评价结果的主要影响因素

根据表5-4显示，农民满意度评价结果的主要影响因素有农民受教育年限（X_4）、农民为村组干部（X_5）、农民自感收入水平（X_7）、宽带入农户（X_8）、农民接受信息化培训次数（X_{10}）等。农民访问过湖南省农村信息化综合服务平台（X_9）、农民家庭生产经营主业（X_{11}）等因素也在一定程度上影响农民满意度评价结果。农村信息化建设农民满意评价基本不受被调查者个体特征中性别（X_1）、年龄（X_2）、婚否（X_3）等变量的影响。

2）回归结果中“符号”的意义

根据表5-4显示，在14个市（州）Probit回归模型中，具有统计显著意义的各变量回归结果的符号方向基本具有一致性。其中，农民性别（X_1）、受教育年限（X_4）、农民为村组干部（X_5）、农民自感收入水平（X_7）、宽带入农户（X_8）等变量符号比较稳定。

（1）在14个市（州）Probit回归模型中，农民性别（X_1）回归结果符号有12个为正，具有很强的稳定性。虽然只有其中的6个模型具有统计显著意义，但农村信息化建设绩效满意度显示了男性偏向。这从某种程度上说，在湖南大多数的农村地区家庭，男性对农村信息化服务的认同可能要高于女性。我们在实际调查中也发现，男性农民仍然是家庭生产经营的主要决定者，比女性更希望能够从农村信息化服务中改善自己的生产生活条件。

（2）在14个市（州）Probit回归模型中，农民受教育年限（X_4）回归结果符号全部为正，具有很强的稳定性，其中的12个模型具有显著相关性。这一结果表明，农民受教育年限越高，农民对农村信息化服务满意度也就越高。随着农民受教育年限的提高，农民更容易掌握信息化各种知识技术，更深刻认识到信息化重要性，能够更好地利用各种各样的农村信息化服务以解决生产生活中的各种问题，因而对农村信息化服务越满意。

表 5-3　湖南省农村农业信息化服务农户满意及农户特征变量描述统计

项目＼范围	全省	长沙	株洲	湘潭	岳阳	常德	益阳	衡阳	邵阳	郴州	永州	娄底	张家界	怀化	湘西
样本量（n）	3460	253	251	246	242	255	247	244	251	243	241	250	245	243	249
被解释变量（总体满意）															
极不满意	415 0.12	25 0.1	10 0.04	25 0.1	27 0.11	13 0.05	35 0.14	15 0.06	25 0.1	39 0.16	43 0.18	25 0.1	17 0.07	44 0.18	57 0.23
较不满意	554 0.16	33 0.13	48 0.19	47 0.19	29 0.12	36 0.14	17 0.07	37 0.15	40 0.16	36 0.15	36 0.15	35 0.14	64 0.26	53 0.22	52 0.21
一般	1176 0.34	91 0.36	85 0.34	79 0.32	80 0.33	97 0.38	91 0.37	95 0.39	93 0.37	87 0.36	80 0.33	100 0.4	76 0.31	80 0.33	57 0.23
比较满意	865 0.25	66 0.26	53 0.21	62 0.25	65 0.27	79 0.31	72 0.29	59 0.24	60 0.24	63 0.26	60 0.25	65 0.26	59 0.24	46 0.19	50 0.2
非常满意	450 0.13	38 0.15	55 0.22	34 0.14	41 0.17	31 0.12	32 0.13	39 0.16	33 0.13	17 0.07	22 0.09	25 0.1	29 0.12	19 0.08	32 0.13
解释变量															
1．性别（男性）	1695 0.49	142 0.56	118 0.47	130 0.53	119 0.49	120 0.47	111 0.45	122 0.5	108 0.43	126 0.52	111 0.46	123 0.49	125 0.51	114 0.47	122 0.49
2．年龄（周岁）	177671 51.35	11069 43.75	12372 49.29	11515 46.81	11454 47.33	13071 51.26	12861 52.07	13059 53.52	13853 55.19	12726 52.37	12857 53.35	12818 51.27	13139 53.63	13370 55.02	13508 54.25
3．婚否（已婚）	3010 0.87	197 0.78	211 0.84	199 0.81	211 0.87	219 0.86	225 0.91	215 0.88	233 0.93	221 0.91	227 0.94	223 0.89	203 0.83	216 0.89	222 0.89
4．受教育年限	26538 7.67	2383 9.42	2199 8.76	2219 9.02	1999 8.26	2030 7.96	1946 7.88	1981 8.12	1835 7.31	1640 6.75	1848 7.67	1843 7.37	1607 6.56	1519 6.25	1489 5.98
5．是否为村组干部（是）	865 0.25	48 0.19	53 0.21	42 0.17	44 0.18	48 0.19	57 0.23	63 0.26	78 0.31	70 0.29	77 0.32	68 0.27	61 0.25	70 0.29	70 0.28
6．家庭年人均收入（千元）	28026 8.10	2383 15.32	2826 11.26	2846 11.57	2180 9.01	2099 8.23	2003 8.11	2389 9.79	1298 5.17	1830 7.53	1699 7.05	1243 4.97	1379 5.63	1232 5.07	1123 4.51

续表

项目＼范围	全省	长沙	株洲	湘潭	岳阳	常德	益阳	衡阳	邵阳	郴州	永州	娄底	张家界	怀化	湘西
样本量（n）	3460	253	251	246	242	255	247	244	251	243	241	250	245	243	249
7．农民相对收入自评															
中等以上	1419 0.41	106 0.42	98 0.39	91 0.37	85 0.35	97 0.38	89 0.36	95 0.39	95 0.38	102 0.42	99 0.41	98 0.39	105 0.43	124 0.51	122 0.49
中等（一般）	1488 0.43	94 0.37	108 0.43	121 0.49	126 0.52	112 0.44	121 0.49	100 0.41	108 0.43	87 0.36	106 0.44	105 0.42	105 0.43	90 0.37	102 0.41
低于一般水平	554 0.16	53 0.21	45 0.18	34 0.14	31 0.13	46 0.18	37 0.15	49 0.2	48 0.19	53 0.22	36 0.15	48 0.19	34 0.14	29 0.12	25 0.1
8．宽带是否入户（是）	1349 0.39	134 0.53	110 0.44	121 0.49	114 0.47	97 0.38	94 0.38	95 0.39	83 0.33	92 0.38	94 0.39	78 0.31	81 0.33	90 0.37	67 0.27
9．是否访问过湖南省农村农业信息化综合服务平台（是）	1419 0.41	142 0.56	115 0.46	121 0.49	114 0.47	105 0.41	101 0.41	95 0.39	88 0.35	95 0.39	104 0.43	95 0.38	81 0.33	92 0.38	72 0.29
10．接受信息化培训人均次数	5709 1.65	539 2.13	414 1.65	581 2.36	394 1.63	456 1.79	412 1.67	383 1.57	309 1.23	369 1.52	451 1.87	473 1.89	341 1.39	306 1.26	281 1.13
11．家庭生产经营主业															
种植业	1488 0.43	53 0.21	83 0.33	74 0.3	92 0.38	87 0.34	96 0.39	100 0.41	123 0.49	129 0.53	123 0.51	128 0.51	113 0.46	129 0.53	134 0.54
养殖业	554 0.16	43 0.17	38 0.15	32 0.13	70 0.29	64 0.25	37 0.15	51 0.21	40 0.16	29 0.12	36 0.15	28 0.11	27 0.11	32 0.13	30 0.12
外出务工	969 0.28	73 0.29	85 0.34	81 0.33	56 0.23	69 0.27	77 0.31	66 0.27	73 0.29	63 0.26	58 0.24	60 0.24	78 0.32	68 0.28	67 0.27
个体经商	346 0.1	46 0.18	28 0.11	54 0.22	19 0.08	28 0.11	27 0.11	24 0.1	15 0.06	17 0.07	19 0.08	35 0.14	22 0.09	7 0.03	15 0.06
其他	104 0.03	38 0.15	83 0.33	5 0.02	5 0.02	8 0.03	10 0.04	2 0.01	0 0	5 0.02	5 0.02	0 0	5 0.02	7 0.03	2 0.01

表 5-4　湖南省农村农业信息化服务农户满意 Probit 回归结果

项目 \ 范围	全省	长沙	株洲	湘潭	岳阳	常德	益阳	衡阳	邵阳	郴州	永州	娄底	张家界	怀化	湘西
Y 被解释变量（总体满意）	0.38	0.41	0.43	0.39	0.44	0.43	0.42	0.4	0.37	0.33	0.34	0.36	0.36	0.27	0.33
解释变量															
X_1 性别（男性）	0.621 （0.426）	-0.325 （0.216）	0.219** （0.233）	-0.330 （0.551）	0.78 （0.117）	0.533 （0.332）	0.150 （0.526）	0.811 （0.019）	0.231** （0.157）	0.567 （0.025）	0.020** （0.430）	0.586** （0.327）	0.330 （0.083）	0.420*** （0.035）	0.026*** （0.302）
X_2 年龄（周岁）	0.556 （0.321）	1.737 （0.843）	1.180** （0.851）	-0.807* （0.932）	-1.789 （0.661）	0.869** （0.403）	1.737 （0.843）	0.948* （0.659）	-0.925 （0.975）	-1.334 （1.870）	0.701** （0.127）	0.043 （0.367）	0.577 （0.304）	-0.930 （0.715）	-0.883 （0.121）
X_3 婚否（已婚）	0.704 （0.652）	0.233* （0.005）	0.770* （0.026）	-0.813 （0.087）	0.351 （0.307）	0.546 （0.914）	0.770 （0.440）	-0.352 （0.525）	-0.670 （0.521）	0.209 （0.521）	-0.709 （0.625）	0.634** （0.124）	0.809 （0.901）	-0.123 （0.046）	0.882（0.579）
X_4 受教育年限	0.635*** （0.337）	0.523 （0.209）	0.579** （0.376）	0.609** （0.536）	0.633 （0.551）	0.705** （0.121）	0.398** （0.603）	0.751** （0.239）	0.566*** （0.688）	0.571*** （0.301）	0.697*** （0.306）	0.397*** （0.311）	0.825*** （0.107）	0.699*** （0.706）	0.663*** （0.521）
X_5 是否为村组干部（是）	0.861*** （0.531）	0.057 （0.651）	0.620*** （0.210）	-0.670** （0.703）	0.367 （0.402）	0.391*** （0.607）	0.409** （0.626）	0.581** （0.355）	0.661*** （0.537）	0.690*** （0.470）	0.731*** （0.529）	0.759*** （0.273）	0.801*** （0.109）	0.836*** （0.119）	0.792*** （0.634）
X_6 家庭年人均收入（千元）	0.925* （0.975）	-0.781*** （0.007）	-0.532** （0.379）	0.714* （0.334）	0.509*** （0.319）	0.527* （0.975）	0.917** （0.793）	0.108** （0.375）	-0.291 （0.155）	0.376 （0.023）	0.537 （0.406）	0.893 （0.883）	0.377* （0.702）	0.532 （0.291）	0.373* （0.561）
X_7 农民相对收入自评：中等及以上	-0.791*** （0.142）	-0.679*** （0.232）	-0.767*** （0.529）	-0.652*** （0.735）	-0.892*** （0.335）	-0.561*** （0.708）	-0.575*** （0.627）	-0.738*** （0.446）	-0.227*** （0.517）	-0.901*** （0.173）	-0.665*** （0.357）	0.581*** （0.342）	0.665*** （0.772）	0.991*** （0.786）	0.779*** （0.552）
X_8 宽带是否入户（是）	-0.252*** （0.329）	-0.520*** （0.301）	-0.119*** （1.003）	-0.775*** （0.929）	-0.808*** （0.501）	-0.503*** （0.721）	-0.681*** （1.119）	-0.297*** （0.531）	0.756*** （0.323）	0.817 （0.732）	0.546 （0.279）	0.335*** （1.310）	-0.472*** （0.376）	0.837** （1.297）	0.973** （1.073）
X_9 是否访问过湖南省农村农业信息化综合服务平台（是）	0.324** （0.601）	-0.324** （0.301）	0.412*** （0.775）	0.592*** （0.370）	0.432** （0.507）	-0.693*** （0.325）	0.579*** （0.410）	0.233** （0.007）	0.392*** （0.423）	0.572** （0.191）	0447** （0.309）	0.227** （0.301）	0.809** （0.157）	0.459** （0.331）	0.509*** （0.934）
X_{10} 接受信息化培训次数	0.729*** （0.323）	0.781*** （0.335）	0.282*** （0.351）	0.290*** （0.173）	0.591*** （0.374）	0.952*** （0.253）	0.551*** （0.703）	0.372*** （0.521）	0.573*** （0.751）	0.831*** （0.770）	0.073 （0.526）	-0.792*** （0.307）	0.557*** （0.706）	0.529 （0.293）	0.321*** （0.303）
X_{11} 家庭生产经营主业（农业）	0.912 （0.563）	-0.872 （0.536）	-0.209 （0.315）	-0.496*** （0.392）	0.542** （0.113）	0.272** （0.155）	0.337** （0.621）	0.591* （0.326）	0.571** （0.337）	-0.987* （0.573）	-0.162** （0.179）	0.727** （0.616）	0.992 （0.769）	0.867 （0.957）	-0.991 （0.672）
-2Loglikelihood	131.079	143.941	108.105	212.143	211.510	321.029	183.419	208.335	322.517	191.373	176.076	203.756	228.173	262.176	198.573
Cox and Snell R Square	0.509	0.687	0.401	0.735	0.212	0.339	0.733	0.473	0.693	0.529	0.709	0.769	0.562	0.396	0.608
NagelkerkeR	0.821	0.926	0.724	0.427	0.814	0.361	0.197	0.826	0.901	0.663	0.632	0.395	0.853	0.557	0.782

注：1.***、**、** 分别表示 1%、5%、10% 的水平显著；2. 括号中的数值为标准误差。

（3）在14个市（州）Probit回归模型中，有13个模型农民为村组干部（X_5）回归结果符号为正，其中，12个模型有统计显著意义，具有较强的稳定性。这说明，作为村组干部的农民对农村信息化服务满意度高。湖南省在农村信息化建设初始阶段，基本采用自上而下的模式。在选择村级信息化服务站点、农村信息化示范户等具体实施过程中，政府往往偏向选择具有一定文化水平、经济基础、思想觉悟的村组干部。同时，村组干部在农村信息化组织实施中，也能够“近水楼台先得月”，更容易、方便、优先接受信息化服务，更有优越感，满意度也就越高。长沙和湘潭两市的农村信息化建设水平明显高于其他市（州），普通农民与村组干部能够平等接受农村信息化服务，村组干部的优越感不明显。因而，农民为村组干部（X_5）变量在Probit回归模型中的统计意义不显著。

（4）在14个市（州）Probit回归模型中，农民自感收入水平（X_7）对CSI都有统计显著意义，其中，有10个模型回归结果符号为负，具有较强的稳定性。这一结果表明，在大多数的农村地区，相对自感收入水平偏低的农民而言，自感收入水平越高的农民，对农村信息化服务的需求越强烈，要求也越高，因此，对于正在发展中的农村信息化服务的满意度反而低。但在湘西、张家界、娄底和怀化4市（州）回归模型中，农民自感收入水平（X_7）回归结果符号为正。这4个市（州）的农民人均收入在湖南省居于后几位，是湖南省农村经济发展落后地区。这从另一方面说明，在经济落后地区，农村信息化设施相对较差，自感收入水平越高的农民能够更有条件接受农村信息化服务，比自感收入水平较低的农民更能够感受农村信息化服务带来各种收益，从而对农村信息化服务满意度更高。

（5）在14个市（州）Probit回归模型中，有8个模型回归的宽带入农户（X_8）回归结果符号为负。进一步分析表明，在经济相对发达地区，相对宽带没有入户的农民而言，宽带入户的农民更具有利用信息资源的意识和能力，对农村信息化服务的要求也就越高。而当前农村信息化服务水平显然还不能很好地满足农民的实际需求，因而宽带入户的农民对农村信息化服务满意度不高。而在经济相对落后的地区，面对几乎同样的信息网络服务，宽带入户的农民由于大多数是刚刚利用网络接收农村信息化服务，他们认为，新的信息化服务接收手段较传统手段，获取信息更具有信息丰富、互动性好、实时性强、传输速度快、存储容量大等特点，因而更满意。

（6）在14个市（州）Probit回归模型中，有13个模型农民接受信息化培训次数（X_{10}）回归结果符号全部为正，具有很强的稳定性。这一结果表明，相对没有接受信息化培训的农民而言，接受信息化培训的农民掌握了接受农村信息化服务必备的技能，更容易主动接受服务以解决生产生活中的各种问题，因而对农村信息化服务满意度更高。

5.3 农村信息化建设绩效与农民满意度分析

本章从微观层面，构建了一系列Probit回归模型，分析了湖南省及其14个市（州）农民对农村信息化服务绩效的评价结果影响因素。根据这些基本分析结果，本节将对农村信息化服务的农民满意度进行对比与分类，深入分析微观层面上湖南农村信息化建设绩效的影响因素。

5.3.1 农民满意度评价值（CSI）分类排序

为了能够运用Probit模型对农村信息化建设绩效的满意度评价结果进行影响因素回归分析，本文按照“满意”与“不满意”两类，对表5-3所示各市（州）农民对农村信息化建设绩效的满意度评价结果进行了数据处理，其中将“满意”的评价结果称之为“农民满意度”（简记为CSI）。

为了对各市（州）CSI进行合理分类与科学对比，本文就CSI特做如下说明：

（1）各市（州）CSI具有独立性。各市（州）CSI是按照规定定义和评价方法，对各市（州）独立样本进行抽样调查，获取基础数据，以此进行科学运算获得的结果。可以说，各市（州）CSI是各市（州）农民对农村信息化建设绩效的“内部”评价，它们之间不能简单地进行“数值”排序。因此，各市（州）CSI具有相对独立性，是各自微观层面（农民）农村信息化建设绩效的体现。

（2）各市（州）CSI具有同质性。虽然各市（州）CSI不能简单地进行“数值”对比，也不能以各市（州）CSI“数值”的大小简单地断定各市（州）农村信息化建设绩效的优劣。但是，至少可以说明，与CSI“数值”小的市（州）相比，CSI“数值”大的市（州）农民对农村信息化建设绩效的满意评价频数大，农民对农村信息化建设绩效更满意。

（3）各市（州）CSI与农村信息化建设绩效的等价性。CSI是农民对农村信息化建设绩效的满意评价概率，是本文所构建的“双层效率因素分析”模型中农村信息化服务供给的微观层面。本文的CSI是以农民“合意（感觉有用）的才是有效率的”（曼昆，2000；马国贤，2001；李燕凌，2007）为基本原则进行顶层设计，制度研究方案和设计调查问卷，依据科学、严格的抽样调查数据所获得的农民对农村信息化服务的直观评价结果。它与农村信息化服务供给“效率”具有等价性。因此，可以说，CSI值较高的市（州），其农村信息化建设绩效也较高。

在进一步明确CSI定义的基础上，本文根据Probit模型回归结果（表5-4），结合有关研究成果，依据湖南农村信息化建设的实际，对湖南各市（州）农民CSI进行了分类比较。World Bank和国际通行的公共服务满意度测评方法，将标杆水平定为0.4。何精华、岳海鹰等（2006）结合我国农村公共服务实际，将标杆水平定为0.4，设计农村公共服务满意度问卷调查，根据长江三角洲地区测评结果得出，该地区农村公共服务满意度均得分值为0.43，基本达到国际标杆水平。李燕凌等（2007）在调查湖南农村公共品供给绩效时，测评湖南省农村公共品农民满意度得分（CSI），比何精华、岳海鹰、杨瑞梅等的测评结果普遍高出10个百分点。这是因为李燕凌等调查的都是农村基本公共品，国家已经进行了多年大力度的建设，获得农民的普遍认同。本文所研究的农村信息化服务具有公共品性质或准公共品性质，在湖南省全面系统进行建设是自2011年开始，取得成效有限，应该适合采用0.4的标杆水平。经过统计，湖南省农村信息化服务满意度平均得分为0.38，略低于标杆水平。从我国实际情况出发，本文将调查样本地区的农村信息化建设绩效差异定距为5个百分点，将CSI值大于或等于0.35小于0.4的地区定义为农村信息化建设绩效中等型，大于或等于0.4的地区称为较高型，小于0.35的地区称为偏低型。分类统计结果见表5-5。

表 5–5　湖南省各市（州）农村信息化建设农民 CSI 值分类排序比较表

CSI ≥ 0.4		0.35 ≤ CSI < 0.4		CSI < 0.35	
市（州）	CSI 值	市（州）	CSI 值	市（州）	CSI 值
岳阳	0.44	湘潭	0.39	永州	0.34
株洲	0.43	邵阳	0.37	郴州	0.33
常德	0.43	娄底	0.36	湘西州	0.33
长沙	0.41	张家界	0.36	怀化	0.27
益阳	0.42	—	—	—	—
衡阳	0.4	—	—	—	—

5.3.1.1　农村信息化建设绩效评价较高型

岳阳、株洲、常德、长沙、益阳和衡阳六市的CSI值大于或等于0.4，处于较高型区间。六市影响CSI的因素基本一致，家庭年人均收入（X_6）、接受信息化培训次数（X_{10}）对六市CSI都有正相关显著影响。农民相对收入自评（X_7）、宽带是否入户（X_8）对六市CSI都有负相关显著影响。农民为村组干部（X_5）对六市CSI的影响都呈正相关，但在长沙和岳阳两市相关性不显著。访问过湖南省农村农业信息化综合服务平台（X_9）对六市CSI的影响都具有显著性，但长沙市和常德市的影响为正方向，而其他四市的影响为负方向。农民受教育年限（X_4）对六市CSI的影响基本呈正相关，但长沙市和岳阳市农民受教育年限（X_4）对CSI没有产生显著影响，比较特别，本文有限的信息难以解释。家庭生产经营主业为农业（X_{11}）对长沙市和株洲市CSI的影响为负相关且不显著，而在农业产业化水平较高的岳阳市、常德市、益阳市和衡阳市，对CSI都有正相关显著影响。Probit回归得出的基本估计是，导致该区域CSI居高的主要原因是信息化培训次数和农民收入所反映的农村经济发展水平。

5.3.1.2 农村信息化建设绩效评价中等型

湘潭、邵阳、娄底和张家界四市的CSI值处于中等型区间。从Probit回归结果分析，除访问过湖南省农村农业信息化综合服务平台（X_9）和农民受教育年限（X_4）对四市CSI的影响都呈正相关性质外，其他因素的影响方向较为复杂。村组干部（X_5）、宽带入户（X_8）、接受信息化培训次数（X_{10}）三项因素，对四市CSI的影响具有统计显著性，但影响的方向不一致。家庭生产经营主业为农业（X_{11}）对邵阳市和娄底市CSI的影响为显著正相关性，对湘潭市、张家界市CSI的影响分别不显著的负相关性、正相关性。这一复杂的情况可能由于四市的自然地理、经济水平、教育文化等差异较大所导致。也就是说，外生变量可能对四市的CSI产生了较强的干预。

5.3.1.3 农村信息化建设绩效评价偏低型

永州、郴州、湘西和怀化四市（州）属于农村信息化建设绩效评价偏低型，他们的CSI值均低于0.35，处于偏低型区间。从Probit回归结果看，四个市（州）CSI的影响因素总的来说是相对集中的。农民受教育年限（X_4）和村组干部（X_5）对四市（州）CSI的影响都呈显著的正相关性质。性别（X_1）对四市（州）CSI的影响都呈正相关性，除郴州市外其他三市（州）均影响显著。这在一定程度上说明，在经济较落后的农村地区家庭，男性为家庭生产主导者的现象更为突出，他们更关注信息化服务这一新事物，并以此指导家庭的生产生活，因而满意度相对要高。宽带入户（X_8）只对怀化市和湘西州CSI的影响显著，对永州市和郴州市CSI的影响不显著。这说明，四市（州）农村信息化服务供给的基础设施相对落后，可能是导致CSI偏低的根本原因。四市（州）的CSI还一定程度上受到家庭生产经营主业（X_{11}）因素影响，虽然影响不具有统计显著意义，但农村信息化建设绩效显示了家庭生产经营主业农业偏向。

5.3.2 外生变量对CSI的干预

虽然我们运用Probit回归模型，估计和分析了湖南各市（州）农民对农村信息化建设绩效满意度评价结果（CSI）的内生变量。但实际上，农民对农村信息化建设绩效满意度进行评价时，不可能不受到外部环境的影响。李燕凌（2007）研究发现，农民对农村公共品供给绩效满意度进行评价时，极易受到当地经济发展水平、城市化水平、地理环境、财政支农力度等外生变量的干预。本文所研究的农民对农村信息化建设绩效的满意度评价，也是受到经济发展水平、自然地理环境、财政支持力度等外生变量的干预。在调查中发现一个有意思的现象：在怀化、湘西一些经济落后的偏远山区，政府投资改善农村信息化基础设施，实现宽带进村入户，解决了当地农民自家上网的难题，对于实现宽带从无到有的农民自然会给出很高的CSI评价；但在经济发达、城市化水平高的长沙市农村，政府以相同的资金进行相同项目——宽带入户建设，获得CSI评价却比怀化、湘西要低很多。究其原因是，怀化、湘西信息化基础设施普遍落后，农民一旦获得政府帮助，容易满足，因而对农村信息化建设绩效满意度高。而长沙地区信息化水平高，当地农村居民对政府投资农村信息化基础设施建设期望不是停留在能上网层面，而是上网质量层面，也就是能与邻近的"城里人"一样，用上更高速的宽带，所以，他们希望政府进行更多的投资。正由于经济发展水平、农民心理感受等"外生变量"干预，农民在面对同样的信息化建设时，所给出的CSI却不同。

李瑾等人①（2011）采用多元线性回归模型对农村信息服务影响因素进行分析发现，农村信息化服务绩效主要与政府信息化投入、农户信息设备拥有情况等有关，信息化投入越多，越是贫困落后地区，农民对农村信息化服务也就越满意。茆意宏、彭爱东、黄水清②（2012）基于分类建设农村信息化的思路，以江苏省为例调查苏南、苏中和苏北地区农民的信息需求与信息行为，比较分析发现，地区间的地理、经济、文化等差异直接影响农民的信息需求与信息行为，并影响农民对农村信息化服务满意度评价。段尧清③（2010）运用结构方程分析发现，民众对政府信息公开服务的主要影响因素为公众感知价值、公众预期等。这些研究成果表明，影响农民对农村信息化建设绩效满意度评价的外生变量较多，但最主要的影响因素有经济发展水平、城乡差别、心理感知、地理环境、财政投入等。根据调查研究，本文将从经济水平、心理感知、地理环境和财政投入等四个方面分析影响农民对农村信息化建设绩效满意度评价的外生变量。

5.3.2.1 经济水平对CSI的干预

被调查者的实现需求会直接影响CSI，这是因为CSI是一种基于人们主观感觉和感知的测评结果。农村信息化的建设过程是工业化时代向信息化时代的转变过程。信息化时代的到来，一方面是经济发展的必然结果；另一方面将推动经济高速发展。农村信息化是适应农村经济发展的需要。农民对农村信息化建设绩效满意度评价自然受到当地农村经济发展水平的影响。根据帕尔凯维奇定律，信息需求的增长大约与人均国民收入的平方成正比。当人均GNP达1 000美元时，人们对信息的需求将大幅度增加。④对此，根据湖南省各市（州）农民人均收入分析农村经济发展水平对CSI干预程度。以表5-5的CSI值分类排序为参照，结合《湖南农村统计年鉴2012》相关数据制定表5-6，由此可以较清楚地看出各市（州）农民人均收入水平对农村信息化建设农民满意度（CSI）的确产生了某种"经济"干预作用。

① 李瑾，等. 农村信息服务综合评价及影响因素研究——基于宁夏回族自治区村级视角的调研分析 [J]. 中国农业科学，2011（19）：4110-4120.

② 茆意宏、彭爱东、黄水清. 农民信息需求与行为的区域比较研究——以江苏省为例 [J]. 图书情报工作，2012（12）：49-54.

③ 段尧清. 政府信息公开满意度研究（Ⅰ）——基于结构方程的公众满意度影响因素分析 [J]. 情报科学，2012（12）：1871-1875.

④ 李立志. 信息化视角下的中原经济崛起和可持续发展战略研究 [J]. 财经理论与实践，2010（2）：111-115.

表 5-6　湖南各市（州）农民人均收入（元）与 CSI 值比较表

市（州）	CSI 值	人均收入	市（州）	CSI 值	人均收入	市（州）	CSI 值	人均收入
岳阳	0.44	7 070.31	湘潭	0.39	9 501.50	永州	0.34	6 001.77
株洲	0.43	9 328.29	邵阳	0.37	4 373.03	郴州	0.33	6 230.29
常德	0.43	6 662.84	娄底	0.36	3 950.56	湘西州	0.33	3 675.10
长沙	0.41	13 400.89	张家界	0.36	4 093.38	怀化	0.27	4 280.99
益阳	0.42	6 772.55						
衡阳	0.4	8 506.25						
注：数据来源于《湖南农村统计年鉴 2012》。								

在农村信息化建设绩效评价较高型的六个市中，其农民人均收入全部位列全省前7位，全部高于全省农民人均收入6 567元，超过帕尔凯维奇定律提出的1 000美元快速发展的拐点。而在农村信息化建设绩效评价中等型和较低型的8个市中，除了湘潭市的农民人均收入高于全省水平外，其余的都低于全省农民人均收入水平。这说明，农村经济发展水平直接影响到农民对农村信息化服务的需求，同时高收入的农民更有能力接受农村信息化服务，获得信息化服务带来的收益。因此，在农村人均收入高的地区，农民对农村信息化建设绩效满意度评价（CSI）也就可能要高。

5.3.2.2　心理感知对CSI的干预

农民对农村信息化建设绩效满意度评价是一种基于感觉和感知之上的CSI主观测评，CSI值既受到来自农村内部收入不均衡的影响如农民相对收入自评（X_7），同时受到城乡差距等农村外部因素的影响。后一种影响更加体现为一种基于比较效果的心理感受。受心理感受干预，当城乡居民收入差距越大的时候，即使政府在农村投入了足够的信息化服务且效率较佳，但相对城镇信息化服务供给效率而言，农民的感觉和感知农村信息化服务效果将大为降低。本文依据《湖南农村统计年鉴2012》相关数据，测算各市（州）的城乡居民收入差距（表5-7）。本文仅从表5-5各市（州）农民CSI值分类排序与表5-7各市（州）城乡收入差距排序中，简单对比分析了城乡居民收入差距可能对不同地区CSI产生的心理效应干预。从表5-7的直观判断可知，城乡收入差距对CSI的心理效应干预作用不强。或者可以说，本文关于农民对农村信息化建设绩效评价（CSI）调查，受来自城乡收入差距方面的外生变量干预相对较弱。

表 5-7　各市（州）城乡收入差距一览表

市（州）	农民人均收入 / 元	城市居民人均收入 / 元	城市居民人均收入—农民人均收入 / 元	城市居民人均收入 / 农民人均收入
长沙市	13 400.89	26 451	13 050.11	1.97
株洲市	9 328.29	22 633	13 304.71	2.43

续表

市（州）	农民人均收入 / 元	城市居民人均收入 / 元	城市居民人均收入—农民人均收入 / 元	城市居民人均收入 / 农民人均收入
湘潭市	9 501.50	20 614	11 112.50	2.17
衡阳市	8 506.25	17 866	9 359.75	2.10
邵阳市	4 373.03	13 584	9 210.97	3.11
岳阳市	7 070.31	19 680	12 609.69	2.78
常德市	6 662.84	17 567	10 904.16	2.64
张家界市	4 093.38	14 098	10 004.62	3.44
益阳市	6 772.55	17 328	10 555.45	2.56
郴州市	6 230.29	17 606	11 375.71	2.83
永州市	6 001.77	17 193	11 191.23	2.86
怀化市	4 280.99	13 824	9 543.01	3.23
娄底市	3 950.56	16 892	12 941.44	4.28
湘西州	3 675.10	13 591	9 915.90	3.70

5.3.2.3　地理环境对CSI的干预

地理自然环境对农村信息化建设绩效CSI会不会产生影响，产生多大的影响，这是一个很难判断的问题。湖南省14个市（州）的地理环境差异还是比较大的。《湖南省农村农业信息化示范省建设实施方案》（2011）提出，湖南农村信息化建设按长株潭区（长沙市、株洲市、湘潭市）、洞庭湖区（岳阳市、益阳市、常德市）、湘中南丘陵区（娄底市、衡阳市、邵阳市、永州市、郴州市）、湘西山区（怀化市、张家界市、湘西州）四个区域进行布局（图5-1）。不同地理特征区域内的农民对农村信息化服务需求存在较为明显的差异，这势必对农村信息化建设绩效形成不同层面、不同目标的要求。对此，《湖南省农村农业信息化示范省建设实施方案》（2011）明确各区域的重点：长株潭区重点开展“三网融合、三产融合”信息化示范工程建设；洞庭湖区重点开展“现代农业物联网”信息化示范工程建设；湘中南丘陵区重点开展“农村电子商务”信息化示范工程建设；湘西山区重点开展“农村民生服务”信息化示范工程建设。联系到表5-6容易发现，处于湖南省会长沙市为中心的长株潭区和湖南北部的洞庭湖区，农民对农村信息化建设绩效满意度评价值（CSI）普遍处于高位，而湘中南丘陵区、湘西山区的8个市，除衡阳市外，农民对农村信息化建设绩效满意度评价值（CSI）普遍较低。这在一定程度上说明地理环境可能对CSI产生比较显著的影响。

图 5-1　湖南省国家农村农业信息化示范省建设区域示范布局

5.3.2.4　财政效应对CSI的干预

改革开放以来，我国农村有了翻天覆地的变化，政治、经济、文化等各项事业发展迅速，但是，城乡二元结构导致的农村落后仍是一个不争的事实。农民既没有经济实力，也没有文化技术能力来推进农村农业信息化，只能依靠政府力量自上而下地推进农村信息化建设①。政府对农村信息化建设的投入水平可能影响到农村信息化建设绩效农民的满意度评价（CSI）。对本文根据湖南省科技厅的调查统计获取2013年14个市（州）对农村信息化建设的投入资金，结合《湖南农村统计年鉴2012》中的14个市（州）乡村人口数据，计算出14个市（州）人均农村信息化建设资金支出情况，见表5-8。

将表5-5的CSI值分类排序与表5-8市（州）人均农村信息化建设资金支出进行比较分析发现，虽然就某一个市（州）而言，两者的排名有一些错位，但是，总体来说两者的吻合度比较高，尤其是就前面将CSI值分为高、中、低三类而言，两者具有高度的吻合。人均农村信息化建设资金支出前六位的市全部在农村信息化建设绩效评价较高类型中，人均农村信息化建设资金支出7~10的市正好分别在农村信息化建设绩效评价中等类

① 卢光明．论农业农村信息化的市场主体 [J]. 中国信息界，2006（6）：44-45.

型中，人均农村信息化建设资金支出后四位的市（州）全部在农村信息化建设绩效评价较低类型中。由此可以较清楚地看出各市（州）人均农村信息化建设资金支出对CSI的确产生了某种干预作用。这说明，农村信息化服务作为一种准公共品，在建设初期，政府财政投入的影响作用十分明显。

表 5-8 2013 年湖南各省市（州）人均农村信息化建设资金支出一览表

市（州）	政府投入（万元）	农村人口（万人）	人均投入（元）	人均投入排名
长沙市	6 579	223.43	29.45	1
株洲市	3 977	165.01	24.10	4
湘潭市	2 763	132.48	20.86	7
衡阳市	7 995	379.87	21.05	6
邵阳市	6 712	468.15	14.34	10
岳阳市	6 937	286.28	24.23	3
常德市	7 622	343.38	22.20	5
张家界市	1 636	90.67	18.04	9
益阳市	6 205	254.11	24.42	2
郴州市	2 724	261.11	10.43	13
永州市	4 396	323.49	13.59	11
怀化市	3 629	296.02	12.26	12
娄底市	4 933	237.07	20.81	8
湘西州	1 523	163.81	9.30	14

5.4 小结

农村信息化建设是为了给农民提供优质高效的信息服务，帮助他们解决生产、生活中的各种问题，将农民视为接受农村信息化服务的“顾客”，根据农民的主观感觉和感知评价农村信息化建设绩效。本文按照农村信息化服务效用性原则，即农民认为有用的农村信息化服务才是有效率的农村信息化服务，从微观层面上设计和实施了农民对农村信息化建设绩效满意度评价调查，并以农民满意度评价结果（CSI），运用Probit回归模型对湖南省14个市（州）农村信息化建设绩效进行了独立的、同质的和等价的评价和较全面深入地分析CSI值各种影响因素。

本文在借鉴已有研究文献成果基础上，力图从多视角把握农村信息化建设绩效影响农民实际感觉与感知，最终选择农民性别（X_1）、年龄（X_2）、婚否（X_3）、受教育年限（X_4）、是否为村组干部（X_5）、家庭年人均收入（X_6）、农民相对收入自评（X_7）、宽带是否入户（X_8）、是否访问过湖南省农村农业信息化综合服务平台（X_9）、接受信息化培训次数（X_{10}）、家庭生产经营主业（X_{11}）11个变量，设计调查问卷。以湖南省14个市（州）为调查研究对象，经过科学地分层抽样和周密地组织人员入户调查，获得农民对农村信息化服务建设绩效满意评价（CSI）调查样本数据3 460个。根据调查数据，本文对湖南省14个市（州）农村信息化服务建设绩效农民满意评价（CSI）进行了分类排序。根据已有的相关研究成果，结合湖南农村信息化建设的实际情况，本文以0.35为CSI值“标杆”，大致将湖南省14市（州）CSI分为农村信息化建设绩效较高型、中等型和偏低型三种基本类型。

本文运用Probit回归模型，具体分析上述11个变量对三类CSI值地区以及14市（州）农民对农村信息化建设绩效满意度评价的影响因素及其影响方向、影响程度等。根据Probit回归结果，就整体而言，农民受教育年限（X_4）、农民为村组干部（X_5）、农民自感收入水平（X_7）、宽带入农户（X_8）、农民访问过湖南省农村信息化综合服务平台（X_9）、农民接受信息化培训次数（X_{10}）等变量是影响农民对农村信息化建设绩效满意度评价结果的主要因素。各市（州） CSI的影响因素存在较大的差异，从三类CSI值地区看，处于同一类型的市（州） CSI的影响因素具有较明显的共性特征。Probit回归还显示，农村信息化服务建设绩效农民满意评价（CSI）基本不受被调查者个体特征中性别（X_1）、年龄（X_2）、婚否（X_3）等变量的影响。家庭年人均收入（X_6）、家庭生产经营主业（X_{11}）对农村信息化服务建设绩效农民满意评价（CSI）影响较弱。

联系影响农村信息化服务建设绩效农民满意评价（CSI）外生变量，本文认为，各市（州）农民人均收入水平对农村信息化服务建设绩效农民满意评价（CSI）产生了“经济效应”干预作用，而城乡收入差距方面的外生变量干预相对较弱。地理环境所引起的农业优势产业和区域特色产业发展现状和生态经济社会条件差异可能对CSI产生了较强的干预，但需要进一步论证。财政效应对农村信息化服务建设绩效农民满意评价（CSI）的干预较为明显，政府投入对农村信息化建设绩效的微观层面（农民满意度）影响，可能居于最重要的地位。

总体而言，本文证明的主要内容可以概括如下，首先本文以湖南省的13个地州市为例，借助于各地州市科技局的帮助，结合课题组对这些地州市的抽样调查，获得了大量的宝贵的第一手资料与数据，利用计量的方法，对湖南省13个地州市的农村信息化建设绩效进行了评价。评价的主要方法是将农民视为顾客，通过获取顾客满意度的指数，对湖南省13个地州市的农村信息化建设绩效进行大致地评估，根据评估的结果可以将湖南省13个地州市的农村信息化建设绩效大致区分为绩效较高、绩效中等和绩效较差三种类型。这种大致的评价不带有任何官方的色彩，所获得的数据也比较公正，评价方法也比较合理，具有可操作性，应当说评价结果基本上反映了湖南省13个地州市建设农村信息化绩效的实际情况，也与人们对湖南省13个地州市的主观感受的情形相一致。在研究确定了湖南省13个地州市的农村信息化建设绩效之后，本章还运用计量模型研究了决定农村信息化建设绩效农村居民满意度的影响因素的问题。通过对调查问卷所获得数据的分析与整理，再通过对这些数据的归纳与总结，运用Probit模型来分析各因素与农村居民满意度之间的线性因果关系。尽管这种研究方法具有循环自证的效果，即在确定影响因素时，研究者往往需要根据主观经验来判断何种因素是相关的，或者相关性较高的，然后才能发现或找到Probit模型对主观经验所感受到的东西进行检验，并且根据检验的结果来判断这些因素是否为影响显著的因素。这种方法在一开始确定影响因素时就非常主观，没有任何客观可行的基础，根据直观确定的因素类型来确定相应的检验模型也带有相当的盲目性，但是这种方法的优势在于，顾客满意度的前期研究文献非常多，前人的研究大致可以为我们确定农村居民满意度的影响因素奠定了一个大致的范围，使我们不至于犯太多的错误或者偏离正常的轨道太远。在判断影响农村居民对农村信息化建设的满意度因素时，还需要考虑其他的因素，这些因素可能也会对农村居民的满意度产生影响，但是这些因素可能却是外在于农村信息化建设，并不仅仅是对农村信息化建设绩效有重要影响，例如国家宏观经济的总体发展趋势，可能不仅仅会影响农村信息化建设的绩效，而且还会影响国民经济运行的各个方面，甚至对非国民经济领域或行业都会产生深远的影响。因此，在这个研究过程中，还要在定量研究的基础上，排除一些其他的因素，这些因素不仅仅是对农村信息化建设绩效产生影响，也对农村居民的主观满意度产生影响，同时还会对社会其他方面产生影响，以至于无法断定这些影响是否为影响农村信息化建设农村居民满意度的决定性因素，在研究过程中，需要进行大量的定性分析，以排除这些外生因素进入定量的研究中。

本章获得的上述重要认识和基本观点对于如何从微观层面改进农村信息化建设绩效能够提高基本依据，同时，也进一步认识到，科学评价农村信息化建设绩效，还需要从宏观上进行工具性评价。

第6章　大数据时代宏观层面农村信息化建设绩效实证分析

自从湖南省成为国家农村信息化建设示范省以来，到现在已经过去了一段时间，那么湖南省的农村信息化建设究竟取得了怎样的成效呢？应该采用什么样的指标来评价农村信息化建设的效果呢？这些效果的好坏受到哪些因素的影响呢？本章将基于对湖南省不同区域、不同生态环境、不同社会经济条件和不同产业地点的14个地区的调研数据进行实证分析来评价湖南省的农村信息化建设的服务绩效。

6.1　文献回顾

目前在已有的国内外文献中，直接针对农村信息化建设效率实证研究的文献并不多见，更未能形成对这一专门问题的系统理论分析范式。由于农村信息化服务主要由政府提供，所以它具备了公共品的特性，也有一部分依赖于农民自己的投入，所以它又具备准公共品的特性，它属于农村公共服务的一个必不可少的部分。因此，大多数对于政府公共服务方面的研究可以用于考察农村信息化建设效率问题的借鉴。

6.1.1　政府信息服务绩效

在对信息服务的绩效进行研究的过程中，许多学者关注于政府提供的信息服务。周伟、蒋冠认为："政府信息服务的绩效测评是指根据政府所提供信息服务的效率、效益、能力、质量和顾客满意程度等方面的评价，对政府在信息服务过程中的投入、产出、政策或规定执行、中长期目标完成的结果等绩效进行的评定和划分等级"，该服务是基于结果的控制活动，同时也是基于用户至上的机制[①]。张研等分析了政务信息的绩效评估方法，运用平衡记分卡方法构建出电子政务信息服务绩效评价体系，包括内部管理维度、电子政务信息服务成本维度、电子政务信息服务顾客维度、学习与发展维度四个电子政务绩效评价指标体系[②]。程慧平采用非参数DEA方法和随机前沿分析方法，分析探讨了我国30个省级行政区10年来的信息服务业领域的技术效率[③]。郭韧等阐述了信

① 周伟，蒋冠．基于平衡记分卡的政府信息服务绩效测评分析 [J]. 档案学通讯，2008（4）：81.

② 张研，何振．电子政务信息服务绩效评价指标体系的构建 [J]. 图书馆理论与实践，2010（2）.

③ 程慧平．基于 DEA 和 SFA 方法的信息服务业技术效率研究 [J]. 科学学与科学技术管理，2013（4）.

息服务业发展的现状，从技术有效性和规模有效性两方面对我国信息服务业进行了深入分析，设计出两大投入和两大产出指标来描述信息服务业的效益，并运用数据包络分析方法得出各地区以及全国的投入产出效率①。姚莉媛、任华英采用空间计量模型对中国信息服务业的技术效率进行评估，结果表明，中国整体信息服务业技术效率低下，地区之间的差异较大，人力资本、产业集聚度、全员劳动生产率和对外开放度对信息服务业技术效率影响显著②。王炳清等建立了全国为研究对象，构建出信息服务业竞争优势的评价指标体系，采用加权主成分TOPSIS价值函数模型的方法，以2008年全国各地区信息服务业的水平为分析对象，得出我国沿海和中西部地区的信息业水平发展不均衡，最后提出了提升中西部地区的信息服务业发展水平的对策③。史敏采用层次分析法，对科技信息公共服务的绩效进行了研究，设计出服务设施、服务能力和服务绩效三个战略层，共七个指标④。

政府信息服务绩效的评价研究具有以下几个方面的特征：首先，研究方法具有多样性。为了研究政府信息服务的绩效，不同的学者选用了不同的变量指标，为了说明不同变量指标之间的因果相关性，使用了不同的计量模型，从平衡记分卡到DEA包络数据分析方法，再到TOPSIS价值函数模型和层次分析的方法。研究方法的多样性说明政府信息服务绩效评价的困难性，人们不可能只从一个单一的视角来对政府信息服务绩效进行评估，而应当从信息来源、信息针对性、信息有效性和信息影响力等多方面进行评估，才可能更为准确地评估政府信息服务绩效的现实状况。其次，在评价内容上，实现了定量与定性分析的结合。在定性分析方法中，有的学者分析了政府信息服务绩效的技术有效性和规模有效性。所谓技术有效性是指农村信息化技术对农村生产生活的贡献率或者纯粹的信息技术在投入与产出方面的效率。所谓规模有效性是指政府信息服务在规模程度上所能够减少的投入或者增加的产出，随着规模扩大，投入越来越大，产出增加幅度则非常有限，最终两者会实现平衡，这时就实现了规模有效性。还有的学者使用了层次分析法，通过将政府信息服务绩效的指标体系层层分解，最终确定政府信息服务绩效的终极评价指标，这些指标与定量分析的数据模型结合在一起，为定性分析提供实证数据的支持或验证。

6.1.2　农村信息服务绩效

虽然在政府服务方面，有很多学者都很重视服务效率的研究，但是在农村信息领域

① 郭韧，陈福集．我国信息服务业投入产出效益评价研究 [J]. 现代情报，2014（8）.

② 姚莉媛，任华英．中国信息服务业技术效率的区域差异及影响因素研究 [D]. 长沙：湖南大学学位论文，2010.

③ 王炳清，胡平，陆燕萍．中国分地区信息服务业竞争优势的综合评价分析 [J]. 科技管理研究，2011，31（21）：182-185.

④ 史敏．科技信息公共服务绩效评价研究 [[J]. 中国科技论坛，2010（2）.

中对效率的研究并不多，少量的研究多数是采用DEA数据包括分析方法，而且学者们都提出了评价绩效的相关指标。门伟莉以数据包络分析模型，对山东省进行实证分析，以网站的连通，网页的更新等作为指标，研究了17个市级政府农业网站的运行效果①。崔静以农村信息资源配置为研究对象，分别从宏观和微观角度，采用指标法确定了指标体系，包括每百户彩色电视机拥有量、每百户固定电话拥有量、每百户移动电话拥有量、每百户家用电脑拥有量等，并运用DEA纯技术有效性的BCC模型测评了江苏省13个辖市的农村信息资源配置效率水平，最后提出了提升效率的对策②。程卓杰比较了国内外的农村信息服务体系的优劣，采用数据包络分析法探讨了县域农村信息服务体系的运行效果，以信息基础设施建设总费用、固定资产投资总费用、农业信息服务组织的员工人数等作为投入指标，以农业信息服务收入、接受农业信息服务人数作为输出指标③。梁春阳认为对农业信息化进行评估，必须要从传统的以理论方法为基础，注重信息化成就建设的研究转向至以成就为基础，注重信息化实效的方向上来，最后构建了“农业信息服务绩效评价模型”，有5个子系统、28项测评指标构成，包含百万人涉农网站拥有、设立农村经济信息服务点的行政村比、农村互联网用户比、能接收电视节目的自然村比、安装了有线电视的自然村比、农村劳动力大专及大专以上文化程度者比、农村万人农业科技人员等指标，用来评价农业信息化服务绩效④。刘玮运用因子分析和聚类分析研究了农村信息化的发展水平，并提出了10大指标⑤。史敏认为政府为企业提供科技信息的服务绩效可以使用网络平台、服务人员数、高级职称数、信息加工、报告发布量等作为评价指标⑥。

在农村信息服务绩效的评价中，相对于政府信息服务绩效的评价研究，无论在评价方法，还是在评价过程上，都显得比较集中。研究者对农村信息服务的绩效评价并没有采用如政府信息服务绩效评价同样的方法，采用的最多的评价方法是DEA包络数据分析法，主要是对不同决策单元的相对效率进行评价，而不是对某一决策单元的绝对效率进行评价。因此，农村信息服务绩效评价的研究还有许多需要改进的地方。一是要改进农村信息化绩效评价的研究方法，不要将绩效评价方法集中在DEA的研究方法上，而要发展评价某一决策单元绝对效率的评价方法，例如投入产出核算的办法。二是需要进行大量的定性分析，要借鉴对政府信息服务绩效评价的方式方法，例如使用层次分析法，对农村信息化服务绩效评价的指标体系进行构建研究，发展出成熟的评价指标体系，在此基础上再进行其他类型的定量研究。

① 门伟莉．基于 DEA 的农业信息服务网站效率评价研究 [J]. 全国知识组织与知识链接学术交流会，2012.

② 崔静．基于 DEA 方法的我国农村信息资源配置效率评价研究 [J]. 图书情报工作，2012.

③ 程卓杰．县域农业信息服务体系的构建与评价研究 [D]. 沈阳：东北大学，2007.

④ 梁春阳．论农业信息服务绩效评价体系的构建 [J]. 图书馆理论与实践，2012（9）.

⑤ 刘玮．基于因子和聚类分析的农业信息化水平研究 [J]. 湖南社会科学，2014（5）：164.

⑥ 史敏，肖雪葵．科技信息公共服务绩效评价研究 [J]. 中国科技论坛，2010（2）.

6.1.3　农村信息化服务影响因素

在探讨影响农业信息化建设绩效的因素时，这方面的文献较少，有限的研究中一般是指影响农村信息化建设的因素。杜璟、李道亮等在评价影响农业信息化建设的影响因素时，获得了20个主要因素，并将它们分为6个层面，即村居民家庭纯收入、农民信息意识、信息基础设施建设水平、农户家庭计算机拥有量、农业信息网站数量、农村信息服务人员数量等，并采用解析结构模型（ISM）法分析了这些因素的关系结构①。同时，农业信息化建设水平的高低也在一定程度上反映了信息化建设的效果。庞丽将信息化设施水平、信息产业水平和信息资源水平作为衡量信息化水平的三大层面，采用Kohonen神经网络算法对不同地区进行分类②。

综上所述，通过文献回顾我们知道虽然我国对于农村信息化的问题已经进行了大量的相关研究，但是真正基于投入产出的农村信息化建设效率实证研究的文献还很少。可以发现，对农村信息服务的效果评价多数是从网站建设、宽带进村入户、服务人员数量等方面进行研究，这也是本章设定绩效评价指标的重要参考。

因此本文将基于DEA-Tobit模型利用调研获得的湖南省14个县的数据对农村信息化建设效率进行实证研究，分析现阶段湖南省农村信息化的投入产出水平及其影响因素，并为我国的农村信息化建设提供相关政策建议。

6.2　DEA–Tobit理论模型

6.2.1　计量模型、变量与数据处理

由于本部分内容是从宏观和微观的“双层”角度对农村信息化建设的效率问题加以研究，为了与微观层面进行效率系统协调性对比分析，因此，本文运用抽样调查法来建立农村信息化建设效率的DEA模型。

20世纪70年代，数据包络分析方法（DEA）首次由美国运筹学家Charnes、Coopor和Rhodes提出来。该方法的计算过程主要是在不改变决策单元（Decision Making Units，DMU）的输入变量或者输出变量的前提下，为了明确相对有效的值，需用数学方法对数据进行测算和统计。将每个决策单元对应到DEA的生产前沿面上，再对决策单元偏离DEA前沿面的程度加以比较，用于测评它们的相对有效性。在考察决策单元是否具有最优的投入产出方案方面，DEA分析法可以很好地做到这一点，更理想地反映评价决策单

① 杜璟，李道亮，陈英义．我国农村信息化影响因素的关系结构分析 [J]. 江西农业学报，2013（7）.

② 庞丽，王铮，等．西部信息化发展水平的区域差异研究 [J]. 干旱区资源与环境，2006,20（5）.

元所包含的信息及其特点，因而，对于评价系统的多投入多产出分析具有一定的优势。

根据前沿生产函数理论，包络数据分析方法（DEA）是研究多种投入情况下多种产出的综合效率的典型方法。即假设有h种投入，m种产出，n个被测评单位，可以构造C^2R模型如下：

$$\begin{cases}\min[\theta-\varepsilon(\boldsymbol{e}^{\wedge \mathrm{T}}S^{-}+\boldsymbol{e}^{\mathrm{T}}S^{+})] \\ s.t\sum_{j=1}^{u}X_j\lambda_j+S^{-}=\theta X_0 \\ \sum_{j=1}^{u}Y_j\lambda_j-S^{+}=Y_0 \\ \lambda_j\geqslant 0 \qquad (j=1,\cdots,u) \\ S^{-}\geqslant 0, S^{+}\geqslant 0\end{cases} \tag{6-1}$$

式中，X_0、Y_0为当前被评价单位的投入、产出指标；λ_j为各单位组合系数；ε为非阿基米德无穷小量，实际应用中常取ε为极小的正数，如10^{-5}；$\boldsymbol{e}^{\mathrm{T}}$为单位行向量；在实际应用中，$\theta$、$S^{-}$、$S^{+}$常用作效益评价的主要指标，$\theta$为效率评价指数，$S^{-}$、$S^{+}$为松弛变量。

若$\theta<1$或$\theta=1$，但S^{-}、S^{+}不全为0，则认为被评单位DEA无效（C^2R），即用少于现有的投入就可达到目前的产出；如果$\theta=1$，但S^{-}、S^{+}有一个不为0，则认为单位DEA为弱有效（C^2R）；如果$\theta=1$，但S^{-}、S^{+}均为0，则认为该单位DEA有效（C^2R），即在现有产出情况下不宜再增加或减少投入量。

DEA模型用于测评一组具有多种投入和多种产出的决策单元（DMU）的绩效和相对效率，具体来说，它是一种“面向数据”的测评方法，由于DEA方法并不是注重变量的平均值，而关注于测量样本本身，因此该模型对个体的差异尤其是单元效率的研究具有特殊的优点。另外，DEA也是一种非参数估计的方法，其优势表现为可以规避参数方法的多种限制，所以，用DEA方法来测算政府的服务效率是非常有效可行的。

由于DEA模型是“面向数据”的一种模型，可以获得相对的规模效率。在这一系统中，具有多投入和多产出的均衡，再算出各个决策单元之间的相对效率。最后，在这个系统内部，还可以对各决策单元的效率进行排序。

在当前对效率进行研究的文献里，很多学者认为，针对DEA方法的不足，研究中可以采用Tobit模型，该模型可用来研究效率分布问题，并且能够得到效率改进的途径。1958年，诺贝尔经济学奖获得者托宾（Janes.tobin）提出了经济计量学模型，即Tobit模型，它是对部分连续分布和离散分布的因变量而提出的。托宾认为，根据线性回归模型，将样本中的第i个样本建模为具有某一期望支出水平Y_i^*，Y_i^*与回归因子有关。因此，当单个回归因子时，该期望的支出水平是：

$$Y_i^*=\beta_0+\beta_i X_i+u_i \qquad (i=1,2,\cdots,n) \tag{6-2}$$

当式（6-2）中使用观测到的支出Y_i代替Y_i*进行估计时，所得出的OLS估计量是不一致的。Tobit通过使用u_i服从正态分布的这一额外假设来推导相应的似然函数，从而解决了这个问题，所得出MLE被应用于分析经济学中的许多问题，对于那些因变量是截尾数据的经济分析适用于Tobit回归。

对于我国的农村信息化建设而言，各省对农村信息化的财政支出水平存在着较大的差异，即使在同一省内的不同地区，由于各地对农村信息化采取了不一样的财政供给制度或建设路径，同时，政府对农村信息化建设的支出也具有一定的差距，因此，各地的农村信息化建设工程的协调性也表现出明显的差异，其效率水平也大不相同。

在实证分析中，考虑到数据来源的不确定性，最好的方法就是将各地区的农村信息化服务依据其共同的一些主要特性进行综合分析，例如主要考察宽带进村入户项目资金（万元），信息咨询专家的数量（人），网上发布农业产品交易信息（条），网站、短信、电视广播发布的就业信息（条）等。因此，本章将省内的各市州作为单独的决策单元（样本）进行研究，通过研究在不同投入的条件下，不同的样本会表现为产出的差异[包括在宽带到村入户的数量（个）、农民访问（咨询）的次数、网上农业产品交易额（万元）、农民务工就业人数等方面的多种产出]。

虽然考察农村信息化服务效率最好是在全国范围内进行调查，但是由于研究很难在全国范围内对农户和政府都进行抽样调查，因此，本文以湖南省为例，选择在省内地区层面进行分析。在此背景下，本章提出如下问题来进行研究：在全省范围内，不同市州农村信息化服务的宏观效率是高还是低？在调查样本中哪类决策单元的宏观效率表现为高？这些决策单元的效率值是否存在着明显的不同？各决策单元的效率受到哪些因素的影响？

值得注意的是，DEA计量模型（即所谓包络数据模型）是用于测算多个决策单元之间的相对效率的一种计量模型，它是根据被测算对象的实证数据的最外延面的连线来判断各个决策单元的效率状况，通过综合多个投入与产出之间的数量关系，描述出数据包络面的连线状况，据此判断各个决策单元在各个投入与产出水平上的效率状况。DEA模型适合于同一单位内部不同决策单元之间的效率比较，不适合决策单元之间缺乏可比性或者决策单元在性质或类型上差距太多的效率比较，因为这种比较即使有效率测算的结果，也会因为其他因素的影响太大而无法证明结论是正确的。例如，一个商业决策单元与一个军事决策单元之间进行比较，即使在投入与产出方面能够比较出相对效率，也会因为两个决策单元在性质或本质上相差太远而导致这种比较没有任何实质性的意义。这就好比人们在寻找事物之间的因果关系时，必须要将这种因果关系限制在特定的范围之内，否则就会出现许多难堪的结论。例如，中国北方宝马车的增加与中国南方鸭子数量的增加之间有数量上的相关性，但是不能直接认定这两者之间存在因果关系，如果是这样的话，那么就会使科学研究变得非常盲目。在另一个意义上，DEA的模型方法其实是非常原始的，用俗语说，它本质上就是从一群相关的人的组合中选择最好的或最高的一个，而不是发现这一群组织中的人的绝对高度，或者说是矮子中的高子。另外，不同决策单元之间的效率进行比较时，一定是多个投入多个产出之间的比较，不能是一个投入产出之间的比较，因为单投入单产出之间的比较是无法确定决策单元之间的效率的，会使决策单元之间的效率比较变得极不稳定或可靠。我们在研究过程中，之所以选择湖南省为例进行研究，并不是因为湖南省在中国有典型性，而是因为我们对湖南十三个地州市的考察需要大量的数据，没有官方的支持我们不可能进行这样的研究。当然，以湖南省为例并不仅仅是为了解决湖南农村信息化建设中存在的问题，而是希望以解剖麻雀的方式，以小见大，发现中国农村信息化建设过程中普遍存在的问题，以提出解决问题的政策建议。

6.2.2 技术路线与变量选择

根据数据分析DEA理论，本章将从宏观角度，运用DEA-Tobit计量模型，按两个阶段来进行研究，包括测算政府进行农村信息化建设的服务效率，并分析其影响服务效率的因素。

首先，估算农村信息化服务效率值，计算出DEA效率系数。本部分选择湖南省14个地区作为决策单元。该阶段所要达到的目的是：根据计算结果，对各地区农村信息化建设效率系数（θ）、各种投入与产出的松弛变量（S^-、S^+），进行对比分析。

其次，评析影响农村信息化服务效率的相关因素。由于农村信息化服务效率系数θ符合0~1的截尾变量，所以，本文运用Tobit模型，以湖南省的14个市（州）为分析对象，再进行农村信息化建设服务效率的影响因素分析。

因此，本章采用DEA-Tobit计量模型，分析影响农村信息化建设效率的相关因素，这些实证数据成为提升农村信息化建设的服务效率的实证基础，也是优化农村信息化服务效率的宏观环境的重要依据。

本研究的目的，就是从地区层面来研究农村信息化建设效率及影响效率的因素，在此基础上，提出高效率的、可操作的、可行的优化策略。所以，本研究使用的研究方法及研究思路，具备扩大适用范围的价值，如其他省份。

考虑到数据获取的困难，本文选择以宽带进村入户项目资金（X_1）、信息咨询专家的数量（X_2）、乡镇综合信息服务站发布信息条数/基层信息服务站数量（X_3）、网站、短信和电视广播发布的就业信息条数（X_4）作为农村信息化建设的投入变量，确定投入变量之后，本文相应地选择宽带到村入户的数量（X_5）、农民访问（咨询）的次数（Y_2）、网上农业产品交易额（万元）/农业总产值（Y_3）、农民务工就业人数（Y_4）作为农村信息化建设的产出变量。

6.2.3　DEA计量模型及其系数测算

本章采用的DEA模型所用的全部资料，来源于湖南省科技厅联合湖南农业大学为全面了解各地农村信息化发展基本状况，系统研究分析当前农村信息化建设过程中存在的问题，为科学指导全省农村信息化发展提供基础支撑在全省范围内组织开展的问卷调查，问卷由有关县（市、区）科技行政主管部门联合相关农业部门填写，且填写人是县级科技行政主管部门负责农村信息化工作人员。因此，数据具有一定的真实性，在一定程度上能够反映该地区的农村信息化建设状况。基本数据详见表6-1。

表 6–1　湖南省农村信息化建设投入产出基本描述

	变量	N	Minimum	Maximum	Mean	Std. Deviation
产出	宽带到村入户的数量 / 个	14	10 639.00	48 485.00	28 578.214 3	10 368.469 43
	农民访问（咨询）的次数	14	11 004.00	38 918.00	20 229.928 6	7 234.854 03
	网上农业产品交易额 / 万元 / 农业总产值	14	0.10	2.39	0.676 9	0.564 56
	农民务工就业人数	14	85 748.00	290 139.00	164 379.714 3	67 204.0540 5
投入	宽带进村入户项目资金 / 万元	14	692.00	1 939.00	1 477.785 7	371.574 03
	信息咨询专家的数量 / 人 / 乡镇数量 / %	14	24.38	52.47	39.7421	8.362 15
	2013 年乡镇综合信息服务站发布信息条数 / 基层信息服务站数量	14	59.30	267.02	165.472 9	62.537 53
	网站、短信、电视广播发布的就业信息	14	718.00	2 315.00	1 577.642 9	498.809 75

本章主要测算农村信息化建设效率，运用基础的C^2R模型程序。当ρ趋于1，说明该地区农村信息化建设效率值规模有效，也就是说如果不改变现有供给的前提下，现在的投入所产生的结果是有效率的，所得计算结果见表6-2。

表 6–2　DAE 运算结果（效率系数 θ、松弛变量 S、规模有效性系数 ρ）

地区	效率系数 θ	松弛变量 S^+（产出）				松弛变量 S^-（投入）				规模有效性系数 ρ
		Y_1	Y_2	Y_3	Y_4	X_1	X_2	X_3	X_4	
长沙	1	0	0	0	0	0	0	0	0	0.96
株洲	1	0	0	1.65	0	0	0	0	0	0.95
湘潭	0.93	0	3 083.45	0	72 552.10	267.12	2.53	0	0	0.87

续表

地区	效率系数 θ	松弛变量 S^+（产出）				松弛变量 S^-（投入）				规模有效性系数 ρ
		Y_1	Y_2	Y_3	Y_4	X_1	X_2	X_3	X_4	
衡阳	1	0	0	0	0	0	0	0	0	0.91
邵阳	0.82	3241.21	0	1.50	0	0	0	0	4703.64	0.84
岳阳	0.95	0	3 680.11	0.32	83 534.53	0	0	0	0	0.93
常德	1	0	0	0	0	0	0	58.79	0	0.95
张家界	1	0	0	1.42	0	0	1.68	0	0	0.87
益阳	1	0	0	0	0	0	1.91	0	0	0.93
郴州	0.84	0	0	0	0	0	0	60.54	0	0.82
永州	0.79	0	572.76	0	0	0	0	0	0	0.79
怀化	0.89	0	274.45	0.96	0.00	0	0	0	0	0.88
娄底	0.79	10 055.92	691.84	0.01	0	148.89	0	62.36	2630.10	0.81
湘西州	0.76	0	0	0.05	0	0	1.14	0	0	0.58

注：保留两位小数。

6.3 农村信息化建设绩效的Tobit回归分析

虽然上述计算出的农村信息化建设效率系数，可以解释不同市州农村信息化建设的相对效率，但它却无法考虑到DEA系数会受到哪些因素的影响，所以，该系数就无法解决农村信息化建设效率改进的问题。托宾提出的Tobit模型可以较有效地解决这类问题，该模型用于针对截尾数据。Tobit模型在本质上也是一种线性回归模型，主要是通过大数据研究确定因变量与自变量之间是否存在线性回归关系。在理论上而言，线性回归的许多其他模型也可以用于DEA效率影响因素的分析，但是在计量经济学中，数据类型是决定使用何种纯属回归模型的关键所在。DEA的效率系数虽然是随机的，但是却有一个最大的特点，效率系数总是小于1的某个数值。DEA效率系数的这个特点，决定了在研究其影响因素时可以使用的线性回归模型的类型。Tobit模型是比较适合于这种数据类型的，因为这个模型就是为了适用截尾数据而发明出来的，而DEA的效率系数恰恰是这种类型的数据（表6-3）。

若θ_l^*是以地区为调查样本，在各地区内部以抽样调查的方式获得相应的截面数据，从而得到一组各地区对应的DEA效率系数，最终获得一系列θ_l^*值，l=1，2，…，n，n为样本个数。然后，以该值为因变量，进行Tobit回归分析，得到如下方程：

$$Y_l^* = a_l + \sum_{l=1}^{n} \sum_{j=1}^{p} \beta_{lj} \chi_{lj} + \varepsilon_l, l = 1,2,\cdots,n, j = 1,2,\cdots p \quad (6\text{-}3)$$

式中，Y_l^*为某个地区农村信息化建设效率θ_l^*的水平，l为地区个数（本文中l=14）、p为影响DEA系数的农村信息化建设环境因素个数。

表 6–3　湖南省各地农村信息化建设效率影响因素抽样调查数据描述统计

Variable	Obs	Mean	Std. Dev.	Min	Max
DEA 系数效率	14	0.885	0.607 327	75	95
行政村平均人口数	14	221.218 6	107.214 2	61.74	495.84
城镇化水平	14	46.985 71	9.248 943	38.04	70.6
民众对县政府的信任程度	14	3.6428 57	0.744 946 3	3	5
年龄	14	52.642 86	3.225 073	46	57
农村人均受教育年限	14	6.4	0.686 126 2	5	7.5

模型中所确定的影响农村信息化建设效率的因素，一般属于内生性因素。但是，农村信息化服务是公共服务的一部分，农村信息化建设效率系统也可能受到其他变量的影响，所以，外生性变量也是我们研究农村信息化建设效率高低时必须要考虑到的变量（表6-4）。

表 6–4　湖南省各市（州）农村信息化建设效率影响因素 Tobit 回归结果

变量名	系数	标准误差	*Z* 统计量	概率
行政村平均人口数	0.053 461	0.046 752	0.614 575	0.056 7**
农村人均受教育年限	0.036 039	0.014 315	1.047 892	0.050 6**
城镇化水平	0.046 578	0.003 077	3.257 753	0.058 4**
民众对县政府的信任程度	0.187 921	0.138 536	0.596 433	0.000 0***
年龄	0.000 763	0.005 973	0.157 976	0.298 0
C	1.213 453	0.704 725	1.648 96	0.080 1
因变量均值	0.689 544	因变量标准差		0.382 643
回归标准差	0.378 542	Akaike info criterion		-1.897 542
残差平方和	8.865 853	Schwarz criterion		2.035 664 5
对数似然统计量	-70.212 21	Hannan-Quinn criter		2.134 556
对数似然统计的均值	-0.802 387			
Left censored obs	0	Right censored obs		17
Uncensored obs	14	Total obs		14

注：因变量为综合效率值（Y），“**”表明在 0.05 的显著水平上具有统计显著性，“***”表示在 0.01 的显著水平上具有统计显著性。

6.4 实证结论：农村信息化建设绩效与影响因素

本部分内容基于宏观的视角，通过对各地区农村信息化的服务效率运用数据包络法（DEA）加以分析，从而获得各地区DEA系数、各项投入与产出的松弛变量及规模有效性等结果。然后，根据各地区的基本情况，为了找到影响农村信息化服务效率高低的一系列因素，又对各市（州）农村信息化建设效率的影响因素进行Tobit回归分析。通过两步模型的计算，得到如下结论。

6.4.1 各地区农村信息化建设效率DEA系数及其分析

通过对表6-2的探讨，在全省的14个地区中有6个市（州）的ρ值表现为弱，8个市（州）DEA值呈现无效率。结果可以看出，无论是农村信息化投入产出的松弛变量，还是各市（州）的规模有效性系数都符合DEA计算，可以进行排序。对湖南省14个市（州）农村信息化建设效率水平进行排序分析的标准，即是按照DEA系数的大小来进行的。

6.4.1.1 效率水平较高

在表6-2中，按效率水平进行排序，由低到高为衡阳、张家界、益阳、株洲、常德和长沙，这些地区农村信息化建设效率的θ值全为1，并且其规模有效性系数为0.87~0.96，基本上支持该6个市（州）有弱pareto解的结论。

6.4.1.2 效率水平中等

从表6-2可以看出，湘潭市、岳阳市、郴州和怀化市的农村信息化建设效率表现为居中。其θ值为0.84~0.95范围内，对应的规模有效性系数为0.82~0.93范围内，这一结果表明这四个地区的农村信息化建设效率存在着一定损失。

6.4.1.3 效率水平较低

从表6-2可以看出，效率较低的地区为邵阳市、湘西州、娄底、永州市，其农村信息化建设效率水平普遍偏低，效率值在0.76~0.82之间，这四个地区的规模有效性系数为0.58~0.84，表示这4个市（州）农村信息化建设效率有一定损失。

6.4.2 各地区农村信息化建设效率影响因素分析

效率值可以表现出湖南省各地区农村信息化建设的效率水平，但是，如果要了解各市（州）农村信息化建设效率高低的原因，却只能通过其他方式获取，以得到效率值改进的具体方法。所以，可以根据表6-3和表6-4的基本统计量和效率Tobit回归结果，对各地区农村信息化建设效率影响因素进行统计分析，对影响各地区农村信息化建设效率水平的因素加以研究。

由表6-4可知，影响农村信息化服务绩效的因素，包括农民对政府的信任、行政村平均人口数、农民平均受教育年限、城镇化水平等。其中，农民对政府的信任程度呈显著正相关，且在0.00的检验水平上对农村信息化服务效率的影响显著，系数为0.187 921，说明农民是否接纳政府所提供的服务，很大原因受到他们对基层政府日常工作的认可和对政府行为的信任。如果信任度较低，那么当政府推行服务时，农民会表现为拒绝；反之，农民会对服务接纳，这将会影响到政府的服务效率。

行政村平均人口数在5%的水平上与农业信息化服务效率呈显著正相关，对农村信息化服务效率也有着一定的影响，这也表明行政村的平均人口越多，政府在执行信息化建设时的覆盖面也越大，享受到政府服务的受众越多，意味着一定的服务范围下，效率也越高。

农民平均受教育年限对农业信息化服务效率有所影响。具备较高水平教育程度的农民的自我辨识能力较强，一定会对政府提供的服务有着一定的接受力。但是，当前，由于留守在农村的人员大多数是老年和少年群体，受教育水平普遍较低，其运用新技术的能力不高，这在很大程度上降低农村信息化的服务效率。

城镇化水平与效率值呈现正相关，其对农村信息化服务效率也有所影响，系数为0.044 682，且在5%的水平上显著。这说明，在城镇化水平较高的地区，由于政府的服务能得到更好地推进，所以服务效率会比城镇化水平较低的地区要高。

但是，农民平均年龄与服务效率值虽然也不具备统计显著性，原因应该是农村信息化服务主要是由政府出面来承担的公共服务的一个方面，无论是年轻人还是老年人都愿意享有政府的服务，所以，农民平均年龄的大小并不能显著影响着信息化的服务效率，其对政府绩效的作用并不突出。

6.5　小结

本章通过采用DEA-Tobit方式对湖南省14个市（州）农村信息化的效率水平进行了研究，将全省的信息化水平分为效率较高、效率中等、效率低下三个层面。同时，在不同效率水平的基础上，对影响全省农村信息化发展水平的影响因素进行了分析，发现包括农民对政府的信任、行政村平均人口数、农民平均受教育年限、城镇化水平等因素对农村信息化发展水平具有一定的影响。

第7章　大数据时代改进农村信息化建设绩效的思路与对策

本文在依据系统论和借鉴已有的研究成果集成上，构建了农村信息化建设绩效评价分析的“双层效率因素分析”（DEFA）模型，并以湖南省为研究对象，分别从微观层面（农民满意度）和宏观层面（政府投入—产出）评价分析了农村信息化建设绩效。本章将对农村信息化建设的微观绩效和宏观绩效进行系统协调分析，并以此提出改进农村信息化建设绩效的思路与对策。

7.1　大数据时代农村信息化建设绩效系统协调性分析

7.1.1　系统论基础与农村信息化建设绩效系统

系统论是美籍奥地利理论生物学家L.V.贝塔朗菲（L.Von.Bertalanffy）在第二次世界大战前后进行酝酿、创立的。这是一门运用逻辑和数学的方法研究一般系统运动规律的理论。它从系统的角度解释事物、对象之间的相互联系、相互作用的共同本质、内在规律性。1973年，贝塔朗菲出版其代表作《一般系统论》，全面阐述了一般系统论的基本观点。20世纪70年代以来，系统论以一种新的科学方法论流派活跃于国际学术论坛，十分令人瞩目。许多国家都纷纷建立专门研究机构，掀起了一股“系统”研究的热潮。至今，已经研究出处理系统的新的概念、模型和数学领域，如动态系统理论、耗散结构论、协同学、网络理论、图论等系统分析方法。系统论的产生和运用不仅对现代科学技术的发展和人文社会科学的研究产生了积极的影响，而且更值得重视的是它提供一种新的系统思维方式。系统论改变了世界科学途径和当代各学科研究者思维方式，有力地推动了当代科学技术和人文社会科学的发展。

系统论是对“整体”和“整体性”的科学探索[①]。整体性、联系性、层次结构性、动态平衡性等是一般系统的共同特征。所谓整体性是指将研究对象作为一个整体来看待，从整体而非其组成部分来研究其存在的基本特征。整体性观察具有独特的视角优势，从个体视角来观察，个体之间可能存在冲突或者不协调之处，从整体上来看却是和谐协调的，也就是说，不合理的要素从整体上来看却是合理的，例如牺牲某一个人的利

① （美）冯 • 贝塔朗菲 . 一般系统论：基础、发展和应用 [M]. 林康义，等，译 . 北京：清华大学出版社，1987：6.

益或权利也许是不对，但是从社会结构的整体性来考察，这种牺牲也许是正确的或者是值得的。所谓联系性是指要站在构成整体的各个要素之间的相互关系的视角来研究或考察问题或对象。联系性意味着不存在处于真空之中的个体，每一个个体实际上都是从与其他个体的相互关系中来定义自身，否则就无法认识自身甚至定义自身。而在许多传统西方理论体系中，有一种将人作各种抽象的传统，被抽象之后的人，只剩下一些单纯的要素，这些要素与有血有肉的真实的人存在着极大的差距，而且这些抽象的人也是一种抽象的存在，人与人之间的关系被极度简化，甚至直接将人视为独立的与其他要素不相关的存在。层次结构性是指在将对象作为一个整体来研究或考察时，应当要注意对象在结构层次上的多重性。层次结构性借用了自然科学中对研究对象的一般性表述方式，任何研究对象与其他相关对象这间的关系不是简单的一对一的关系，而是表现为多个层次与结构的关系，这种结构或关系实际上在某种程度上反映了该研究对象的本质性特征。动态平衡性是指研究对象在动力学上的特征，任何研究对象都不是绝对静止的，而是运动的，一个系统要保持平衡，其组成要素之间的运动就必须要保持相互平衡。系统论作为一种科学思维的新“范式”推动了现代科学思维由机械论的“范式”转变到一般系统论的“范式”。根据系统论观点，我们研究农村信息化建设绩效评价也是一个系统问题，需要用系统论的“范式”对农村信息化建设绩效进行分析评价。从政府宏观层面上，农村信息化建设绩效投入和产出两个子系统的决定，不仅受到投入系统与产出系统之间的相互配合协调的影响，而且受到投入系统、产出系统的内部结构因素影响。

因此，系统的平衡协调性对于农村信息化建设绩效具有重要意义。正如贝塔朗菲所言，“研究鼓励的部分和过程是必要的，但是还必须解决一个有决定意义的问题：把孤立的部分和过程统一起来的、由部分间动态相互作用引起的、使部分在整体内的行为不同于在孤立研究时的行为的组织和秩序问题[①]。”对此，本文构设的DEFA分析模型，具体分析了各种因素对农村信息化服务供给系统产生的功能协调性效率。

依据农村信息化服务建设效率的DEFA模型，本文研究发现，农村信息化建设绩效的现实系统，既存在运行机制不健全的结构性问题，也存在投入-产出偏弱的功能性问题。从投入看，农村信息化建设投入过小，达不到规模效应，难以产生高绩效，从而造成资源浪费。当然，也不是投入越大绩效越高，受“木桶效应”制约，或超出规模约束，大投入也常常出现低绩效现象。从整体上讲，农村信息化建设绩效的系统结构效应偏弱。我们在调研中发现，湘西州投入大量资金建设党员e信通，为农村基层党员干部免费配发智能手机，农村智能手机和手机上网迅速普及，农民接受信息化服务条件改善了，但农民负担加重了，因为上网的费用对于收入低下的农民来说，是一笔不少的开支，最后，不少农村基层干部到移动公司取消党员e信通功能，智能手机只剩下打电话

① ［美］冯 • 贝塔朗菲．一般系统论：基础、发展和应用 [M]. 林康义，等，译．北京：清华大学出版社，1987：29.

功能而不"智能"了。同样，我们简单以宽带进村入户项目资金增加，就得出宽带到村入户的数量"产出"增加。虽然宽带到村入户了，农民还面临购买相关信息接收终端设备和上网等相关开支，他们能够承受吗，在多大程度上能够承受？同时，他们心中也有一个"投入—产出"的算盘，上宽带能够给他们带来多大的"投入—产出"的绩效？因此，提高和改进农村信息化建设绩效，必须牢固树立系统论观念。

7.1.2 农村信息化建设绩效系统协调性简要分析

农村信息化建设绩效系统是处于相互作用中的各要素的集合。但是，"如果把系统定义为'处于相互作用中的各要素的集合'，那就太一般太不明确了，不能由此得到更多的知识。""系统可用一定的微分方程组来定义，并且用通常的数学推理，引入特定的条件，可以找到系统在一般情况下或者特殊情况下的许多重要的特性①。"为了得到农村信息化建设绩效更多的重要特征，这就需要依据理论模型和数学推理，对农村信息化建设绩效进行系统协调分析。

本文采用直观的分析方法，将农村信息化建设绩效系统区分为农村信息化建设绩效宏观与微观协调型（"协调型模式"）、宏观与微观非协调型（"非协调型模式"）两种基本类型。所谓协调型模式是指依据一定的农村信息化建设绩效价值目标，实现农村信息化建设宏观绩效与微观绩效平衡协调发展的模式；所谓非协调型模式则是农村信息化建设宏观绩效与微观绩效不能实现平衡协调发展的模式。本文在农村信息化建设绩效基本类型之下再根据其内部差异，划分出不同的亚类模式，并结合在第五章微观层面和第六章宏观层面的实证分析，对湖南省各市（州）农村信息化建设进行双层绩效水平的对比分类（表7-1），以更全面地反映和分析各地农村信息化建设绩效。

表 7–1　湖南省各市（州）农村信息化建设双层效率水平对比表

宏观层面	市（州）名称	微观层面	各市（州）名称
绩效较高	长沙市、株洲市、衡阳市、常德市、张家界市和益阳市	绩效较高	岳阳市、株洲市、常德市、长沙市、益阳市和衡阳市
绩效中等	岳阳市、湘潭市和怀化市	绩效中等	湘潭市、邵阳市、娄底市和张家界市
绩效偏低	郴州市、邵阳市、永州市、娄底市和湘西州	绩效偏低	永州市、郴州市、湘西州和怀化市

从表7-1可以看出，长沙市、株洲市、常德市、益阳市、衡阳市、湘潭市、永州市、

① ［美］冯·贝塔朗菲．一般系统论：基础、发展和应用［M］．林康义，等，译．北京：清华大学出版社，1987：35.

郴州市、湘西州9市（州）属于绩效协调型模式（平衡型模式），其中这9市（州）又可以划分为三种亚类型：长沙、株洲、常德、益阳和衡阳5市在农村信息化建设的宏观绩效和微观绩效评价上都处于“较高”水平，属于“双高绩效型”，湘潭市属于宏观与微观“双中绩效型”，永州、郴州和湘西3市（州）则属于宏观与微观“双低绩效型”。剩下的张家界、岳阳、怀化、邵阳和娄底5市的农村信息化建设绩效系统都属于绩效非协调型模式。从总体上看，湖南各市（州）农村信息化建设的宏观绩效和微观绩效是比较一致的。

在绩效协调型模式中，9市（州）的农村信息化建设在政府（宏观绩效）和农民（微观绩效）获得了平衡，没有绩效损失。其中，双高绩效型模式是农村信息化建设绩效管理中的理想模式，政府的供给与农民的需求达成了一致。而双低绩效型模式是农村信息化建设中一种消极的绩效模式，政府低投入和低产出，农村信息化建设的价值目标实现程度低，农民表现出极大的不满意。这就需要瞄准农村信息化建设的价值目标，加强和改进农村信息化建设绩效考核，建立科学的绩效考核标准和切实可行的考核操作程序，推动农村信息化建设宏观绩效与微观绩效平衡协调发展。

在绩效非协调型模式中，5市（州）的农村信息化建设在政府（宏观绩效）和农民（微观绩效）未能获得平衡和协调。但是，形成非协调型模式的原因较为复杂，需要根据实际情况，分类进行分析。在这5市（州）中，绩效非协调型可以分为两种偏态：一种是张家界和怀化属于农村信息化建设宏观绩效较高，微观绩效较低；另一种是岳阳、邵阳和娄底属于农村信息化建设宏观绩效较低，微观绩效较高。在宏观绩效较高、微观绩效较低模式中，政府在农村信息化建设中取得较高绩效的原因，大多数是政府低投入获得了高产出。但政府的农村信息化建设与农民的信息化需求出现失衡。我们在实际调查中发现，张家界和怀化在宽带进村、农业信息网站等方面建设取得了良好的投入—产出绩效，但农民受文化素质、经济能力等方面因素的影响，并没有真正有效利用和接受信息化服务，以解决他们在实际生产生活中碰到的各种问题，从而对农村信息化建设表现出较低的满意度。这就需要加强农民的培训教育，提高农民利用信息的意识和能力，同时，政府及其他农村信息化服务主体应该“急农民之所急，想农民之所想”，使农村信息化服务无论在服务内容还是在服务方式上，更接地气，更符合农民需求和习惯。

农村信息化建设之所以出现宏观绩效较低、微观绩效较高的情况，其原因更复杂。其中重要原因是政府在农村信息化建设投入的公共财政未能获得良好的产出。我们在实际调查中发现，某县在农村信息化服务专项——农村党员e信通项目实施中，通过争取省市相关建设资金和自己积极筹措资金，对农村基层党员（目前主要是村组主要干部）免费提供智能手机，浏览“党员e信通”等相关信息每个月包干费用10元。在项目的实际实施中，许多党员领到免费的智能手机后，很高兴，但很少浏览“党员e信通”，觉得每月支付10元，很不划算，于是，停止流量包干业务。类似项目实施，农民容易获得较高的满意度，但政府公共财政投入绩效损失严重。改进这类农村信息化建设效率模式，必须加强项目实施具体方案的论证和评估，防止项目实施偏离目标。另外，农村信息化建设宏观绩效较低、微观绩效较高的原因还可能与产业规模、地理环境、文化心理等有关。就产业规模而言，岳阳市农业产业化规模比较高，农民主要通过农业合作组织、涉农企业、行业协会等获得信息化服务，政府一旦加强农村信息化建设，规范和引导农业合作组织、涉农企业、行业协会等信息化服务行为，使农民能够更多更好地享受信息化服务，农民满意度自然较高。就地理环境而言，例如，在距离城市较近的农村，农民对信息化程度的要求较高，在宽带入户的基础上更加希望提高带宽及网速，而边远山区的农民由于受地理环境和经济发展水平制约，对农村信息化服务的要求没有城市边缘地带农民的那种期盼（与“城里人”一样用上高速宽带网络）。对此，要根据具体情况，改进农村信息化建设绩效。

采取直观方法对农村信息化建设绩效的宏观与微观进行系统协调性分析尽管简单，甚至显得有些粗糙，但它却综合了农村信息化建设绩效在宏观与微观两个层次的情况，使农村信息化建设绩效的评价和分析简便易行、容易理解和具有可操作性。

为了更加精确地判断农村信息化建设绩效宏观层面与微观层面的协调程度，我们根据系统论中系统协调原理，可以精确计算出湖南各市（州）农村信息化建设在宏观与微观两个层次上的绩效协调度。具体实施步骤为：利用SPSS20.0软件，分别对各市（州）农村信息化建设的宏观与微观绩效进行标准化处理，获得相应的Z分数（表7-2）。然后，计算$Z_{宏}$与$Z_{微}$之间绝对值（Z分数差），最后通过比较Z分数差判断市（州）农村信息化建设宏观与微观绩效的协调性。

表7-2 湖南省各市（州）农村信息化建设绩效的宏观与微观协调性判断结果

市（州）	宏观效率（φ_i）	$Z_{宏}$	微观效率CSIi	$Z_{微}$	Z分数差	协调性判断
益阳	1	0.933 16	0.42	0.876 42	0.056 74	平衡型
湘潭	0.93	0.189 67	0.39	0.262 93	0.073 26	平衡型
常德	1	0.933 16	0.43	1.080 92	0.147 76	平衡型
株洲	1	0.933 16	0.43	1.080 92	0.147 76	平衡型
郴州	0.84	−0.766 25	0.33	−0.964 07	0.197 82	平衡型
长沙	1	0.933 16	0.41	0.671 93	0.261 23	平衡型
衡阳	1	0.933 16	0.4	0.467 43	0.465 73	平衡型
永州	0.79	−1.297 32	0.34	−0.759 57	0.537 75	近平衡型
湘西州	0.76	−1.615 96	0.33	−0.964 07	0.651 89	近平衡型
邵阳	0.82	−0.978 68	0.37	−0.146 07	0.832 61	近平衡型
岳阳	0.95	0.402 09	0.44	1.285 42	0.883 33	近平衡型
娄底	0.79	−1.297 32	0.36	−0.350 57	0.946 75	近平衡型

续表

市（州）	宏观效率（φ_i）	$Z_{宏}$	微观效率 CSli	$Z_{微}$	Z 分数差	协调性判断
张家界	1	0.933 16	0.36	-0.350 57	1.283 73	非平衡型
怀化	0.89	-0.235 19	0.27	-2.191 06	1.955 87	非平衡型

从表7-2的统计可知，当$Z_{宏}$与$Z_{微}$之间的Z分数差绝对值越小时，说明农村信息化建设的宏观绩效数值与微观绩效数值的差异性越小，相反则越大。根据系统协调原理，通过农村信息化建设宏观绩效与微观绩效的Z分数差绝对值的大小可以判断它们之间的协调程度。对此，本文对湖南省14个市（州）农村信息化建设宏观与微观绩效的Z分数差绝对值进行排序和比较，并做如下分析：

根据Z分数差的大小将湖南省14个市（州）农村信息化建设绩效系统协调性判断结果分为平衡型（协调性强）、近平衡型（协调性一般）和非平衡型（协调性弱）三大类。当Z分数差绝对值小于0.5时，农村信息化建设宏观绩效与微观绩效之间的差距较少，此种情况被称之为平衡型（协调性强）。当Z分数差绝对值大于0.5小于1时，农村信息化建设宏观绩效与微观绩效之间的差距一般，称之为近平衡型（协调性一般）。当Z分数差绝对值大于1时，农村信息化建设宏观绩效与微观绩效之间的差距较大，称之为非平衡型（协调性弱）。据此，益阳、湘潭、常德、株洲、郴州、长沙和衡阳7市属于农村信息化建设绩效平衡型，永州、湘西、邵阳、岳阳和娄底5市（州）属于农村信息化建设绩效近平衡型，张家界和怀化属于农村信息化建设绩效非平衡型。采取精确分析方法对农村信息化建设宏观绩效与微观绩效之间的协调情况进行系统分析，虽然能够较为精确地计算出它们的协调程度，但在实际操作中具有一定难度，尤其对各种类型进行基本特征描述比较困难。在农村信息化建设绩效平衡型中，益阳、常德、株洲、长沙和衡阳5市在政府层面上的投入—产出绩效较高，农民层面的满意度也较高，属于典型的宏观与微观“双高效率型”；湘潭宏观绩效中等，微观绩效也是中等，属于“双中绩效型”；郴州宏观绩效较低，微观绩效也较低，属于“双低绩效型”。以上对农村信息化建设宏观与微观绩效协调性的精确分析与前面相对应的直观分析取得了一致的结果。但是，采用精确分析法，也出现了与直观分析结果不一致的情况。在精确分析的近平衡型中，永州市和湘西州属于宏观与微观“双低绩效型”，在直观分析上它们的绩效属于平衡型；岳阳、邵阳和娄底属于农村信息化建设宏观绩效较低，微观绩效较高，在直观分析上它们的绩效属于非平衡型。

在农村信息化建设绩效具体分析时，无论是应用直观分析法还是应用精确分析法，都需要根据实际情况，结合湖南每个市（州）具体的影响因素进行深入分析，也就是说，必须结合第五章和第六章的具体分析结果，进行“双层效率因素分析”。

7.1.3 农村信息化建设DEFA分析模型最后归纳

在第五章和第六章实证研究的基础上，我们可以对农村信息化建设“双层效率因素分析”模型的基本内涵做一个总体归纳。农村信息化服务建设双层效率因素分析（DEFA），包括两个层次—— 宏观与微观，两个主体—— 政府与农民，两方面价值目标—— 公平与效率，两类影响因素—— 内生变量与外生变量，两种方法—— 工具性绩效评价与非工具性绩效评价（DEA-Tobit与CSI-Probit），两种系统类型的基本分析—— 协调分析与非协调分析。整个农村信息化服务建设双层效率因素分析（DEFA）分为以下三个步骤：

（1）分别从宏观和微观层次测算农村信息化建设绩效并分析其分析影响因素。在宏观层次上，DEFA选择政府对农村信息化建设的人财物支出效益评估结果，作为衡量政府层面农村信息化建设目标价值体系实现程度的绩效标准。在具体操作上，运用包络数据分析方法（DEA），以湖南各个市（州）作为独立的决策单位，测算农村信息化建设绩效的DEA值。在微观层次上，DEFA选择农民对农村信息化服务的综合满意度评价结果（CSI），作为衡量农民层面农村信息化建设目标价值体系实现程度的绩效标准。农民是农村信息化服务的建设主体和受益主体，在以人为本的理念和“接地气”的原则下，让农民真正公平和有效分享农村信息化建设成果，解决生产、生活中的实际问题，实现农业增效、农民增收和农村发展，应该是政府推动农村信息化建设的终极目标。

在政府农村信息化建设支出的宏观绩效测算（即工具性绩效）和农民对农村信息化服务满意度的主观测评（非工具性绩效），不仅受到内生变量的影响，而且受到外生变量的影响。在宏观层面上，DEFA模型首先分析政府对农村信息化建设人财物的投入—产出的DEA值（θ），探寻“内生变量”即投入因素与产出因素之间的相互作用。然后，运用Tobit回归方法，分析政府农村信息化建设绩效（DEA值）的外生变量。在微观层面上，DEFA模型先分析农民对农村民生、政务、商务、科技、金融等方面信息化服务的主观评价（CSI值），然后以CSI值为被解释变量，运用Probit回归方法，从农民个体特征、主要从事行业、家庭收入水平、接受信息化服务频次等方面分析影响CSI值的外生变量。

（2）对农村信息化建设宏观绩效和微观绩效进行协调性分析。在对湖南14市（州）农村信息化建设宏观绩效和微观绩效进行分析的基础上，协调分析两大系统。我们对湖南14市（州）农村信息化建设宏观绩效（DEA值）和微观绩效（CSI值）进行排序和比较，并划分为高效率、中效率和低效率三种类型。然后，根据DEFA分析模型，将农村信息化建设宏观绩效（DEA值）和微观绩效（CSI值）处于高、中、低相对效率处于同一层次水平的市（州），定义为系统协调型，反之，则定义为非系统协调型。利用直观分析法，只有5个市（州）的农村信息化建设绩效系统都属于绩效非协调型模式。利用精确分析法，只有2个市的农村信息化建设绩效系统都属于绩效非协调型模式。总体而言，湖南14个市（州）农村信息化建设宏观绩效和微观绩效协调性较好。

（3）依据DEFA模型分析结果，有针对性地提出农村信息化建设绩效系统改进对策。根据农村信息化建设宏观与微观绩效的协调分析结果，提出从“目标适应性”与“效率协调性”两方面调整农村信息化建设绩效系统。一方面，分别从宏观和微观上，加强农村信息化建设内部各因素之间、内外部环境之间的协调，改进每一个子系统已达到适应农村信息化建设绩效目标体系要求；另一方面，从整体上考虑农村信息化建设绩效系统，针对宏观绩效与微观绩效失衡现象，提出加强宏观与微观子系统之间协调的路径。进一步说，这就是农村信息化建设的“双层增效创新模式”。改进农村信息化建设绩效不仅从政府层面提高宏观绩效，而且从农民层面提高微观绩效，最后通过有效的机制实现宏观绩效与微观绩效的协调与平衡。本文将在下一部分阐述改进农村信息化建设绩效的具体对策建议。

当然，采取以上三个不同步骤所实施的协调性分析，仅仅是理论层面上的分析，对于分析结果的正确性，还需要采取进一步的验证措施，尽管如此，这种理论层面的协调性分析还是必要的。首先，前三章分别采用的三个不同的计量模型，由于在性质上存在着一些区别，可能会导致运算结果存在着不一致的地方，这就需要对三个不同的计量模型之间用于验证的问题是否具有一致性进行解释。如果出现了异常，就需要分析这种异常是什么，是系统性异常，还是偶发性异常。如果是系统性异常，是否有调整系统以减少系统误差的可能性。如果是偶发性异常，那么就需要思考三个不同的计量模型对于解决这些问题的适用性，如果偶发性异常过大，那么也许就需要重新设计计量模型，甚至对于相关的数据都可能需要重新收集调查。

7.2　大数据时代改进农村信息化建设绩效的对策建议

当前，“三农”越来越受到信息化浪潮的洗礼，农村信息化建设绩效如何对于促进“三农”问题的解决发挥着越来越重要的作用。我国农村信息化建设经过多年的努力取得了举世瞩目的成就，信息化基础设施建设加快、信息化网络平台初具规模、信息服务组织体系逐步健全等，但仍然面临领导重视程度不够、群众信息利用能力较差、服务运行机制不健全、评价体系不科学等问题[①]。对此，改进农村信息化建设绩效必须充分发挥政府的主导作用，特别尊重农民的主体地位，加强不同区域的分类指导，不断完善服务的运营机制，建立科学合理的评价体系等。

7.2.1　发挥政府在农村信息化建设中的主导作用

农村信息化建设具有高投入、开放性、高效性、挑战性等特点[②]。提高农村信息化

① 张新民．中国农业信息化服务的现状与前景展望 [J]. 河北农业科学，2010（6）：106-108.

② 陈建国，陈琳．农业信息化的发展方向与途径 [J]. 农业图书情报学刊，2005（2）：20-231.

建设绩效仅仅依靠低收入的农民、落后的农村和弱质产业的农业是几乎不可能实现的。政府必须承担起在农村信息化建设中的主导作用，将农村信息化建设作为促进“三农”发展的重要战略举措，搞好农村信息化建设的顶层设计，明确各级政府、各个部门在农村信息化建设中的职责。在任何一个国家，对于建设像农村信息化这样的公共品的事务，都需要政府在其中发挥主导作用，否则就不可能有效地推进。然而，政府在其中发挥主导作用并不意味着政府推进的方式是一致的或相同的，政府发挥主导作用的方式可以多样性，政府应当根据实际情况，结合本国的政治意识形态或理念，采取最为合适的推进方式，例如在中国的政治文化或意识形态理念中，政府一直以正面的形态示人，拥有良好的正面形象，这与中国传统政治文化中接受儒家政治思想有一定的关系。在这种文化环境下，政府应当充当一种主要的角色，而且是显性的角色，否则老百姓就会认为政府在工作中缺位，就会增加对政府的批评。反之，在西方国家，由于长期的市场经济，对自由主义有一种良好的信仰，对政府往往持有一种不太信任的态度，认为政府如果不加以严格监督，就可能会给老百姓带来灾难，而对人民之间相互造成的侵权问题却不太重视。在这种文化环境下，政府就应当以一种比较消极的态度来处理问题，例如政府尽量地只制定游戏规则，而不要玩游戏的角色，甚至可以将公共事务或公共品的提供采取外包的形式，以提高政府工作的效率。但是，这种做法在中国可能会遭到许多的责难，人们会认为外包的单位与政府工作人员之间存在不正当的关系。因此，无论采取何种形式，政府的主导都是必不可少的。

7.2.1.1 提高思想重视

信息化是当今世界发展的大趋势，信息技术正在加速向人类活动的各个领域渗透，信息资源已成为与材料和能源同等重要的战略资源，成为推动经济增长的重要力量。农村信息化则是发展现代农业、培养新型农民、加快建设社会主义新农村的重要举措，是实现农业调结构、转方式，促进城乡统筹发展的必然选择。我国农业正处于由传统农业向现代化农业过渡的转型时期，全力推进农村信息化建设和不断提高农村信息化服务绩效，是改造提升传统农业、发展现代农业的突破口。大力推进农村信息化建设是当前我国加快现代农业发展步伐的必然选择，是加速农业科技成果转化为现实生产力的便捷通道，是推动农村农业经济发展方式科学转型的重要推手，是培育懂技术、会经营的新型农民的重要手段。而当前，我国农村信息化建设绩效不够理想，普遍存在信息资源分散、信息时效性和针对性不够、信息服务功能不强、农民应用信息能力不足等问题，这些都与各级政府、各个部门对农村信息化建设重视不够密切相关。部分地方的领导对农村信息化建设的地位、作用认识较模糊，将农村信息化建设停留在“口头上”“文件中”，在实际工作中并没有给予重视，存在“上面给钱就做，没钱就不做”的思想和行为，没有真正把农村信息化建设作为“三农”工作的主要内容。对此，各级政府领导必须站在“三农”发展的新机遇的高度来认识提高农村信息化建设绩效的重要意义，推进城乡统筹发展的重要举措，作为促进新型农村科技信息化服务体系建设，加快现代农业发展的重要动力；作为改善农村社会公共服务与管理，强化农村基层工作的重要抓手；作为我国实现从农业大国向农业强国跨越的一项重要工作。

俗话说，思想是行动的先导，只有在思想认识上提高了，才有可能在行动上获得积极性。或者说，如果一个人知道什么是最好的，什么是其自身最需要的，就不可能把事情做得不好。在大多数情况下，一个行动之所以不能获得快速推进，关键是人们没有认识到这样做所带来的好处，也就是相比于维持现状，这样做花费的时间和精力能否足以弥补所带来的利益或好处。很明显，农村信息化建设在农村是一个新鲜事物，老百姓尤其是基层的农村居民，一则对农村信息化接触不多；二则可能对信息化也没有多少现实需求，对农村信息化如何改变农村的社会生活确实缺乏足够清晰的认识，甚至有些基层政府官员也持有类似的看法，认为农村信息化不应当在农村重点推进，这样做在农村并不会产生如城市一样多的效益，但是需要基层政府和农村居民付出的努力或精力却相对比较多，因此，他们对农村信息化建设也不看好。在这种条件下，农村信息建设的思想认识就显得尤其重要，甚至是最为重要的因素。

7.2.1.2 搞好顶层设计

农村信息化服务具有准公共品与服务性质，在其建设过程中需要以政府为主导进行推动。但是，政府主导不是政府包办一切，一旦政府对农村信息化建设管得过多过细，容易导致信息误导或违背市场规律和农民意愿，而农村信息化由于其能量大、涉及面广，这就可能会给用户带来市场风险和经济损失。各级政府在农村信息化建设中的主导作用主要体现在对农村信息化建设的顶层设计上。首先，搞好统一规划。认真研究农民、涉农企业、中介组织等各种信息主体对于信息化服务的需求及其走向，合理区分不同农村信息化产品的纯公共品、准公共品、私人产品的特性，并结合当地实际制定具有现实指导意义的农村信息化建设规划，充分发挥各个建设主体的积极性和作用，不断提高农村信息化建设绩效。其次，制定优惠政策。充分利用宏观调控手段，通过制度金融、贷款、税收等方面的优惠政策，积极鼓励和引导各种社会力量参加农村信息化建设，协调政府与市场相互作用，形成以政府为主导、社会力量参与的多元化农村信息化建设格局[①]。特别是调动农村信息化建设主体和受益主体（农民、农业合作组织等）的积极性，对他们接受信息化服务给予一定费用补贴，不断拓展农村信息化服务业务，提高农村信息化建设绩效。最后，出台法律规范。如何保证信息采集、发布、利用等的规范化、标准化和科学化，是提高农村信息化建设绩效的关键因素之一。在农村信息化建设中，人大应该加快相关立法，使之有法可依；各级政府部门应该加大有关管理制度、行业标准的制定和推行力度，使之执法必严和违法必究，将农村信息化建设纳入制度化、法制化的管理轨道，确保农村信息化服务

① 郑红维，李颗．中国农村信息服务体系综合评价与发展战略研究 [M]. 北京：中国农业科学技术出版社，2010：358-360.

中各种信息的权威性、真实性、时效性，提高农村信息化服务质量。

在中国的政治体制下，顶层设计无疑是十分重要的，因为相对于西方国家常用的联邦体制，我国采用的中央集权的体制，在这种体制下，要求全国一盘棋，全国各级政府都应当服从中央政府的领导，在中央政府的领导下统一行动。尽管地方政府也存在着一些自主权，但是这种自主权主要是为了更好地应用中央政府的政策而结合地方特殊情况所进行的调整，这种自主权是有限的，是在服从中央政府统一领导前提下的自主权，如果超出了这个范围，就可能会扰乱中央集权的政治体制的正常运转。正是由于这种体制，才使得顶层设计变得十分重要，只要顶层设计出问题，那么就不是一个地方政府的管理会出问题，而是全国所有的地方政府都会出问题。一个良好的顶层设计，不仅能够由中央政府带领地方政府前行，而且还能够充分发挥地方政府的主观能动性。农村信息化建设方面的顶层设计无疑要由中央政府设计，以保证地方政府之间能够相互协调，在保证充分竞争的前提下又要达到资源合理配置利用的目的，不至于陷入恶性竞争的状态。

7.2.1.3 明确各方职责

农村信息化建设是一项系统工程，需要各部门、各单位通力协作，密切配合，各司其职。但在我国农村信息化建设过程中不认真履责主要表现在两个方面，一方面，不少地方政府部门对农村信息化建设的各项工作落实不到位；另一方面，政府不同的部门各自为政开展农村信息化建设[①]。这种缺乏责任和协作意识严重制约农村信息化建设绩效。对此，必须从领导管理体制上落实农村信息化建设的各方职责，保证农村信息化建设顺利、高效开展。其一，各级政府成立农村信息化建设领导小组。领导小组相关成员单位按照职责分工落实任务，形成联动机制，明确领导，明确部门，责任到人。同时，将各级政府、各个部门的农村信息化建设绩效纳入每年工作考核和政绩考核中，以此督促各级政府部门切实抓好农村信息化建设的各项工作。其二，改革农村信息化建设管理体制。由于我国农村农业是实行部门制管理，在农村信息化建设中，不同政府部门出于不同的需要局部建立起农村信息化服务的资源，这不仅往往存在重复建设，而且信息资源常常不能实现共享，最终严重制约了农村信息化建设绩效。故而应加快农村信息化建设管理体制改革，有效整合分割在不同部门的信息手段、信息资源、技术人员等各种资源，强化各部门在农村信息化建设中的职责，解决好农村信息化建设中存在的缺少统一协调管理机制、多头重复建设、科技信息资源分散、信息时效性不强的问题。

很明显，农村信息化建设是一个需要多个政府部门和单位共同努力才能顺利实现的公共事业。而在中国的政治体制下，这却是一个存在着体制障碍的事情。因为中国在中央集权制下进一步采取了条块分割的行政管理体制，将政府管理的事项切割为多个不同部分，再分别由不同的政府行政管理部门进行管理。这种体制可以在很大程度上保证

① 黄英良，李娇娥．对安徽省农业信息化服务现状的思考[J]．河北农业科学，2010（7）：131-134.

政府各行政部门各负其责，但是由于社会管理事务变化速度比较快，一旦出现一些涉及多个政府行政管理部门的事项，那么就必须由多个政府部门共同努力，但是在这个过程中，由于法律法规对于哪个部门应当是主导部门并不清楚，对于要进行配合的部门应当承担何种法律或政治责任，也没有详细的规定，这可能会导致出现这种情况，即有利益的事项就会出现多个部门来争权夺利，而对于比较麻烦而且没有利益的事项则没有任何一个部门会主动积极来承担管理的责任。在这种情形下，如果要保障这种行政管理体制的效率，就必须在事先就要研究管理对象的性质，制定相应的法律法规，或者出台相关的政策，明确规定不同的行政管理部门在农村信息化建设过程中的职责，最好是以法律的形式固定行政管理部门的相关职责（这也符合当今中央政府依法治国的主流精神）。相应地，在农村信息化建设过程中，现在急需要去做的就是由中央政府出台相关政策，明确具体的主管部门，在条件成熟之后，再提议全国人大制定相关法律，以法治的形式推进农村信息化的建设工作。

7.2.2　彰显农民在农村信息化建设中的主体地位

农村信息化建设的最终受益者是谁，这是改进农村信息化建设绩效不能回避的问题。从受益程度的角度可分为农村信息化建设的中间受益者与最终受益者两类。农村信息化服务供给的中间受益者主要包括政府、涉农企业、农业科研人员、农村农业管理人员等，他们不仅通过“三网”、数据库等途径获取信息资源为农民提供信息化服务，而且本身也是农村信息用户中的高素质群体。农民是农村信息化服务的最终受益者，是农村信息化服务中最基层、数量最多的用户，同时，也是农村信息化建设中最重要的主体[①]。我国在“自上而下”农村信息化建设中，常常忽视农民的主体地位，不注重农民的信息需求、信息意识和信息能力，因此，农民难以从农村信息化建设中获得最大受益。要想改进农村信息化建设绩效，促使农民成为农村信息化的受益主体和建设主体，必须瞄准农民信息需求、改善农民信息条件和提高农民信息能力。

7.2.2.1　瞄准农民信息需求

就农民而言，能够满足农民信息需求的信息化建设才是有绩效的。农民信息需求是农村信息化建设的起点和终点。农民的信息需求是指农民在农村信息化服务过程中对信息资源的可用性和可获得性是否达到预期满足的心理状态[②]。由于农民信息需求的满足是信息从信息源通过农村信息化服务各种传播渠道传递给农民为其所用的结果，因此农村信息化建设中的信息资源、信息内容、信息传播等各个环节都会对农民信息需求产生

① 王丽萍，张朝华．基层农业信息供给状况与农户信息需求倾向调查——以广东珠海为例 [J]. 特区经济，2012（12）：147-148.

② 左婷，旷宗仁，徐秀丽．从“最后一公里”到“第一公里”——对中国农村技术和信息传播理念的反思 [J]. 中国农村经济，2009（7）：42-47.

影响[①]。只有在农村信息化建设的全过程中，瞄准农民信息需求，彰显农民主体地位，才能改进农村信息化建设绩效。当前，农村信息化服务需要渗透到农村政治、经济、文化、社会、生态文明建设的各个方面。从信息的内容看，农民不仅需要生产、科技、政策等与经济发展密切相关的信息，还需要教育、医疗、养老、务工等与民生改善密切相关的信息。从信息的性质看，农民不仅需要原始、单项、静态的各类未处理信息，而且需要综合、动态、分析预测的处理信息。进一步说，农民不再是传统地、被动地、单向地接受信息传播，而是迫切需要与相关专家、部门、信息服务平台等实现互动，主动接受信息化服务[②]。但是，我国农村信息化建设主要采取“自上而下”的推动模式，行政色彩较浓，农民需求缺乏有效的表达机制，政府部门又常常不能准确地了解和掌握农民对农村信息化服务的实际需求，最终导致农村信息化建设绩效不高[③]。鉴于目前我国农民信息需求的影响因素具有多样性和复杂性特点，农村信息化建设必须本着“以农民为中心”的原则，彰显农民的主体地位，在农村信息化服务的全过程、全方位中，切实考虑农民的实际情况和内心意愿，建立和完善农民信息需求表达机制。

在新公共服务运动中，以满足顾客需求为导向是改善政府决策行动效率的主要目标之一。这种倾向实际上来源于工商业企业在做出生产决策的过程中以需求为导向的做法，在市场机制的引导下，这种倾向无疑具有改善工商业决策效率的效果。从经济学的角度来看，政府的决策过程也可以采用类似的过程，将政府的决策过程视为一个政治市场，是政府作为公共品的供给方与公民作为公共品的需求方的公共品供需市场，如果政府能够很好地研究公民对公共品的需求，采用政治或法律措施与手段，就可以很好地满足公民对公共品的需求，从而达到改善政府提供公共品效率的目的。尽管在新公共服务运动的过程中，还存在着一些难以解决的问题，其中最为主要的问题是目标本身的合法性问题。在工商业企业中，做出决策的主要（甚至是唯一）目的是效率，公平问题绝对不会成为其核心目标，只会成为其附加目标（也就是如果工商业企业做了这些事情，那么可能会有助于提高效率），而在政府决策过程中，最为重要的问题也许并不是效率，而是公平，因为在公共品的配置过程中，如果只讲效率而失去了公平，那么就可能不会获得人们的普遍支持，这种分配措施就会因为缺乏稳定性而最终流产。不仅如此，在公共品的配置中，效率与公平有时是无法兼容的。为了解决这个问题，公共选择理论的研究者一般需要对公平的观念进行重新定义，或者对效率的概念进行扩张，以达到以效率观念来包含或涵盖公平观念的目的。在农村信息化建设过程中，也存在着类似的问题。以满足农民对信息化的需求为导向来指导农村信息化建设无疑有助于提高农村信息化建设的效率，但是这样做可能会影响社会的公平，例如不同地区的农民由于收入水平不同

① 方玉玲，桂学文．我国农户信息需求及其变化的四维影响因素分析 [J]. 现代情报，2011（6）：171-174.

② 贺文慧，邹奎．农户信息服务需求分析 [J]. 技术经济，2006（12）：38-41.

③ 王小林．必须大力拓宽农村公共服务的供给渠道 [J]. 调研世界，2003（3）：28-31.

而有不同的，从而对信息化的需求也会有所不同，政府如果根据农民对信息化的需求来进行信息化建设，就会产生如市场化机制一样的效果，出现所谓的“马太效应”，使收入地区高的农村的信息化程度更高，而收入地区低的农村信息化程度越来越低，最终导致农村信息化建设出现极端不公平的现象。因此，在以农村居民对信息化的需求为导向的建设过程中，必须还要坚持其他原则。

7.2.2.2　改善农民信息条件

良好的信息条件是农民有效接受农村信息化服务的基本保障。农民获取农村信息化服务信息包括硬件条件与软件条件两个方面。硬件条件主要包括电视、广播媒体以及电话语音设施、宽带网络设施、移动通信网络设施等农村信息化基础设施；软件条件主要包括政府提供信息化服务保障体系、农村信息化基础服务各类数据库、农村信息化服务平台、服务人员素质、信息化技术等农村信息化服务设施的掌控能力[①]。随着农村村村通工程、农村党员现代远程教育工程、文化信息资源共享工程、农村通信和网络基础设施建设等有序推进和相继完成，农民接受农村信息化服务的硬件和软件均有很大改善。信息条件的改善为农村信息化服务业务的积极拓展创造良好的条件，这最终导致农村网民数量的快速增加，推动农村信息化服务的极大需求。2014年5月，中国互联网络信息中心（CNNIC）发布《2013年中国农村互联网发展调查报告》，该报告指出，截至2013年12月，我国农村网民规模达到1.77亿，比2012年增加2 101万人，增长率为13.5%，占整体网民的28.6%，是近年来占比最高的一次；互联网在我国农村地区普及率达到27.5%，较2012年提升了近4个百分点；农村网民已经成为中国互联网的重要增长动力。但是，农民接受信息化服务条件与城镇居民相比，相差甚远。2013年，中国农村互联网普及率达到 27.5%，但城镇为62%，两者相差34.5个百分点。在对信息化服务的掌控上，城乡居民相差也很大。2013年，农村网民各类应用使用率均低于城镇网民（表7-3）。对此，应针对农民的实际情况，在农村信息化建设中，彰显农民主体地位，不断改善农民接受信息服务的条件。

（1）改善农村信息化基础设施。广播电视网、电信网、互联网是农村信息化服务得以开展的基础。而在“三网”中，宽带网又是提供高质量农村信息化服务的最重要基础。城乡信息化服务硬件条件最大的差别就表现在宽带的普及和利用上。因此，改善农民信息硬件条件主要加强以宽带为重点的信息化基础设施建设。2013年4月，工业和信息化部、国家发展和改革委员会、教育部、科学技术部、财政部、环境保护部、住房和城乡建设部、国家税务总局联合发布了《关于实施宽带中国2013专项行动的意见》，该意见指出，我国农村宽带建设2013年目标是新增通宽带行政村18 000个，宽带接入或改造提速5 000所贫困农村地区中小学。2013年8月，国务院印发的《“宽带中国”战略及

① 杨秀丹，郭洪生，赵延．河北省农村信息基础设施与农民信息行为调查与分析 [J]. 现代情报，2013（5）：38-42.

实施方案》也强调了加大农村宽带进入乡村。基础设施建设的加强将会促进农村网民网络应用的使用深入，推动农村信息化服务需求的继续增长。

表 7-3　2013 年农村网民的网络应用情况

应用类别	应用细项	农村使用率	城镇使用率	差异
信息获取类	搜索	70.5%	82.5%	-12.2%
网络娱乐类	网络音乐	66.9%	77.3%	-10.4%
	网络视频	55.0%	74.4%	-19.4%
	网络游戏	46.7%	58.4%	-11.7%
	网络文学	37.5%	47.6%	-10.1%
商务交易类	网络购物	31.1%	55.2%	-24.1%
	网上支付	35.7%	47.9%	-22.2%
	网上银行	25.4%	45.8%	-20.4%
	旅行预订	22.1%	31.8%	-9.6%
	团购	15.2%	25.4%	-10.3%
	网上炒股或炒基金	1.1%	6.9%	-5.8%
交流沟通类	即时通信	86.0%	86.3%	-0.3%
	博客 / 个人空间	70.5%	70.9%	-0.4%
	微博	35.2%	49.1%	-13.8%
	电子邮件	23.0%	48.6%	-25.6%
	论坛和 BBS	14.4%	21.3%	-6.8%

注：数据来源于《2013 年中国农村互联网发展调查报告》。

（2）降低农民接受信息化服务成本。表7-3显示，农民应用网络远低于城镇居民，其中一个重要原因是农民不堪相对较高的使用成本。根据国家统计局数据显示，2013年，我国农村居民人均纯收入为8 896元，而城镇居民人均可支配收入已达26 955元，虽然城乡居民收入差距在逐渐缩减，但仍有3倍的差距。农民在信息化设施的购买和使用能力上因此低于城镇居民。对此，国家和各级政府出台各项政策，对农民购买电脑、智能手机以及使用网络费用进行补贴。全面推行相关政策可能面临较大困难，政府部门可以根据实际情况有重点从某一个方面进行突破，例如手机上网补贴。由于手机上网成本低、易操作，便于农村地区居民接入互联网，2013年，使用手机上网成为农村居民上网的主流设备，比例已达到84.6%，高出城镇5个百分点，成为唯一高于城镇比例的上网设备。手机上网以流量、套餐形式计费。但农民对手机上网资费的支付能力有限，因此必须调整现有的传统计费方式，否则会阻碍农村地域互联网普及。政府应当对手机网络运营商进行适当的补贴，帮助运营商下调农村上网资费，推出适合各地农村手机上网的流量套餐，降低农民使用成本。

（3）加强农村信息化服务队伍建设。基础设施、技术手段等信息化服务条件比较容易解决，随着农村信息化建设深入开展，缺乏高素质的农村信息化服务队伍越来越成为提高农村信息化建设绩效的突出瓶颈。在农村信息化服务现实中，总是存在服务队伍数量不足、素质不高、工作不安心等问题。农村信息化服务队伍是农村信息化“最后一公里的二传手”，良好的农村信息化服务队伍能够克服农村信息化过程中实现户户上网的资金不足和农民互联网知识不足的两大障碍[①]。对此，一方面，提高农产品行业协会、农业、专家等农村信息化服务人员为农民服务的本领，通过农村信息网络平台在线为农民生产、生活提供咨询和决策支持服务，促使农民脱贫致富和改善民生；另一方面，在加强现有农村基层信息员培训的同时，积极吸收地方高校信息管理专业、电子商务专业以及农业院校学生毕业充实到农村信息员队伍中，建立一支数量充足、本领高强、队伍稳定的农村信息化服务队伍。

7.2.2.3　提高农民信息能力

当前，我国农村信息化服务主要由政府采取“输血”方式。在农村信息化建设过程中，政府进行“输血”是必要的，但要促其可持续发展和不断提高绩效，仅靠政府“输血”是很不够的，必须增强农村自身“造血”功能，提高农民信息能力[②]。但是，农民收入偏低、文化程度不高、思想意识落后等原因严重制约农民信息能力，阻碍农民在信息化服务中“造血”功能的发挥。这种依赖外部“输血”的现状不利于农村信息化建设的可持续开展。对此，应该充分尊重农民主体地位，通过唤醒农民利用信息意识、加强农民信息技术教育、提高农民信息消费能力等举措，提高农民信息能力，推动农村信息化建设由“输血”向“造血”转变，不断提高农村信息化建设绩效。

（1）唤醒农民利用信息意识。所谓的农民信息意识就是农民对信息需求做出的自觉、能动反映，包括对信息的重要性、获取、分析、判断、利用等自觉程度[③]。农民具有强烈的信息意识是农村信息化服务发展的强大动力。我国农民信息意识虽然有了很大提高，但总体来说，还比较缺乏，离现代信息社会人具备的基本品质相差较远，对农村信息化服务了解不够，不能很好地利用信息技术指导自己的生产生活，实行增产增收和改善生活品质。要想提高农民的信息意识，可以针对农民的实际情况，采取“灌输”方式和典型示范方式。由于农民思想相对保守落后，一般不会主动接受新事物，而一旦新事物能够带来实际好处，农民就会群体效仿。在农村信息化服务过程中，精挑细选针对农民特点和农业、农村发展需要的信息，通过网络、电视、报纸、板报等现代和传统传媒手段，把信息“灌输”给农民，农民一旦发现这些信息有用，而且转化为实实在在的经济、社会等效益时，就会有更多的农民关注农村信息化服务，利用信息化服务解决

① 刘金荣，王永龙．新型农民信息意识培育路径研究[J].农业经济，2011（1）：86-88.

② 杨建光．农村信息化服务亟待破解五大难题[N].农民日报，2009-05-26（5）.

③ 孙贵珍，王栓军，李亚青．危机中的农民信息购买力分析[J].中国软科学，2009（增刊下）：249-252,289.

生产、生活中遇到的各种问题，农民整体的信息意识自然就提高了。同时，还可以采取典型现身说法的方式。政府部门一方面在农村选择各方面条件优越的农民为信息化服务典型示范户，帮助他们有效利用农村信息化服务；另一方面，对一些利用信息化服务增收致富和改善民生的典型，通过电视、电台、网络、短信等现代信息手段进行广泛宣传[①]。通过典型示范和典型宣传，让农民从自己身边的人和事，真切感受到信息化服务的有用性和重要性。

农村居民对信息化的需求在某种程度上是受认知程度限制的，在一个人还没有认识到信息化可能给自己带来的利益或好处时，其是不会产生相应的强烈需求的。如果政府采取的一定的措施，例如示范推广，来促进农村居民认识到信息化的好处或者给生产、生活所带来的方便，那么就必然会促进农村居民对信息化的需求，使政府的农村信息化建设更加顺利的推进，同时，也能够更好地满足农村居民对信息化的需求。

（2）加强农民信息技术教育。农民掌握一定的信息技术是农民信息能力的重要体现，也是农民作为农村信息化建设主体和农民最大程度分享农村信息化建设成果的必然要求。但是，农民的文化程度普遍低，对信息财富和信息技术的理解和应用能力差，这是我们开展信息技术教育必须面对的一个现实[②]。对此，首先应该巩固农村“普九”义务教育成果，改善农村中小学信息技术教育师资、设施等条件，防止农村出现新的“信息技术盲”。同时，对农民进行信息技术教育，帮助他们掌握基本的信息技术，提高他们在生产、生活中利用信息技术和接受信息化服务的主观能动性和积极性。在教育培训主体上，可以由政府相关部门主导对农民进行信息培训，也可以由农村当地中小学、地方职校、高校利用自身的师资和电脑、网络等教育资源承担对农民进行信息培训，还可以由“涉农龙头企业”、农业合作组织、三大电信公司等信息服务企业等对农民进行信息培训。在教育培训内容上，既包括基本电脑操作、智能手机使用、上网等基本信息技能，也包括如何有效查阅和分析利用农业生产、市场交易、政策法规、文化教育、民生服务等信息，还包括信息价值、信息安全等。在教育培训平台上，搭建网络培训平台，开展远程视频教育；搭建语音咨询平台，实现专家远程门诊；搭建科教节目平台，开辟“空中教室”；搭建协作学习平台，培养农技“土专家”[③]。在教育培训时间上，根据实际情况灵活安排，既可以利用农闲集中某一段时间学习，也可以利用双休日、晚上进行分散学习。在培训教育层次上，可以采取多种形式，包括普及型和提高型，学历型和非学历型，颁发技能证型和不颁发技能证型等[④]。

（3）提高农民信息消费能力。我国农村信息化建设自开展以来，主要依靠国家财

① 陈英，杨杨．弥合城乡“数字鸿沟”，提高农民信息能力 [J]. 探求，2011（1）：43-46.

② 王建，赵静，王玉平．西部农村的信息贫困及农民信息权利维护 [J]. 图书情报工作，2007（10）：84-87.

③ 陆和杰．整合现代信息技术推进农民培训上台阶 [J]. 教育园地，2007（10）：37.

④ 吴华财．“三农问题”与农村成人教育发展战略选择 [J]. 中国科技信息，2006（5）：239- 240.

政投入。但随着农村信息化建设全面展开，国家有限的财力显得捉襟见肘。农村信息化建设主体——农民的信息消费能力不仅对农村信息化建设资金筹措问题的解决，而且对农村信息化建设绩效提高将产生很大的影响。农民信息消费能力，也可以说就是农民对信息服务费用的承受能力，是农村信息化建设中一个十分重要的政策问题[①]。它反映了农民家庭对信息服务费用的承受力。虽然我国农民收入近年来持续增长，2013年已达8 896元，但是总体上仍偏低，且地区差异非常大，加之物价上涨因素，农民信息消费支出很有限。根据《中国农村统计年鉴2012》公布的数据显示（表7-4），农民主要消费为食品支出，占总支出的40.4%，与信息消费密切相关的家庭设备及用品支出和交通通信支出比例比较低，这说明农民信息消费能力不足。提高农民信息消费能力的对策有很多，本文认为主要从两个方面着手。首先，增加农民收入。农民信息消费能力整体较低的一个重要原因是农民收入偏低，可支出资金有限。根据帕尔凯维奇定律，信息需求的增长大约与人均国民收入的平方成正比[②]。因此，提高农民信息消费能力的着眼点应放在提高农民的收入上。政府应该帮助农民依靠科技进步、把握市场需求、培育农产品流通服务体系等举措，发展地方特色产业和调整农业产业结构，实现农业的高产、优质、高效，帮助农民增收。其次，合理引导农民消费行为。通过对农民进行信息教育培训和改善农村信息化设施，帮助农民不断更新观念，增强农民的信息意识和信息能力，合理引导农民信息消费行为，促使信息消费为农民在生产、生活中带来切实的收益，从而进一步促进农民增加对信息服务的投入。

表 7–4　2011 年我国农村居民生活消费支出情况

项目	总体消费支出	食品支出	衣着支出	居住支出	家庭设备及用品支出	交通通信支出	文教娱乐支出	医疗保健支出	其他支出
金额 / 元	5 221.1	2 107.3	341.3	961.5	308.9	547.0	396.4	436.8	122.0
比例	100%	40.4%	6.5%	18.4%	5.9%	10.5%	7.6%	8.4%	2.3%

7.2.3　探索良性发展的农村信息化服务运行机制

农村信息化服务具有很强的社会服务功能，是“三农”发展的新突破口。因此，在农村信息化建设初期及其运行的一段时间内，政府应当在领导力量、资金筹措、优惠政策、人员组织等方面给予足够的重视和支持。但是，农村信息化建设是一项庞大的系统工程，不是单凭政府部门就能够完成的。尤其是当农村信息化建设进入全面深化阶段时，政府主导下的农村信息服务政治元素过重，容易失去灵活性，难以调动各

① 王小林．必须大力拓宽农村公共服务的供给渠道 [J]. 调研世界，2003（3）：28-31.
② 李立志．信息化视角下的中原经济崛起和可持续发展战略研究 [J]. 财经理论与实践，2010（2）：111-115.

方面的积极性，导致投入大、效果差①。我国农村信息化建设已进入全面提质增效阶段，单一的政府主导模式已难以适应新形势发展的需要，只有通过市场运作，动员全社会的力量，群策群力，共同奋斗，才能保证农村信息化建设的绩效，才能推动农村信息化服务的可持续发展。

7.2.3.1 确立合理的组织主体构架

完善的组织构架和管理机制是健全农村信息化服务运行机制的根本。传统公共品理论认为，公共品可以通过政府和市场提供。但随着公共品理论研究和实践发展，公共品提供主体不断得到拓展。2009年诺贝尔经济学奖获得者埃莉诺·奥斯特罗姆认为，除政府与市场外，其他主体同样可以承担提供公共品的角色②。这为公共品或准公共品的农村信息化服务构架多元主体提供了理论依据。进入新世纪以来，我国农村信息化服务发展迅速，涌现出一些成功的组织管理模式，按照信息化服务主体可以分为政府主导推动模式、行业协会（合作经济组织）自我服务模式、龙头企业一体化模式、专业信息公司市场运作模式、高校科研院所专家服务模式、农业科技园服务模式、国际合作扶贫模式等③。这些农村信息化服务的供给主体可以归纳为三大类：① 政府主体，其主要包括各级政府及其相关部门；② 市场主体，其主要指以营利为目的从事农村信息化服务的企业；③ 公益主体，其被视为政府主体和市场主体之间的过渡组织，主要包括行业协会、农业专业合作组织、社会公益组织、个体志愿服务者等④。这三类农村信息化服务模式都有自己的优势和不足。政府主体供给模式一般较难满足人们对于农村信息化服务的差异化需求，这常常导致农村信息化服务供给中的政府失灵。农村信息化服务外部性居中，农民等被服务对象消费能力有限，农村信息化服务投入较大，但当前商业利润一般难以得到快速、高额回报，这容易导致农村信息化服务供给中的市场失灵。公益主体农村信息化服务供给虽然解决消费者偏好不能得到满足和规模经济所导致成本过高与利润回报不足等问题，但是，公益主体面临资金来源困难、人员素质不高、组织机构不稳定等问题，他们很难独立提供持续的农村信息化服务。

在农村信息化建设进入到充满挑战和机遇的新时期，我们应该充分发挥各种主体优势，建立一种新的服务模式。在统一规划、统一管理的前提下，充分运用市场机制，将政府、协会、企业、高校等方面的优势有机组合在一起集中为“三农”进行信息化服务，建立“多位一体”的农村信息化服务模式（图7-1）。政府、协会、企业、高校等都是农村信息化服务的主体，不再是某一个主导。这样，就形成了“政府引导，共同参与，市场运作”农村信息化服务新模式，这一模式的核心就是位于圈内中心的以“三

① 钟红，黄友兰，何艳群．“宏微观”视角下国内外农村信息服务比较 [J]. 重庆行政，2013（4）：72-74.

② 王卫，宋慧岩．农业信息化服务的多元主体供给边界及模式研究 [J]. 湖北经济学院学报，2013（3）：66-70.

③ 王丹，王文生．农村信息化服务模式现状及特征比较 [J]. 农业网络信息，2007（8）：36-40.

④ 王卫，宋慧岩．农业信息化服务的多元主体供给边界及模式研究 [J]. 湖北经济学院学报，2013（3）：66-70.

农”为中心，一切为了“三农”服务。“多位一体”模式反映的思想多元主体共同参与，共同服务，责任共担，利益共享，是当前农村信息化建设绩效改进的一种路径选择。“多位一体”农村信息化服务模式包括建设投入机制、利益共享机制、评价考核机制三种核心要素。每一种参与主体本身又是一种模式，都包括服务主体、服务客体、服务内容、服务平台及其相互关系等完整服务运行体系，但它们同时都是“多位一体”农村信息化服务模式这一大系统的组成部分（子系统），相互补充、相得益彰，实现农村信息化服务效益最大化。

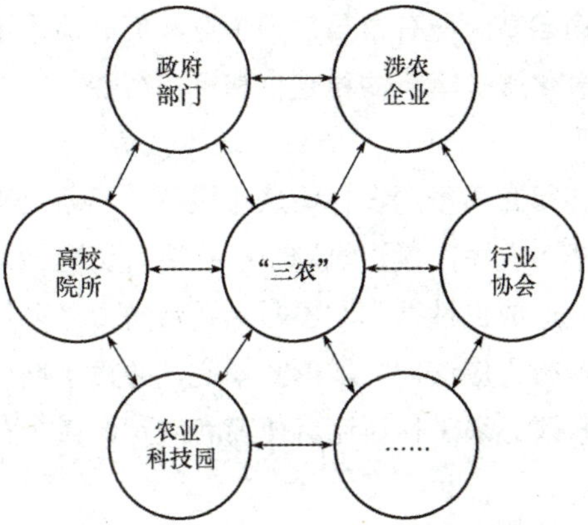

图 7–1　“多位一体”农村信息化服务主体构架图

7.2.3.2　健全多元的资本投入机制

持续稳定的资本投入是农村信息化建设不断向前推进，“多位一体”农村信息化服务新模式实现正常运行，农村信息化服务获得社会效益、经济效益双赢的基础。韩国、日本等国在农村信息化建设中，政府在大量投资的同时，十分重视吸引社会个人、外商、团体等各方面的资本[①]。当前，我国农村信息化建设投资主体主要有政府投资、社会投资和个人投资。每种投资模式都有自己优势和缺陷，为了更好地促进农村信息化建设，提高农村信息化服务绩效，学术界和实践中都积极倡导和探索建立农村信息化建设多元化投资机制，这正是“多位一体”模式所要建立的投资机制。在政府引导下，运用市场手段，将农村信息化建设投资转化为“认购”，按照“谁投资，谁受益”的原则，吸引多元化的投资主体认购“股份”，实现农村信息化建设投资的长期性和可持续性。在这种多元投资机制下，各个投资主体各具特色，优势互补。政府主要进行统一规划和统一管理，提供各种优惠政策和进行基础设施建设；行业协会提供生产、销售中具体信息服务，进行技术指导，开拓产品市场；企业提供技术资金和发展资金；高校和研究院所则主要进行技术开发和技术咨询服务。各种主体共同对农村信息化建设进行投资，

① 向南．韩国农业信息化服务体系建设经验及启示 [J]. 天津农业科学，2012（5）：84-88.

能够很好地解决单一主体在投资方面不能涉及全部投资的困境。

当然，为了调动各方面投资主体的积极性和保证投资的稳定性和长期性，必须健全多元的投资机制，规范各方的投资行为。政府投资主要用于在农村信息化服务的公益领域，因而不能与民争利，不涉及利益的分配，其收益主要体现在扩大生产、持续改善的资金分配以及提供更多的公益服务上。现代企业税后利润一般按弥补企业以前年度亏损、提取法定盈余公积金、提取公益金、向所有者分配利润的顺序进行分配[①]。农村信息化建设投资企业收益因此主要分为两大部分，即分配利润和稳定基金。可分配利润可以为企业自由支配；而稳定基金所有权虽然归企业，但必须用于农村信息化建设和发展的再投资，保证农村信息化服务运行的稳定性和可持续性。行业协会在农村信息化服务过程中一般不应存在获利行为，而按照项目采取“按劳分配”的薪酬管理模式[②]。农民通过“多位一体”模式获得高质量的农村信息化服务，不断改善生活和增产增收，更有能力进行信息化服务消费。农民在投资机制中改变原有资金融入形式，变为生产投资，从而推动农村信息化建设形成良性循环，不断上新台阶。“多位一体”模式中的农村信息化建设各方主体的投资行为应该用文本形式规定，并赋予约定。各方主体对投资机制的每一个环节的制定和修改必须进行讨论、协商和约定，减少和杜绝投资机制不完善带来的消极影响。

7.2.3.3 建立良好的利益共享机制

通过市场运作，建立“多位一体”农村信息化服务模式，必须依据社会主义市场经济规律，协调各方主体之间利益和实现各方主体共享成果。因此，良好的利益共享机制是调动各个主体积极参与农村信息化建设的根本动力，是协调农村信息化建设各个主体之间关系的有力保障[③]。在“多位一体”农村信息化服务模式中如何对各方主体的利益进行分配，这是一个复杂的问题。对此，必须注意以下几点：

（1）公平性。农村信息化服务利益分配必须以公平公正为原则，协调各个主体相互之间的利益关系，防止利益分配引发两极分化。为保护农村信息化服务的弱势主体（如农民、农业合作经济组织等），可以通过政策的修改完善甚至行政手段对利益分配的结构进行调节，体现农村信息化服务中利益分配的公平性。

（2）效率性。全面引入市场竞争机制，农村信息化服务主体按照入股比例和业绩高低对利益进行分配。

（3）稳定性。依据完善法律法规和政策制度，对农村信息化服务利益进行分配，不以任何理由和借口来损害参与主体利益，减少和防止利益分配引发摩擦和冲突，保持“多位一体”农村信息化服务模式的稳定性。

---

① 孙铁．企业经营管理 [M]. 北京：电子工业出版社，2009.

② 张涛．农村信息化服务模式研究 [M]. 成都：西南财经大学学位论文，2009.

③ 郑红维，李颢．中国农村信息服务体系综合评价与发展战略研究 [M]. 北京：中国农业科学技术出版社，2010：362-363.

（4）发展性。对农村信息化服务利益进行分配，必须兼顾个体利益与整体利益、当前利益与长远利益、服务主体利益与服务对象利益等，以有利于“多位一体”农村信息化服务可持续发展。当然，农村信息化服务利益分配的公平性、效率性、稳定性、发展性不是各自孤立的，而是相辅相成、有机联系的整体。良好的利益协调机制就是能够对农村信息化服务各个主体之间的利益分配格局进行合理调整，确保公平、效率、稳定、发展。

“多位一体”农村信息化服务模式的主要目的是打破各种主体各自为政，实现信息共享，共同发展，发展促进共享，共享带动发展。政府通过农村信息化建设共享机制，可以突破各个部门的信息壁垒，强化涉农部门与产、学、研单位的协同合作，促进农村发展、农户增收和农业增效，推动整个经济社会的全面进步，从而充分履行自身职责，增强民众对政府的认可和拥护[①]。协会通过共享，及时将信息传递给农民，将信息和技术成果迅速转化为经济效益和社会效益，同时也促进自身发展。高校和科研院所通过共享，及时掌控农村生产中的各种技术问题和农民技术需求，更有针对地开展科学研究、社会服务和人才培养，从而实现自身功能，赢得社会声誉，获得更好发展。企业通过共享，能够避免重复建设，节约资金投入，更好地拓展自己业务，从而不断提高投资回报率，不断增加利润。总之，依据良好共享机制，可以实现农村信息资源的充分整合和有效增值，不断扩大农村信息化服务范围，最终达到资源利用率最大化和服务质量最优化的目标，从而提高农村信息化建设绩效。

7.2.3.4　建立科学的评价考核机制

农村信息化服务运行如何，用户是否满意和从中得益，是否取得了预期的经济效益和社会效益等问题，需要通过建立科学的评价考核机制来完成。科学的评价考核机制是农村信息化服务有效运行的保证。对此，从评价主体、评价指标、评价方法、评价流程、结果运用等方面，建立“多位一体”农村信息化服务的评价考核机制。

1）评价主体多元化

“多位一体”农村信息化服务涉及多个服务主体。为了能够充分反映各方面对农村信息化服务的态度，农村信息化服务评价考核应该采取专家、用户、社会公众、政府管理人员、其他利益相关者等共同参与的方式。当然，这些评价主体的地位并不是等同的，其中，用户在农村信息化服务评价中应该处于核心地位。对于其他主体，则根据农村信息化建设的不同阶段、不同侧重点等具体情况，确定他们在农村信息化服务评价中的地位层次。

2）评价指标合理化

对农村信息化服务进行准确的评价考核，关键的一步就是建立客观、公正、合理的评价指标体系。农村信息化服务是一个复杂的系统，其评估指标体系构建必须注意以下

---

① 姚莉媛，任华英．中国信息服务业技术效率的区域差异及影响因素研究 [D]. 长沙：湖南大学学位论文，2010.

几点：

（1）整体性。农村信息化服务绩效是农村信息化服务各个方面因素相互作用的结果[①]，因此，在构建农村信息化服务评价考核指标体系时，应该注重整体性，兼顾各方面因素。

（2）科学性。“多位一体”农村信息化服务评价更为复杂，其指标设置逻辑结构上必须是严谨、合理和科学的，能够真实体现农村信息化服务绩效。

（3）针对性。不同地区、不同部门的农村信息化服务的侧重点不同，农村信息化服务考核评价的指标体系应该具有针对性。

（4）可操作性。“多位一体”农村信息化服务考核评价设立的指标应该含义清楚，简便实用，尽可能细化量化，便于进行相关资料和数据的收集、整理和统计比较，使考核评价具有可操作性。

3）评价方法科学化

农村信息化服务考核评价的方法有很多种类，如定性评价和定量评价，日常评价、中期评价和终期评价，一般评价和重点评价，动态评价和静态评价，过程评价与结果评价，专门评价和综合评价等，但每一种评价方法都有自己的适应条件和范围。因此，在农村信息化服务考核评价中，充分考虑不同考核评价方法的利弊和适应条件，根据考核评价对象的实际情况，最终科学地选择评价方法。

4）结果运用规范化

农村信息化服务评价的目的是改进工作和提高绩效，而要达到目的，关键的一点在于科学合理地运用考核评价结果。湖南省应该根据《关于加快推进国家农村农业信息化示范省建设试点工作的意见》，对农村信息化建设任务进行量化、细化，将工作任务分解到位，责任落实到人，实行目标考核，强化对各项建设任务的全程监督和检查，用好评估考核结果。具体而言，通过物质、精神、政治等方面奖优罚劣，鼓励先进、鞭策落后，但也要防止出现漠视评估结果和“唯评估结果”论两种极端，明确评估反馈和监督管理都是为了促进评估对象不断提高农村信息化建设绩效[②]。

① 吴志祥，程刚，高凤．安徽农村信息环境综合评价指标体系建立初析 [J]. 农业网络信息，2011（9）：113-116.

② 熊春林．农村农业信息化服务能力建设研究 [D]. 长沙：湖南农业大学博士论文，2013：178-179.

第8章　基本结论及研究展望

随着党和政府的高度重视，各级政府对农村信息化建设的投入力度不断加大，农村信息化建设将获得前所未有的发展机遇。在这样的背景下，不断提高农村信息化建设绩效，把有限的人力、物力和财力资源的“好钢”用在“刀刃”上，取得农村信息化建设的良好成效，显得尤为重要。本文在系统梳理农村信息化建设基本理论和我国农村信息化建设实践的基础上，采用“双层效率因素分析”模型（DEFA）对湖南省农村信息化建设进行了实证研究，得出了一系列重要的观点与结论。

8.1　基本结论

（1）完善的目标体系是进行农村信息化建设绩效评价的前提和依据。农村信息化建设是国家建设的一项战略性的工程，必须要通过一套完整的目标体系来规范建设进程，并对农村信息化建设起到一定的监督完善的作用。农村信息化建设绩效评价目标体系应包括横向目标和纵向目标两方面共同构成。横向目标就是依据目标管理的特征，按照不同区域来划分横向目标，然后根据农村信息化的内容，设立具体目标指标，主要包括公平目标、经济目标和效果目标三个方面。公平目标主要考虑的是：接受农村信息化服务的农户是否都感受到服务的公平性？因此，经济目标追求的是较低的投入或成本，获得较高的、最优的结果，而建设的过程却不是主体关注的主要方面。农村信息化建设的最终效果是指原本的情况是否得到改进，包括农户的经济状况，农户满意程度，政策目标的成就程度等。它是衡量农村信息化建设绩效评估指标设计的目标体系中的一个主要内容，是以农户为中心的一项目标。

农村信息化建设绩效评价纵向目标，就是按照中央到地方的分级管理，设定从中央到各级地方政府的农村信息化绩效评价目标，即在确定中央关于农村信息化建设绩效评价的目标之后层层分解，各级地方政府根据本行政区域的农村的实际发展情况，根据中央的指导思想，指定相应的本行政区域的农村农业信息化建设绩效评价目标。本研究认为，纵向目标应包括服务管理目标、投入产出目标和满意度目标。

（2）农户满意度状况是衡量农村信息化建设绩效高低的重要方面。农村信息化建设是为了给农民提供优质高效的信息服务，帮助他们解决生产、生活中的各种问题，将农民视为接受农村信息化服务的“顾客”，根据农民的主观感觉和感知评价农村信息化建设绩效。本文按照农村信息化服务效用性原则，即农民认为有用的农村信息化服务才是有效率的农村信息化服务，从微观层面上设计和实施了农民对农村信息化建设绩效满意度评价调查，并以农民满意度评价结果（CSI），运用Probit回归模型对湖南省14个市（州）农村信息化建设绩效进行了独立的、同质的和等价的评价和较全面深入地分析CSI值各种影响因素。根据调查数据，本文对湖南省14个市（州）农村信息化服务建设绩效农民满意评价（CSI）进行了分类排序。根据已有的相关研究成果，结合湖南农村信息化建设的实际情况，本文以0.35为CSI值“标杆”，将湖南省14个市（州）CSI大致分为农村信息化建设绩效较高型、中等型和偏低型三种基本类型。根据Probit回归结果，就整体而言，农民受教育年限（X_4）、农民为村组干部（X_5）、农民自感收入水平（X_7）、宽带入农户（X_8）、农民访问过湖南省农村信息化综合服务平台（X_9）、农民接受信息化培训次数（X_{10}）等变量是影响农民对农村信息化建设绩效满意度评价结果的主要因素。联系影响农村信息化服务建设绩效农民满意评价（CSI）外生变量，本文认为，各市（州）农民人均收入水平对农村信息化服务建设绩效农民满意评价（CSI）产生了“经济效应”干预作用，而城乡收入差距方面的外生变量干预相对较弱。地理环境所引起的农业优势产业和区域特色产业发展现状和生态经济社会条件差异可能对CSI产生了较强的干预，但需要进一步论证。财政效应对农村信息化服务建设绩效农民满意评价（CSI）的干预较为明显，政府投入对农村信息化建设绩效的微观层面（农民满意度）影响，可能居于最重要的地位。

（3）宏观绩效是农村信息化建设绩效的直观体现。本研究基于宏观的视角，以湖南省农村信息化建设为例，通过对各地区农村信息化的服务效率进行数据包络分析（DEA），获得各地区DEA系数、各项投入与产出的松弛变量及规模有效性等结果。然后，根据各地区的基本情况，对各市（州）农村信息化建设效率的影响因素进行了Tobit回归分析，算出湖南省影响农村信息化服务效率的因素。在影响农村信息化服务绩效的因素方面，农民对政府的信任程度呈显著正相关，行政村平均人口数在5%的水平上与农业信息化服务效率呈显著正相关，农民平均受教育年限对农业信息化服务效率有所影响，城镇化水平与效率值呈现正相关。

（4）改进农村信息化建设绩效需要对农村信息化建设的微观绩效和宏观绩效进行系统协调分析。根据农村信息化建设宏观与微观绩效的协调分析结果，提出从“目标适应性”与“效率协调性”两方面调整农村信息化建设绩效系统。一方面，分别从宏观和微观上，加强农村信息化建设内部各因素之间、内外部环境之间的协调，改进每一个子系统已达到适应农村信息化建设绩效目标体系要求。另一方面，从整体上考虑农村信息化建设绩效系统，针对宏观绩效与微观绩效失衡现象，提出加强宏观与微观子系统之间协调的路径。进一步说，这就是农村信息化建设的“双层增效创新模式”。改进农村信息化建设绩效不仅从政府层面提高宏观绩效，还要从农民层面提高微观绩效，最后通过有效的机制实现宏观绩效与微观绩效的协调与平衡。

8.2 研究展望

对于农村信息化建设绩效评价研究领域，本研究认为未来可能的研究方向和领域，主要集中在以下两个方面。

1）进一步深化农村信息化建设绩效评价

长期以来，农村信息化建设绩效评价方面的研究都没有引起广泛的重视，理论界与实践部门主要集中对农村信息化建设过程和内容展开了较为深入的研究，但对绩效评价却鲜有提及。在现有的研究中有关农村信息化的评价主要集中在农村信息化的发展水平上，但这并不能很好地反映各地农村信息化建设的效率与效果。故在今后的工作中，将需要进一步加强绩效评价研究。

2）农村信息化建设绩效评价方法的创新

农村信息化建设绩效评价方法的选择将直接影响到农村信息化的绩效状况。当前对农村信息化的评价方法主要是波拉特法、信息化指数法、国际电联指标体系法、网络化准备指数法、信息社会指数法及综合指数法等各种用于农村信息化水平评估的方法，本研究率先运用双层效率多因素分析模型（DEFA），运用DEA-Tobit和CSI-Probit两个两步法对农村信息化建设绩效进行评价，是对这方面研究方法的有益尝试。今后，对于农村信息化建设绩效评价方面的研究可以借鉴在其他领域已成熟的定量研究方法，继续探索适宜的定量研究方法在本领域的运用。

参考文献

[1] 安森东，常璟．区域性农业信息化建设模式研究[M]．北京：中国社会科学出版社，2012.

[2] 彼得•德鲁克．有效的管理者[M]．北京：机械工业出版社，2009.

[3] 陈红玲．公共部门的绩效评估[D]．厦门：厦门大学硕士学位论文，2001：13.

[4] 陈建国，陈琳．农业信息化的发展方向与途径[J]．农业图书情报学刊，2005（2）：20-231.

[5] 陈俊星．地方政府公众满意度测评的困境与出路[J]．东南学术，2011（4）：103-110.

[6] 陈岚．基于结构方程模型的电子政务信息服务公众满意度评价[J]．现代情报，2013（11）：95-99，113.

[7] 陈忆金，曹树金．民众对政务网站信息公开与政务服务的需求与满意度分析[J]．图书情报工作，2013（6）：108-115.

[8] 陈英，杨杨．弥合城乡“数字鸿沟”，提高农民信息能力[J]．探求，2011（1）：43-46.

[9] 陈云等．论国家信息化的组成[J]．科学学与科学技术管理，2004（11）.

[10] 程慧平．基于DEA和SFA方法的信息服务业技术效率研究[J]．科学学与科学技术管理，2013（4）.

[11] 程卓杰．县域农业信息服务体系的构建与评价研究[D]．沈阳：东北大学，2007.

[12] 丛树海．论公共支出绩效评价[J]．财政监督，2007（9）：34.

[13] 崔静．基于DEA方法的我国农村信息资源配置效率评价研究[J]．图书情报工作，2012.

[14] 戴维・奥斯本，特德・盖布勒．改革政府[M]．上海：上海译文出版社，1996. 333.

[15] （美）德鲁克（Drucker，P．F）.卓有成效的管理者[M]．北京：机械工业出版社，2009.

[16] 邓胜利，况能富．企业信息消费满意度指标体系构建[J]．图书情报工作，2005（7）：33-37.

[17] 第34次中国互联网络发展状况统计报告，CNNIC：2014（7）.

[18] 丁卫，孙宪华．公民对政府经济行为满意程度的测定[J]．现代财经，2000（12）：9-12.

[19] 董越勇．增强万村联网工程新农村网站信息交流功能实现途径的探讨[J]．浙江农业科学，2014（6）：943-945.

[20] 杜璟，李道亮，陈英义．我国农村信息化影响因素的关系结构分析[J]．江西农业学报，2013（7）．
[21] 段尧清．政府信息公开满意度研究（Ⅰ）——基于结构方程的公众满意度影响因素分析[J]．情报科学，2012（12）：1871-1875.
[22] 方瑜．农业农村信息化是一个长期的历史过程[J]．中国信息界，2007（10）．
[23] 方玉玲，桂学文．我国农户信息需求及其变化的四维影响因素分析[J]．现代情报，2011（6）：171-174.
[24] （美）冯·贝塔朗菲．一般系统论：基础、发展和应用[M]．林康义，等，译．北京：清华大学出版社，1987：6.
[25] （美）弗雷德里克森．公共行政的精神[M]．北京：中国人民大学出版社，2003：42.
[26] 高培勇，杨之刚，夏杰长．中国财政经济理论前沿[M]．北京：社会科学文献出版社，2008.
[27] 高万林．新农村信息化探索[M]．北京：中国农业大学出版社，2011.
[28] 郭韧，陈福集．我国信息服务业投入产出效益评价研究[J]．现代情报，2014（8）．
[29] 国家统计局．2014中国统计摘要[M]．北京：中国统计出版社，2014.
[30] 贺文慧，邹奎．农户信息服务需求分析[J]．技术经济，2006（12）：38-41.
[31] 胡扬名，李燕凌．国家农村农业信息化示范省建设问题——以湖南省为例[J]．江苏农业科学，2014（3）．
[32] 胡扬名，吴松江．论行政程序设计的五维目标[J]．理论探讨，2013（5）：164.
[33] 胡扬名．农村信息化建设问题研究[D]．长沙：湖南农业大学，2013.
[34] 黄英良，李娇娥．对安徽省农业信息化服务现状的思考[J]．河北农业科学，2010（7）：131-134.
[35] 黄友兰．信息需求、服务提供与农民表达渠道[J]．改革，2009（2）：11-106.
[36] 霍映宝．顾客满意度测评理论与应用研究[M]．南京：东南大学出版社，2010：3-4.
[37] 焦玉英，雷雪．基于用户满意度的网络信息服务质量评价模型及调查分析[J]．图书情报工作，2008（2）：81-84.
[38] 井水．陕西农民信息需求现状及影响因素分析[J]．西北农林科技大学学报（社会科学版），2013（5）：72-77.
[39] 李道亮．农村信息化新阶段的“最初一公里”[J]．中国信息界，2008（3）：52-53.
[40] 李道亮．中国农村信息化发展报告（2011）[M]．北京：电子工业出版社，2012.
[41] 李瑾，等．农村信息服务综合评价及影响因素研究——基于宁夏回族自治区村级视角的调研分析[J]．中国农业科学，2011（19）：4110-4120.

[42] 李立志．信息化视角下的中原经济崛起和可持续发展战略研究[J]．财经理论与实践，2010（2）：111-115.

[43] 李琳，赵一雪．基于DEA模型的黑龙江省农业信息化效率测度[J]．安徽农业科学，2012（16）.

[44] 李思．基于DEA及超效率DEA模型的农业信息化评价研究[J]．湖北农业科学，2011（6）.

[45] 李燕凌，甄苗．农村信息化公共服务中农户需求满意度研究[J]．中国行政管理，2013（10）：119-123.

[46] 李燕凌．基于DEA-Tobit模型的财政支农效率分析——以湖南省为例[J]．中国农村经济，2008（9）.

[47] 李燕凌．农村科技服务与管理[M]．北京：高等教育出版社，2011.

[48] 李勇敢．农业网站应做好规划，人民网，http://www.people.com.cn/GB/it/48/297/20010620/492633.html，2001-6-20.

[49] 刘玮．基于因子和聚类分析的农业信息化水平研究[J]．湖南社会科学，2014（5）：164.

[50] 梁春阳．论农业信息服务绩效评价体系的构建[J]．图书馆理论与实践，2012（9）.

[51] 廖颖林．顾客满意度指数测评方法及其应用研究[M]．上海：上海财经大学出版社，2008：1.

[52] 刘金荣，王永龙．新型农民信息意识培育路径研究[J]．农业经济，2011（1）86-88.

[53] 刘丽英．吉林省农村信息化建设的实况与战略措施[J]．长春：吉林大学硕士学位论文，2011.

[54] 刘世洪，许世卫．中国农村信息化测评方法研究[D]．中国农业科学，2008，41（4）：1012-1022.

[55] 刘世洪．中国农村信息化测评理论与方法研究[D]．北京：中国农业科学院研究生院，2008.

[56] 刘武，朱晓楠．地方政府行政服务大厅顾客满意度指数模型的实证研究[J]．中国行政管理，2006（12）：32-35.

[57] 刘霞．谁在关注农民的信息需求?[J]．中国信息界，2005（20）：5.

[58] 卢光明．论农业农村信息化的市场主体[J]．中国信息界，2006（6）：44-45.

[59] 卢丽娜，于风程，范华．我国农业信息化水平测度的理论与应用研究，理论学刊，2010（6）.

[60] 陆和杰．整合现代信息技术推进农民培训上台阶[J]．教育园地，2007（10）：37.

[61] 马费成，宋恩梅．信息管理学基础[M]．武汉：武汉大学出版社，2013.
[62] 马费成．信息资源开发与管理[M]．北京：电子工业出版社，2012.
[63] 马国贤．政府绩效管理与案例研究．中国财政经济理论前沿，4.
[64] 马秀霞．宁夏农村信息化现状计量研究．宁夏社会科学，2009（5）.
[65] 茆意宏，彭爱东，黄水清．农民信息需求与行为的区域比较研究—— 以江苏省为例[J]．图书情报工作，2012（12）：49-54.
[66] 门伟莉，基于DEA的农业信息服务网站效率评价研究[J]．全国知识组织与知识链接学术交流会，2012.
[67] 孟华，公共服务绩效目标对服务绩效的影响[J]．科技管理研究，2006，26（2）.
[68] 盘点2013农家书屋工程．http：//www.chuban.cc/special/17952/17980/201312/t20131230_151709.html.
[69] 庞丽，王铮等．西部信息化发展水平的区域差异研究[J]．干旱区资源与环境，2006，20（5）.
[70] 彭国甫．地方政府公共事业的管理绩效评价与治理对策[D]．长沙：湖南大学，2004：17.
[71] 齐丹莉，汪伟全．面向农民需求的信息传递模式研究[J]．江西社会科学，2009（5）：218-231.
[72] 史敏，肖雪葵．科技信息公共服务绩效评价研究[J]．中国科技论坛，2010（2）.
[73] 寿志勤，郭亚光，陈正光，高勋炳．基于SEM的政府网站信息公开服务公众满意度评估模型实证研究[J]．情报科学，2013（4）：76-83.
[74] 苏时鹏，郑逸芳，黄森慰．基于DEA-Tobit模型的农业科技推广服务效率研究——对福建省306个农业科技推广项目的实证分析．技术经济，2011（9）.
[75] 孙贵珍，王栓军，李亚青．危机中的农民信息购买力分析[J]．中国软科学，2009（增刊下）：249-252，289.
[76] 孙铁．企业经营管理[M]．北京：电子工业出版社，2009.
[77] 孙宗福．经济系统论[M]．北京：人民出版社，1994.
[78] 仝志辉，董筱丹．改革以来中国涉农信息化政策的范式转移[J]．公共管理研究，2007，（3）.
[79] 岳经纶，郭巍青．中国公共政策评论[M]．上海：上海人民出版社，2007.
[80] 涂俊，吴贵生．基于DEA-Tobit两步法的区域农业创新系统评价及分析．数量经济技术经济研究，2006（4）.
[81] 汪卫霞，汪文章．社区信息化评价：模型构建及分析—— 以安徽省合肥市为例[J]．情报理论与实践，2011（12）：95-99.
[82] 王炳清，胡平，陆燕萍．中国分地区信息服务业竞争优势的综合评价分析[J]．科技管理研究，2011，31（21）：182-185.

[83] 王丹，王文生．农村信息化服务模式现状及特征比较[J]．农业网络信息，2007（8）：36-40.
[84] 王建，赵静，王玉平．西部农村的信息贫困及农民信息权利维护[J]．图书情报工作，2007（10）：84-87.
[85] 王丽萍，张朝华．基层农业信息供给状况与农户信息需求倾向调查——以广东珠海为例[J]．特区经济，2012（12）：147-148.
[86] 王绍峰，施韶亭．农村信息化政府主导推动模式绩效评价[J]．甘肃科技，2012（7）.
[87] 王卫，宋慧岩．农业信息化服务的多元主体供给边界及模式研究[J]．湖北经济学院学报，2013（3）：66-70.
[88] 王文生．中国农村信息化服务模式与机制[M]．北京：经济科学出版社，2007：132.
[89] 王小林．必须大力拓宽农村公共服务的供给渠道[J]．调研世界，2003（3）：28-31.
[90] 王彦，李忠斌，毛中明．民族地区农村信息化与农民收入关系研究——基于恩施州利川市调研结果的实证分析[J]．中国人口·资源与环境，2011（3）：102-106.
[91] 吴华财．“三农问题”与农村成人教育发展战略选择[J]．中国科技信息，2006（5）：239-240.
[92] 吴建南，杨宇谦，阎波．政府绩效评价：指标设计与模式构建[J]．西安交通大学学报（社会科学版），2007，27（5）：79-85.
[93] 吴志祥，程刚，高凤．安徽农村信息环境综合评价指标体系建立初析[J]．农业网络信息，2011（9）：113-116.
[94] 向南．韩国农业信息化服务体系建设经验及启示[J]．天津农业科学，2012（5）：84-88.
[95] 谢兆霞，李莉．基于预期-比较范式的网站用户信息满意形成机理研究[J]．情报理论与实践，2011（12）：34-36，23.
[96] 熊春林．农村农业信息化服务能力建设研究[D]．长沙：湖南农业大学博士论文，2013：178-179.
[97] 徐艳霞．新生代农民工的信息需求及其实现途径[J]．理论探索，2010（2）：94-96.
[98] 许竹青，郑风田，陈洁．“数字鸿沟”还是“信息红利”?信息的有效供给与农民的销售价格——一个微观角度的实证研究[J]．经济学，2013（4）：1513-1536.
[99] 杨伯坚．2004—2008年中国财政农业支出效率的实证分析——基于省际面板数据的DEA-Tobit两步法[J]．财政研究，2012（3）.
[100] 杨诚，蒋志华．我国农村信息化评价指标体系构建[J]．情报杂志，2009（2）.
[101] 杨建光．农村信息化服务亟待破解五大难题[N]．农民日报，2009-05-26（5）.

[102] 杨明品．中国广播电影电视发展报告（2014）．社会科学文献出版社，2014.
[103] 杨秀丹，郭洪生，赵延．河北省农村信息基础设施与农民信息行为调查与分析[J]．现代情报，2013（5）：38-42.
[104] 杨印生，赵罡．基于DEA的吉林省农业信息化系统投入产出效率测度．现代情报，2008（4）．
[105] 杨忠直，位志宇，赵学卿．上海市农村信息化公众满意度研究[J]．数理统计与管理，2008（5）：760-766..
[106] 姚莉媛，任华英．中国信息服务业技术效率的区域差异及影响因素研究[D]．长沙：湖南大学，2010.
[107] 张成福．公共危机管理：全面整合的模式与中国的战略选择[J]．中国行政管理，2003（07）．
[108] 张欢，张强，陆奇斌．政府满意度与民众期望管理初探——基于汶川地震灾区的案例研究[J]．当代世界与社会主义，2008（6）：99-104.
[109] 张静．可持续发展经济理论与实践[M]．北京：经济科学出版社，2007.
[110] 张涛．农村信息化服务模式研究[M]．成都：西南财经大学学位论文，2009.
[111] 张新民．中国农业信息化服务的现状与前景展望[J]．河北农业科学，2010（6）：106-108.
[112] 张研，何振．电子政务信息服务绩效评价指标体系的构建[J]．图书馆理论与实践，2010（2）．
[113] 张莹．天水市农民信息需求与信息服务现状调研[J]．甘肃科技纵横，2013（10）：19-21.
[114] 赵大海，胡伟．中国大城市公共服务公众满意度的测评与政策建议[J]．上海行政学院学报，2014（1）：23-29.
[115] 浙江省人民政府办公厅：浙江省人民政府办公厅关于全面实施百万农民信箱工程的通知，http://www.zj.gov.cn/art/2005/10/14/art_12461_8439.html.
[116] 珍妮特·V·登哈特，罗伯特·B·登哈特．新公共服务[M]．丁煌，译，方兴，丁煌，校．北京：中国人民大学出版社，2011：42.
[117] 郑方辉，雷比．基于公众满意度导向的地方政府绩效评价[J]．中国特色社会主义研究，2007（3）：47-52.
[118] 郑方辉，周雨．法治政府绩效满意度实证研究——以2012年广东省为例[J]．广东行政学院学报，2013（6）：16-21.
[119] 郑红维，李颙．中国农村信息服务体系综合评价与发展战略研究[M]．北京：中国农业科学技术出版社，2010.
[120] 钟红，黄友兰，何艳群．“宏微观”视角下国内外农村信息服务比较[J]．重庆行政，2013（4）：72-74.

[121] 钟义信. 信息科学原理[M]. 北京：北京邮电大学出版社，1996.
[122] 周伟，蒋冠. 基于平衡记分卡的政府信息服务绩效测评分析[J]. 档案学通讯，2008（4）：81.
[123] 朱国玮，黄珺，汪浩. 公共部门公众满意度测评研究[J]. 理论与改革，2004（6）：42-45.
[124] 朱学芳，曾娜. 图像信息在农业网站中的应用及其满意度分析[J]. 图书情报工作，2012（10）：67-70.
[125] 转引自晁毓欣. 公共品政府供给绩效评价：机理与运用[D]. 济南：山东大学学位论文，2011：26.
[126] 左婷，旷宗仁，徐秀丽. 从“最后一公里”到“第一公里”——对中国农村技术和信息传播理念的反思[J]. 中国农村经济，2009（7）：42-47.
[127] Barzelay, Michael. Breaking Through Bureaucracy [M]. Berkeley:University of California Press,1992:6-7.
[128] Buddhika，B. Harini，W. ICT Sector Performance Review for Sri Lanka. ECB Working Paper No. 581，April, 2011.
[129] Campbell:J.P;McCloy，R.A.，Oppler，etal.A theory of Performance. In Personnel Selection in Organizations .San Francisco:Jossey-Bass，1993，35-70.
[130] Deunden , N. Kittipong，R. ICT Sector Performance Review for Thailand. Thailand Development Research Institute，January 2006.
[131] Faheem, H. ICT Sector Performance Review for Bangladesh. ECB Working Paper No. 581，January 2011.
[132] Fritz Machlup，The Production and Distribution of Knowledge in the United States,Princeton,NJ:Princeton University Press,1962.
[133] Gore,Al.From Red Tape to Results. Washington,DC:The Review,1993:44.
[134] Green wood John& David Wilson. Public Administration in Britain today. New York: Unwin Hyman. 1993.134.
[135] IBM Government Center Series 2005 ppl-14.
[136] Kamenky, J.M. and Morales. A.: “From `Useful Measures’ to `Measures used” Managing.for Results 2005.
[137] L.Brillouin.Science and Information Theory[M].New York：Academic Press Inc,1956.
[138] N.Wiener.Cyberbetics and Society[M].Houghton Mifflin Company,1950.
[139] Nirvikar, S. ICTs and Rural Development in Indin. University of California, October, 2006.
[140] NPR，Federal Benchmarking Consortium. Benchmarking Study Report Best Practices in Customer-Driven Strategic Planning.1997-02.

[141] Osborne, David and Ted Gaebler. Reinventing Government: How the Entrepreneurial Spirit Is Transforming the Public Sector. Reading, MA:Addison-Wesley，1992:180-185.

[142] R.W.PerofrmancepaPraisal:Assessinghumanbehvaioratwork.Noston:KentPublishers，1984.

[143] ResearchLetters, Volume 23, Issues 3-5, （Oct., 1998）, pp.143-149.

[144] Richard Allen, Daniel Tommasi （edited）: Managing Public Expenditure: A Reference Book for Transition Countries. Chapter 15, pp359. DECD, 2001.

[145] Ryan T A.Intentional Behavior[M].New York:Ronald Press,1970:10-18.

[146] Simone，C.，Chris，S. Can Information and Communications Technology Applications Contribute to Poverty Reduction ? Lessons from Rural India. Information Technology for Development，2003.

[147] Simone,C.,Monica,R.Warana.The Case of an Indian Rural Community Adopting ICT. Information Technology in Developing Countries.Working Paper,April,2002.

[148] Tanja Kirjavainen. Efficiency differences of finish senior secondary schools: An application of DEA and Tobit analysis[J].Economics of Education Review. Volume 17, Issue 4, （Oct., 1998）, pp. 377-394.

[149] Tim Coelli. A multi-stage methodology for the solution of orientated DEA models [J]. Operations.

[150] Walzer, Michael. The Civil Society Argument[M].Albany: State University of New York Press,1995:160.

[151] Watcharasriroj B, Tang, John C S. The effects of size and information technology on hospital efficiency[J]. Journal of High Technology Management Research. 2005（15）: 1-16.

后　记

《大数据时代农村公共危机防控：信息化绩效》共20多万字，修改过程曲曲折折，今日终于成书。这本书是以我的博士学位论文为初稿，在导师李燕凌教授的精心指导下，我和我的同门师弟贺林波博士协作研究、共同努力完成的。没有导师和贺林波博士的协助，我无法想象当时只有不足十万字的一本博士论文能够拓展成为这部20多万字的专著。

2011年，国家在湖南省进行农村农业信息化示范省建设试点，湖南省成为全国第二个试点省。当时，我有幸在湖南省科技厅农村处具体从事试点推动与管理工作。杨治平副厅长十分关心这一工作，他嘱咐我在开展实际工作的同时结合我的博士学习加强理论研究。正好我的导师李燕凌教授主持一项国家农村农业信息化示范省建设重大委托项目子课题“湖南省国家农村农业信息化示范省建设绩效评价研究”，我便以导师的研究课题为题目开始了自己的博士论文研究工作。在导师的指导下，我对全省123个县（市、区）的农村农业信息化推进工作作了大量的调查，我也随导师一起深入湘北、湘南一些县（市、区）和全国部分省（市、区）进行实地调研，掌握了大量第一手数据资料，为研究工作奠定了重要基础。经过两年多的研究，我产生一种深刻的感觉：如果只是从理性视角去研究农村农业信息化绩效应当如何评价，其实是很空乏的，实际上也很难取得真正的研究实效。也许是一种巧合，我的导师李燕凌教授又主持国家社科基金重大项目“突发性动物疫情公共危机演化机理及应急公共政策研究”。我和贺林波博士都是李燕凌教授课题组的核心骨干研究人员，我们基于大数据时代的背景，将农村农业信息化绩效与农村公共危机防控有机结合在一起，前者成为我的博士学位论文的选题，而二者结合的成果“农村公共危机防控信息化建设绩效评价”即成为本书的主题。

著名的管理大师德鲁克曾明确指出：“你如果无法度量它，就无法管理它”。大数据时代农村公共危机防控信息化绩效评价不仅是一定阶段建设成效的显示，也是建设战略实施的导航系统，系统控制的仪表盘、建设过程管理的指示器。在研究过程中，我们针对我国大数据时代农村公共危机防控信息化绩效的理论基础、建设实践和目标建构等，进行了深入的文献研究和规范研究。同时，该书还以湖南省农村信息化建设绩效为例，从宏观与微观两个层面，采用计量经济研究方法，分别从影响绩效的内生变量与外生变量两方面，进行了严密的实证研究。我们要特别感谢在调查研究过程中为我们提供数据和案例的各级政府部门、企业管理人员和农户，同时，我们的研究参考了大量文献，感谢文献作者为我们的研究提供的智力支持。

湖南农业大学公共管理与法学学院院长、博士生导师李燕凌教授是我和贺林波博士共同的导师。他不仅传道、授业、解惑，成为我们学业上的恩师，同时为人师表、言传身教，在做人做事上成为我们生活和工作的灯塔。我们要特别感激导师，正是由于李老师拥有博大胸怀、学识渊博、为人热情，我们能够在他的周围形成紧密的学术团队。李老师如同一团火，把胡扬名、刘玮、熊春林等同窗共同吸引到农村公共危机防控信息化建设研究这样一个大团队之中，相互取长补短，实现信息共享，圆满完成了研究任务。师母李立清教授在我们的研究中亦身先士卒、诲人不倦。李立清教授自己带领几位博士承担了“大数据时代农村公共危机防控：信息化战略”研究任务，她不仅经常参与课题组讨论分享自己的研究心得，更是在研究方法、数据处理等方面给予我们无私的帮助，导师和师母的良师品格，教书育人的亲切场景，历历在目、令人感怀，千言万语，感恩永远！

湖南农业大学周清明教授、符少辉研究员，对我们的研究给予了许多中肯的批评和精辟评论，湖南省科技厅信息化情报研究所、湖南省农业厅市场信息处、湖南农业大学信息科学院沈岳院长、刘波博士及安乡县科技局、湘北集团、湘北水产养殖农民专业合作社、桑植县政府、龙山县委、汝城县政府等相关单位及领导同志对本书研究工作给予了大力支持。湖南省科技厅农村处、湖南农业大学公共管理与法学学院、研究生院等单位的领导对我们完成此项研究工作提供了不少帮助，在此一并表示衷心感谢！此外，还要感谢我们的亲人，正是由于有他们默默无闻的支持，我们才得以顺利完成研究工作。

本书是国家社科基金重大委托项目：“突发性动物疫情公共危机演化机理及应急公共政策研究”（11&ZD171）、国家农村农业信息化示范省建设重大委托项目“湖南省国家农村农业信息化示范省建设绩效评价研究”的阶段性成果，并得到了湖南省高校科技创新团队“农村公共危机演化机理与防控政策”、湖南农业大学公共管理“十二五”省级重点学科的资助。最后还要衷心感谢北京理工大学出版社的编辑老师对本书的最后校对和精心设计。在此一并感谢。

周晓迅

2015. 11